Das Buch

»Dieses Buch ist kein Ratgeber. Es ist ein subjektiver Erlebnisbericht. Alle, die Kinder haben, alle, die planen, Kinder zu haben, und alle, die planen, keine Kinder zu haben: Don't Try This At Home. Ich möchte nicht schuld sein, falls einer sagt: ›Der Mittermeier hat's auch so gemacht.‹ Aber wenn nur ein Pärchen nach dem Lesen dieses Buchs sagt: ›Schatz, lass uns poppen‹, dann freue ich mich natürlich.« (Michael Mittermeier)

»Mittermeier schreibt in dem Stil, mit dem er live zum besten deutschsprachigen Comedian avancierte: intelligent, gewitzt und immer wieder überraschend. Er lässt die Leser teilhaben an seinem fabelhaftesten Abenteuer.« *(Die Welt)*

Der Autor

Michael Mittermeier, geboren 1966, hat mit seinen Soloprogrammen »Zapped – Ein TV-Junkie knallt durch«, »Back to Life«, »Paranoid« und »Safari« mehrere Millionen Zuschauer in Deutschland, Österreich und der Schweiz begeistert. 2007 feierte »Deutschlands erfolgreichster Comedian« *(FAZ)* sein zwanzigjähriges Bühnenjubiläum. Für seine Auftritte wurde er mit unzähligen Preisen ausgezeichnet, viermal erhielt er allein den Deutschen Comedy-Preis. Michael Mittermeier lebt mit seiner Frau und seiner Tochter bei München.

Michael Mittermeier

Achtung BABY!

Kiepenheuer & Witsch

Verlag Kiepenheuer & Witsch, FSC® N001512

1. Auflage 2013

© 2010, 2011, 2013 by Kiepenheuer & Witsch, Köln
Alle Rechte vorbehalten. Kein Teil des Werkes darf in irgendeiner
Form (durch Fotografie, Mikrofilm oder ein anderes Verfahren)
ohne schriftliche Genehmigung des Verlages reproduziert
oder unter Verwendung elektronischer Systeme verarbeitet,
vervielfältigt oder verbreitet werden.
Umschlaggestaltung: Barbara Thoben, Köln, nach einer Idee
von grape.media design, München
Umschlagmotiv: © Affonso Gavinha
Gesetzt aus der Scala
Satz: Buch-Werkstatt GmbH, Bad Aibling
Druck und Bindung: Kösel GmbH & Co. KG, Krugzell
ISBN 978-3-462-04576-5

INHALT

13 Prolog

I. ES WAR EINMAL ...

25 Die anderen
33 Im Land des Lächelns
36 Urlaub ohne
41 Abenteuer Spielplatz
45 Unter Bayern
49 Arschlochkinder
59 Arschlocheltern

II. BABY – EPISODE 1

65 Der richtige Moment
74 Reif für die Kinder
80 Wie geht denn das?
87 Die Mutter aller Tests
95 Der ambulante Action-Mann
106 Hebammencasting
113 Vorabveröffentlichung

122 Nestbautrieb
136 Stimmungsschwankungen
145 Duftnoten
158 Last-Minute-Angebote

III. ACHTUNG BABY!

167 Terminschwierigkeiten
173 Kreißsaalführung
178 Herrengedeck
183 Wir warten aufs Christkind
192 Jetzt geht's los!

IV. MITTERMEIER – THE NEXT GENERATION

201 Heimkommen
210 Wickel-Man
223 Von wem hat sie's?
230 Tote Schnecken leben länger
240 Kleine Stinker, große Stinker
250 Meine Frau, ihr Stillkissen und ich
263 Das böse Pupsmonster
270 Das Schreien der Inkas
276 Schnuller a. k. a. Peacemaker
283 Schlaf, Papilein, schlaf
296 Lieder für oder gegen Kinder?
305 Verwahrlosung
313 Spuckiluckituch

320	Durchschlafen
327	Von Zahnen und Feen
339	Früherziehung
345	Revenge of the Spielplatz
348	Stolze Papas
354	Hugh, ich habe gesprochen!
369	Das erste Mal
381	Epilog
383	Danke

Für Lilly, Gudrun, W., S. und B.

Prolog

»Fleisch!«

Dieses Wort zerriss die Stille. Ich bummelte mit meiner Frau durch die Fußgängerzone. Ein Ort, wo es außer militanten Pantomimen und Panflötenextremisten nichts Böses gibt – dachte ich mir, doch plötzlich: »Fleisch!«

Ich schaute in die Augen meiner Frau, aber obwohl wir schon seit über 17 Jahren zusammen waren, was ich da sah, kannte ich nicht. Irgendetwas Fremdes hatte anscheinend von ihr Besitz ergriffen. Die Augen weit aufgerissen, mit einem Schuss Wahnsinn und visualisierter Gier nach ... »Fleisch!«.

Todesangst setzte bei mir ein. Da ich seit meiner Jugend an chronischer Zombie-Phobie leide, kamen sofort schreckliche Zerrbilder hoch: Zombie – es kann immer und überall passieren. Wie in dem Remake des Zombie-Klassikers »Dawn Of The Dead«. Erste Szene: Ehepaar liegt am Morgen friedlich im Bett, es hämmert an der Schlafzimmertür,

Mama öffnet, die kleine Tochter steht da mit einem irren Blick in den Augen: »Fleisch!«

Die Tochter (nennen wir sie mal Dörte) hechtet auf den Papa, sie will nicht kuscheln, sondern essen, und beißt ihm in den Hals – Mama wirft Dörte mit letzter Kraft aus dem Schlafzimmer – Papa stirbt im Bett – er mutiert sofort zum Zombie und geht als solcher die Mama an – die kann gerade noch fliehen – sie verbarrikadiert sich mit anderen Überlebenden in einer großen Shopping Mall ... Scheiße – die Fußgängerzone ist auch nicht sicher! Poff! Ich werde aus meinem Wachalbtraum gerissen.

»Fleisch! Jetzt! Hallo, Michl, hörst du mir überhaupt zu?«

»Ja, äh ...«

Meine Frau versuchte zu mir durchzudringen: »Ich brauche jetzt sofort was zu essen, du weißt, ich bin schwanger.«

»Klar!«

Ich hörte sofort auf, die Fluchtmöglichkeiten Richtung Kaufhaus abzuchecken, meine Zombie-Phobie wurde in einer Zehntelsekunde verdrängt von der loyalen Liebe des männlichen Jägers, der seiner hungrigen schwangeren Frau mit bloßen Händen ein Mammut reißen würde. Ich funktionierte sofort: »Klar, Gudrun, lass uns die Dönerbude überfallen.«

War eigentlich nur ein Spaß, aber ich sah in den Augen meiner Frau, dass sie kein Problem damit hätte und diesen Vorschlag zumindest in Erwägung zog. Das Prinzip »Plünderung zur Nahrungssuche« – eine schwangere Frau muss dazu nicht überredet werden. Wenn die Hungerattacke kommt, fahren bei Schwangeren alle anderen Systeme nach unten, das Hirn hat hitzefrei, und der Magen darf auch mal Chef sein. Das wäre in etwa vergleichbar mit einem Mann, der ein Jahr keinen Sex mehr hatte, und dann kommt plötzlich in der Fußgängerzone Eva Mendes in Strapsen auf ihn zu und spielt neckisch mit ihren Nippeln.

»Fleisch!«

Und dann ist es auch nicht so, dass da ein Mann sagen würde: »Servus, Eva, das ist schon ganz nett von dir, dass du mir deine Auslage zur Verfügung stellen würdest, aber ich wollte mir gerade den Pantomimen anschauen und dann heimgehen. Servus.«

Hungerattacken bei Schwangeren wollen richtig gestillt werden. Da helfen keine leichten Zwischensnacks, es muss was Gescheites her. Halt irgendwas mit Fleisch. Das habe ich immer geliebt in der Zeit der Schwangerschaft. Wenn man in dieser Zeit zusammen essen geht, hört man nicht so weibliche Sätze wie: »Schatz, lass uns doch ins

Café Düdeldü gehen, die haben so schöne Salate mit Putenbruststreifen und so.« An der Stelle sei mal erwähnt, Pute ist für uns Männer kein richtiges Fleisch, sondern eher eine Art Tofu mit organischer Herkunft.

Das wichtigste Begleitwort bei einem Schwangerhungeranfall ist »jetzt«. Wenn eine schwangere Frau sagt, »ich habe Hunger«, heißt das Jetzt-sofort-in-der-Zehntelsekunde-ohne-Zeitpuffer-oder-töten-Hunger. Man sollte noch nicht einmal daran denken zu sagen: »Baby, lass uns doch vorher noch in das DVD-Geschäft gehen und danach dann können wir ...«

Jetzt!

Jagdhörner ertönen. Die Hundemeute wird von der Leine gelassen. Die Treiber spurten los. In den nächsten zehn Sekunden muss eine Möglichkeit der Nahrungsaufnahme gefunden werden. In München ist das Gott sei Dank einfach, denn in hundert Meter Reichweite findet sich immer eine einschlägige Metzgerei, wo man sich zumindest eine schnelle Leberkässemmel besorgen kann. Hätte ich früher nie vorgeschlagen – Leberkässemmel als Shoppingpause. Manolo Blahnik und Leberkäs ist als Kombination noch nicht so gängig in der westlichen Konsumwelt. Insgeheim habe ich auf eine Dauerschwangerschaft gehofft. Das würde meinem

Nahrungsverhalten sehr entgegenkommen. Und der Wahnsinn ist auch noch: Schwangere machen's sich gerne selbst: Ich erinnere mich an einen Anruf bei meiner Frau, als sie im sechsten Monat war: »Schatz, was machst du gerade?«

»Ich bin im Olympia-Einkaufszentrum und esse einen Döner.«

Tränen formierten sich in meinen Augen, und ich hauchte ihr hoffnungslos verliebt zu: »Baby, ich bin so stolz auf dich.«

Nicht, dass hier der Eindruck entsteht, dass ich Schwangerschaften nur wegen der Ernährungsumstellung gut finde. Ich finde schwangere Frauen sexy. Es ist jetzt nicht so, dass ich durch die Straßen laufe und dickbauchige Frauen anquatsche: »Na, wie wär's mit uns dreien?« Aber meine Frau sah wunderschön aus in ihrem schwangeren Zustand, und zusammen mit dem Glücksgefühl des herannahenden neuen Lebens war es eine der schönsten Zeiten in unserer Beziehung. Ich weiß natürlich, dass schwangere Frauen ihre Optik meist anders bewerten. Das ist ja auch die einzige Zeit im Leben einer Frau, wo der Satz »ich hab nix anzuziehen« tatsächlich ein Körnchen Wahrheit enthält. Frauen kaufen sonst für alle Anlässe Klamotten, in verschiedensten Farben, Formen, Webarten – aber keine Frau kommt jemals heim und sagt: »Dieses

Kleid habe ich gekauft für den Fall, dass wir auf eine Greenpeace-Wal-Solidaritätsveranstaltung gehen. Und wenn eine von meinen Freundinnen schwanger wird, kann ich es ihr leihen.«

Eine schwangere Frau hat was von einer Göttin. Gut, eines ist schon klar, eine Strunzhässliche wird auch als Schwangere kein Schneewittchen. Oder anders gesagt, die schwangere Hexe aus dem Knusperhäuschen würde beim Baywatch-Casting nicht in die Endrunde kommen.

Die Ernährungsgewohnheiten einer Schwangeren unterscheiden sich meist diametral von denen der Frau, die vorher in diesem Körper gewohnt hat. Schwangere Frauen mutieren ab dem ersten Monat zu Zwischenwesen, bestimmt von hormonellen Eingebungen, die sich sehr auf das Essverhalten auswirken – aber nicht nur in Richtung einseitige Ernährung, wie es in Zombiekreisen üblich ist. Es gibt die Fleischphasen, aber auch das Süßigkeitenmonster und das Sauerungeheuer schlummern tief in ihnen. Zucker auf dem Tisch, »rachmachhamm-hamm!« Und weg. Ich weiß mittlerweile, wer für das Krümelmonster in der Sesamstraße Modell gestanden hat.

Daheim ist es natürlich einfach, mit diesen Fressanfällen umzugehen. Ich erinnere mich an eine denkwürdige Szene: Ich wache nachts auf, Gudrun liegt nicht neben mir. Ich gehe runter in die Küche ... irgendwas plündert den Kühlschrank.

»Rachmachhammhamm!«

»Baby, was machst du da?«

»Ich? Nichts!«

»Was ist das da an deinen Händen, im Gesicht und auf deinem T-Shirt?«

»Nichts.«

»Ist das Thunfisch und Schokolade?«

»Nö.«

Guter Tipp: einfach dabei belassen. Nicht weiter nachfragen, passt scho. Das Einzige, was ich damals gemacht habe, war meine M&M-Vorräte vor dem runden Wesen in Sicherheit zu bringen und im Garten zu vergraben. Na ja, vergraben hilft ab dem vierten Monat leider auch nicht mehr. Was kein Vorhängeschloss hat, ist nicht sicher. Gut, auch das Vorhängeschloss erledigt sich mit dem sechsten Monat. Was kann man machen? Ein Tresorraum, der den Zugang nur mit Codewort und Fingerabdruck möglich macht? Selbst ich habe gedacht, das ist ein bisschen übertrieben, aber meine Frau hatte offenbar den Louis-de-Funès-Film »Balduin, der Geldschrankknacker« gesehen: Wir können daheim den Tunnel nun wunderbar als Weinkeller benutzen. Okay, immer noch besser als in dem Film »The

19

6th Day« mit Arnold Schwarzenegger – da haben sie einem den Finger abgeschnitten, um mit dem Finger an einem Hochsicherheitstrakt die Fingerabdruckschranke zu überwinden. Ich muss zugeben, dass ich ein klein wenig Angst hatte.

Ich hatte mich damals schnell an die essenstechnischen Veränderungen im Alltag gewöhnt, aber in der Außenwelt ist nicht sofort jedem klar, was los ist. Zum Beispiel waren wir mal zusammen im Supermarkt, als ich mich plötzlich fragte: Wo ist meine Frau? Ich ging um das Regal herum, und die Szene wirkte in etwa wie in dem Film »Ghostbusters I«: Das dicke grüne Krümelmonster aus der Zwischenwelt schaufelt in sich rein: »Rachmachhammhamm!«

»Schatz, was machst du da mit dem Nutellaglas?«

Meine Frau schaute unschuldig hoch, als ob gar nichts wäre.

»Nichts.«

Sie wischte sich den Mund ab, stellte das halb leere Nutellaglas wieder zurück und lächelte. Ich meinte noch: »Ich glaube, die Nutella müssen wir jetzt nehmen.«

»Wieso?«

Manche Nahrungsmittelkombinationen sind für Nichtgebärer gewöhnungsbedürftig. Drei Minuten nach dem Nutellavorfall kam es zur Salz-sauer-Attacke. Wir kamen an den Essiggurken vorbei. Meine Frau murmelte etwas vor sich hin wie: »Ich muss die haben!!!«

Ich blickte in ihre Augen und entdeckte wieder etwas Archaisches. Ein Spreewald-Zombie sprach aus ihr: »Gurken! Sofort!«

Und das bedeutete wirklich genau das. Wenn in dem Moment ein Verkäufer gesagt hätte, »dieses letzte Glas Gurken kann ich Ihnen nicht verkaufen, das Datum ist abgelaufen«, hätte er höchstens noch drei Sekunden gelebt.

Wenn ich König eines Landes wäre und Krieg führen müsste, würde ich keine Männerarmee aufstellen, sondern als Eliteeinheit einfach 1000 schwangere Frauen nehmen, warten, bis sie Hunger kriegen, und dann ab auf die feindlichen Stellungen. Die hätten keine Chance. Schicke ein Bataillon schwangerer Marines nach Afghanistan – einen Monat später kannst du den Taliban beim Spanferkelgrillen zugucken.

Natürlich nahm ich im Supermarkt das Glas mit den Essiggurken mit. Ein bisschen peinlich war es schon gewesen, als meine Frau das Glas aus dem Regal nahm und sofort mit hektischen Händen versuchte, es aufzudrehen: »Mach es mir auf!«

Und, liebe Männer, noch einmal: Denkt nicht

mal dran, einen Satz zu sagen wie: »Warte halt, bis
wir zu Hause sind.«

»Buhuhuhuuu.«

Don't you ever schlag einer Schwangeren was
ab!!!

Dann stand ich mit meiner Frau an der Super-
marktkasse. Sie schlang weiterhin Gurken in sich
hinein. Für mich war das normal, aber alle anderen
schauten uns schon etwas komisch an. In solchen
Situationen bricht der Schutzkomiker in mir durch.
Ich versuchte, die Situation zu erklären: »Öööh,
meine Frau kriegt nur mittwochs was zu essen.«

Die Männer um uns herum nickten verständnis-
voll, und alles war wieder gut.

I. ES WAR EINMAL ...

Die anderen

Als Kinderloser beobachtete ich Eltern oft etwas mitleidig, für mich waren das »die anderen«. Für Eltern wiederum waren wir Kinderlosen die Outsider, die stets mit einem Fluchmantra belegt wurden: »Ihr habt ja keine Ahnung.«

Ja, das hat schon gestimmt, und damals wollte ich auch noch gar keine Ahnung haben. Ich habe wohl schon geahnt, welche Ahnungen ich bekommen würde, wenn ich dann mal eine Ahnung haben werde. Es ist anders, Freunde. Als Kinderloser führt man mit seinen Kumpels noch Gespräche wie: »Wie findest du die Brüste von Halle Berry?«

»Auf alle Fälle sind die echt. Im Film ›Password Swordfish‹, auf der Liege, da sieht man genau, dass da nichts gemacht ist!«

Als Vater sitzt man heute im Café mit Spielecke, und beim Fencheltee tauscht man wichtige Informationen aus: »Was habt ihr denn für eine Pocreme?«

»Wenn der Bopsel wund ist, Schwarztee draufmachen, das vergerbt die wunden Stellen gut.«

»Der Fencheltee hilft auch mir bei Blähungen.«

Man fragt sich schon: Hat auch jemand wie Bruce Willis solche Papagespräche geführt? Stand der da auch mal vor einem schreienden Baby mit offenem Po und hat cool die Tube hinterm Rücken vorgezogen: »Yippie ya yeah, Schweinebacke!«?

Hat nicht jeder heimlich schon mal Eltern mit kleinen Kindern beobachtet und gedacht: »Arme Schweine«? Zum Beispiel im Kaufhaus, das Kind schmeißt sich auf den Boden und schreit die Hütte zusammen, als ob es nach Lautstärke bezahlt würde. Daneben die völlig durchgeschwitzten Eltern mit hilflosen Beruhigungsversuchen wie eine unbewaffnete UNO-Blauhelmtruppe inmitten einer aufgeputschten kongolesischen Rebellenmiliz. Als Kinderloser sieht man sich so eine Szene an wie einen Autounfall auf der Autobahn. Man fährt vorbei, schaut neugierig und fasziniert, aber man hofft insgeheim, dass einem so was nie selbst passiert.

Eltern lebten für mich immer in einer fremden Welt. Wie in Filmen wie »Caprona – Das vergessene Land«. Eine Truppe von tapferen Abenteurern entdeckt etwas nie vorher Gesehenes und muss sich nun mit Urmenschen und Monstern rumschlagen. Übrigens, wen das interessiert: Der Hauptheld in

»Caprona« wurde von Doug McClure gespielt. Der
war auch der Trampas in »Die Leute von der Shiloh
Ranch«. Der Trampas wirkte in dem Monsteraben-
teuerfilm etwa so deplatziert wie Kinderlose, die
Vorschläge zur Kindererziehung machen. Aber ich
darf ja jetzt offiziell …

Als Kinderloser versteht man vieles nicht, was »die
anderen« tun oder nicht tun: zum Beispiel, dass
Babys unentwegt sabbern und die Eltern das anscheinend nicht bemerken. Mittlerweile weiß ich
aus eigener Erfahrung, Babys fangen nach ein paar
Monaten an zu sabbern. Das hört sich niedlich an,
es ist aber ein ewig währender Speichel-Spucke-
Fluss, dessen sie sich natürlich nicht bewusst sind.
Die lachen und brabbeln unentwegt, und in ihrem
Rachen steht ein kleines Männchen mit einem Gartenschlauch, der die Mundschleimhäute bewässert.
    Das ist für Kinderlose ein nachdenkwürdiger
Hingucker, diese Ausmaße sind nicht nachzuvoll-
ziehen. Und es ist auch nicht verständlich, dass El-
tern diesem Phänomen, das selbst bei »Akte X« für
Furore sorgen würde, keine Bedeutung beimessen.
Als Freunde von uns damals mit ihrem mehrere
Monate alten Baby bei uns zu Hause waren, blickte
ich dauernd gebannt auf die Rinnsale, die sich aus
dem Babymund ihren Weg nach unten suchten.

Dann drückte mir die Mutter das Baby in die Arme: »Da, du kannst auch schon mal üben.«

Ich dachte, was üben? Deichbau? Ich versuchte, das Baby so zu halten, dass es nicht meine Klamotten vollschlatzte. Sabber sabber blubber sabber ... Man will dann ja nicht als überkorrekt gelten und sagen: »Ist euch eigentlich schon mal aufgefallen, dass euer Kind sabbert wie ein Pawlow'scher Hund?«

So versuchte ich ungelenk mit dem Freundesbaby ohne Sabberkollateralschäden zu hantieren. Mit einem vernichtenden Augenaufschlag wurde mir das Kind wieder entrissen: »Ich nehm den Kleinen wieder. So ungeschickt, wie du den hältst.«

Ich wollte halt nichts kaputt machen. Obwohl ich mir dachte, wenn ich ihn fallen lasse, wird der Sabbersee ihn retten.

An diesem Tag wurde ich erstmals in echte Elterngeheimnisse eingeführt. Mir wurde gezeigt, wie man ein Baby bestmöglich hält: »Du musst den Fliegergriff anwenden.«

Ja, ja, Piloten dieser Welt, ihr seid nicht die Einzigen, die den Gegebenheiten der Schwerkraft zu trotzen suchen. Fliegergriff. Dabei dreht man seinen Unterarm nach oben, und darauf platziert man das Baby mit dem Gesicht in Richtung Armbeuge, sodass es dann quasi auf deinem Unterarm bäuchlings durch die Gegend schwebt. Ich dachte, das ist schon was für Poser: »Schaut her, Freunde, das ist meins, das hab ich gemacht! Und seht, wie mühelos ich den Fliegergriff praktiziere. Piloten der Lüfte und Väter der Kinder, dig this!«

Früher haben wir Männer für so einen Effekt Muskelshirts angezogen. Das ist übrigens die nächste Stufe: Fliegergriff *und* Muskelshirt. Durch die Drehung des Unterarms nach oben und das Gewicht des Babys kommt der Bizeps sehr gut zur Geltung. Woher ich das weiß? Ich habe vor Kurzem auf einem Kinderspielplatz einen Vater in Muskelshirt gesehen, der seine kleine Tochter in jeder Situation so hielt, dass seine durchtrainierten Oberarme optimal rüberkamen. Zum Beispiel beim Schaukeln: kurz Kind mit Schaukel festhalten, ein bisschen nach oben ziehen, den Bizeps aufpumpen, schauen, ob Mütter schauen, und erst dann wieder anschubsen. Vielleicht war das ja auch gar kein Vater mit Tochter auf dem Spielplatz, sondern eine neue Art von Fitnesstraining aus den USA. Da werden ja inzwischen alle Bereiche kombiniert. Aerobic mit Boxing, Kung-Fu mit Bauch-Beine-Po-Training. Und jetzt die neueste Trainingsmethode: Baby-Piloting. Ich weiß mittlerweile, dass Babys diese Fliegergriffposition wegen des einmaligen Blickfelds sehr lieben und diese bei Blähungen zusätzlich eine ideale Ausgangssituation für aeriale Exkursionen bietet. Aber warum heißt das dann Fliegergriff und nicht »Wiege-mit-guter-Pupsmöglichkeit-Griff«? Wahrscheinlich weil Männer eine coole Bezeichnung für eine vordergründig uncoole Handlung brauchen. Das ist wie beim Bungeejumping. Eine dämliche Aktion mit cooler Bezeichnung. Würde das jemand machen, wenn es »Beine-an-Gummiseil-dann-spring-und-in-die-Ausgangsposition-Zurückschnalzing« hieße?

Der Fliegergriff ist auch die ideale Position für Babys, die sich ihrer Spucke entledigen wollen. Wenn einem als männlichem Erwachsenen unbemerkt der Speichel aus dem Mund läuft, ist man entweder in der Disco oder man war beim Zahnarzt, und die Spritze hat noch nicht aufgehört zu wirken. Das ist dann schon peinlich, wenn man am Tisch im Restaurant nicht merkt, dass Sabber über die noch betäubte rechte Unterlippe läuft. Da kommt dann kein Kellner vorbei und fragt: »Darf ich Ihnen zum Nachtisch einen Fliegergriff anbieten?«

Es war schon eine schöne Zeit als Baby, als man sich über solche Kleinigkeiten noch keine Gedanken machen musste. Und, wie schon gesagt, die meisten Eltern machen sich auch keine weiterführenden Gedanken. Meine Freunde trugen ihr Baby damals natürlich auch im Fliegergriff durch unsere Wohnung. Der Speichel bildete schon die ersten

Pfützen auf dem bolivianischen Nussbaumparkettboden, aber die Eltern schienen nicht zu sehen, dass ihr Kind oral auslief. Ich habe dann leise gesagt: »Könntet ihr vielleicht ein bisschen aufpassen, dass nicht alles runtertropft?«

»Du bist aber uncool.«

»Mjaa, aber hier können jetzt schon Schnecken Ski fahren, das ist schwierig.«

»Das geht mit Wasser wieder weg.«

Ich dachte an mein Nussbaumparkett, nicht gewachst, sondern geölt. Dann meinte ich: »Könntet ihr wenigstens in meinem Wohnzimmer eine Schüssel drunterhalten? Ich habe da einen handgetufften Leinenteppich.«

»Wirst du jetzt ganz spießig?«

»Nein, aber ich denke, die Handtuffer in Indien wären schon traurig, wenn jemand einfach so auf ihre harte Arbeit sabbert.«

Ich schmiedete einen Plan. Bei meinem nächsten Besuch wollte ich den Sabber-Eltern einfach auch auf den Boden schlotzen. Als ich dann bei ihnen war, ich hatte vorher extra noch vier Liter Apfelschorle getrunken, musste ich erkennen, dass mein Plan sinnlos war. Ich fand in der ganzen Wohnung nicht eine Stelle, die noch nicht vollgeschlotzt war.

Es gibt noch etwas, was Kinderlose befremdlich finden und Eltern nicht bemerken. Eltern von

31

Babys und Kleinkindern riechen im Lokal oder Wohnzimmer von Freunden plötzlich am Hintern der Kleinen, aber immer ganz »unauffällig«. Der Shit-Check. Wie riecht man unauffällig an einem Hintern? Die Eltern meinen, keiner sieht es, und signalisieren: »Ich schau nur mal schnell, was auf dem Knopf auf der Gesäßtasche der Hose steht.«

Und dann sagen Eltern zu sich selbst Sätze wie: »Schatz, glaubst du, dass sie ... riechst du was?« Die Fliegen fallen schon von den Wänden. Kakerlaken mit Rucksäcken verlassen fluchtartig den Raum. Alle riechen was. Nur Eltern nicht. In Caprona herrschen eben andere Geruchsgesetze.

Im Land des Lächelns

Frischgebackene Eltern kamen mir früher immer vor wie frischgebackene Nichtraucher. Die sind ähnlich hibbelig, überdreht freudig, mitteilungsbedürftig, immer gepaart mit angrenzender Realitätsstörung. Frische Eltern wollen immer ihre neue Daseinsform als das Nonplusultra verkaufen. Wie auf Knopfdruck ertönen aus ihren Mündern Sätze wie: »Alles ist so anders, ich bin so glücklich!«

Aber du hast dabei immer das Gefühl, dass da irgendetwas nicht stimmt. Stell mal jungen Eltern die Gretchenfrage: »Habt ihr gestern Nacht geschlafen?«

»Nein, aber es ist sooo schöön.«

»Du siehst aber nicht danach aus.«

Junge Eltern kontern so was Destruktives mit dem Universalargument der menschlichen Fortpflanzung. Sie stellen sich vor dich hin, die Augenringe reichen bis unterhalb der Brustnippel, die

33

Stimme ist brüchig, ein Lufthauch Wahnsinn umweht die Szenerie, und dann setzen sie zum Glaubensbekenntnis aller Eltern an: »Es schreit zwar viel, aber wenn es dich dann einmal anlächelt, dann kriegst du alles wieder zurück!«

Was kriegst du dann zurück? Alles Böse, was du je in deinem Leben getan hast? Das mit dem Lächeln ist wirklich zentral für Eltern. Sie erinnern sich ein ganzes Leben lang an das erste Lächeln ihres Kindes. Und anscheinend warten alle Eltern darauf. In den ersten Wochen haben Babys ja noch keine richtige Mimik oder Gesichtsmotorik. Das ist mehr so oktoberfestmäßig, zwei, drei Maß, und ab das Gesicht. In Bayern wird das »froaseln« genannt. Das kommt von »Fratzen ziehen«. Anfangs machen Babys nur Zufallsgrimassen, auch wenn es so aussieht, als ob es bewusst wäre, aber ab der achten Woche lernen sie die Anordnung ihrer Gesichtsmuskeln mit der ekstatischen Reaktion darauf zu verbinden. Vor einigen Jahren bekamen Freunde von mir ein Baby. Ich Outsider war bei ihnen zu Besuch zum Babygucken, und der Kleine war mittlerweile etwa sieben Wochen alt. Beide warteten schon seit einiger Zeit auf das »erste richtige Lächeln«. Es wirkte wie das Warten auf eine Offenbarung: »Wir werden die Schmerzen der Schlaflosigkeit ertragen, bis der Lächler Gottes uns erlösen wird. *Aber*: Nur das erste jungfräuliche Lächeln hat die Kraft zur Reinigung.«

Es kam mir ein bisschen spooky vor. Nach ein paar Minuten gaben sie mir den Kleinen in die Hände und sagten: »Da, kannst auch schon mal üben, ha ha.«

»Danke.«

Da habe ich mir gedacht, jetzt mach ich mal einen Return-Spaß! Als die beiden Eltern kurz draußen waren und ich mit dem Kleinen im Wohnzimmer saß, rief ich in die Küche: »Wow, der Kleine hat mich angelächelt!«

Die Mutter sprang rein und schrie: »Gib mir sofort mein Kind her! Kleines, lach noch mal für die Mama!«

Hat es leider dann für einige Wochen nicht.

»Du Schwein, du hast uns sein erstes Lächeln genommen!«

Aber es hat sie dann doch interessiert: »Wie hast du das gemacht?«

Ich konnte mich dann gerade noch mit meinem Beruf rausreden: »Ich bin Komiker, Leute zum Lachen bringen ist mein Job!«

Die beiden glauben leider bis heute nicht, dass das nur ein Spaß war.

Urlaub ohne

Ich werde mittlerweile oft gefragt: »Du hast doch auf der Bühne immer Nummern gegen Kinder gemacht, wieso habt ihr denn jetzt selber eins bekommen?«

Da haben wohl einige etwas nicht ganz verstanden. Ich habe nie Nummern *gegen* Kinder gemacht. Ich liebe Kinder, und das auch schon immer. *Gegen* Kinder Nummern zu machen wäre gegen meine Natur, da ich mich eigentlich noch immer nicht zu den komplett Erwachsenen zähle. Wenn Leute zu mir sagen, »Mittermeier, du wirst ja nie erwachsen« – danke für das Kompliment. Ich hoffe, dass ich mir auch als Vater das Kind in mir nicht austreiben lasse. Ich hatte in meinen letzten Bühnenprogrammen über Kinder und Eltern gesprochen, aber meist in Geschichten, die mein Leben als Kinderloser in der heutigen Zeit beschrieben. Ich kam mir oft als Ausgestoßener vor. Jeder Kinderlose kennt das, man sitzt mit einigen Eltern am Tisch, und dann wird nur erzählt, dass Kinder das Tollste im Leben seien, eine Bereicherung, ein Zugewinn, ein Segen badababadababadaba ... Es kommt einem eher so vor, als ob man in ein Treffen der Zeugen Jehovas geraten ist, die schon froh sind, dass sie jetzt Klinken putzen dürfen und nicht mehr am Hauptbahnhof neben dem Bahnhofsklo Leute anquatschen müssen. Ein Satz kommt dann auch immer: »Ihr solltet auch Kinder haben.«

Junge Eltern haben meist ein sehr ausgeprägtes Missionierungsbedürfnis. Dagegen ist die katholische Kirche eine Vereinigung der Anonymen Selbstzweifler. Ich mag ja grundsätzlich keine Bekehrungsversuche. Ich war zum Beispiel nie ein Fan der Kreuzzüge. Ich finde auch, dass die Heilige Inquisition der katholischen Kirche argumentativ ein bisschen schwach auf der Brust war. Aber wollen Eltern wirklich andere überzeugen, Kinder zu machen, weil sie selbst so überzeugt davon sind, oder ist es mehr der Drang, möglichst viele Gleichgesinnte für das eigene Schicksal zu finden? Für kinderlose Paare ist es nervig, dass jeder erwartet, dass nach einiger Zeit Beziehung auch Nachwuchs kommt. Oft kam dann noch dieser depperte Satz: »Geht's net?«

Was soll man auf so was antworten? Radikale Fragen fordern radikale Antworten heraus. Wenn die Freunde mal wieder drängen, »hey, wie schaut es denn bei euch aus mit Kindern?«, gibt es einen effektiven Trick, die Diskussion schnell zu beenden. Einfach sagen: »Wir können keine Kinder kriegen.«

Ich garantiere, die Stimmung ist im Arsch! Und dann gebt ihr ihnen den Rest: »Wir können keine Kinder kriegen, weil ... wir unsere Karibikreise für nächstes Jahr schon gebucht haben. Vamos a la Playa, la la la la! Vier Wochen rumreisen ohne Zwänge, da bleiben, wo es einem gefällt, die Welt da draußen ist so schön. Wo fahrt ihr Eltern denn hin?«

»Cluburlaub im Familienhotel in Österreich.«

»Auch schön.«

»Die sind total auf Kinder eingerichtet.«

»Wow!«

»Und wir machen auch Ausflüge!«

»Klar.«

»Da kann man in einem Naturpark wandern, und die haben auch einen Streichelzoo.«

»Ich lasse mir das mal durch den Kopf gehen, wenn ich am Bacardi-Strand liege, nach oben gucke und warte, bis die Kokosnuss runterfällt.«

»Grrrrr.«

Touché. Urlaub ist für viele Eltern ein Reizthema. Da kann die Liebe zu den Kindern noch so groß sein. Das Wort Familienurlaub klingt wie eine Drohung. Da kommt etwas ganz großes Schlimmes. Familienurlaub – der Friedhof der Reiseträume. Aber viele Eltern haben einen automatisierten Verteidigungsmechanismus, es ist Zeit für das Anti-Fernreise-Eltern-Mantra: »Wir holen das alles nach, wenn die Kleinen aus dem Gröbsten raus sind.«

Das unechte Lächeln hängt in der Luft wie eine vergessene Weihnachtskugel an einem verdursteten Christbaum. Und wenn man genau hinhört, kann man tief in ihrem Inneren ein leises Schluchzen wahrnehmen. Eingesperrt in die vergessenen Verliese der Hormonburg fristet es ein einsames Dasein. Tief im Kerker der verdrängten Gefühle zerrt etwas an den Ketten. Hat schon mal jemand Eltern getroffen, die später wirklich die Reisen gemacht haben, die sie mit Kindern nicht mehr unternehmen konnten?

Ich spüre natürlich die unterschwelligen Schwingungen meiner natürlichen Feinde: »Jetzt mit Kind kann er auch nicht mehr so, wie er will, he he he.« Jopp! Gutes Argument. Touché zurück. Ich habe mir auch schon mal einen Grabstein auf dem oben genannten Friedhof ausgesucht. Ja, Globetrotter-Michl, es ist vorbei, rien ne va plus, finito. Meine Frau und ich sind ja in den vergangenen 15 Jahren viel in der Weltgeschichte rumgereist und haben am liebsten in ganz kleinen kuscheligen Lodges übernachtet, nicht in irgendwelchen Hotelbunkern. Klein, fein, ruhig. Oft war ein Auswahlkriterium: »No children under twelve allowed!« Das ist ein Gütesiegel wie »Made in Germany«, da weiß man, was man hat. Ruhe am Pool und kein Besuch von Kevin und seinen Spielgesellen. Das waren noch Zeiten. Damals vor dem Krieg. Ich traue mich jetzt auch nicht bei unseren früheren Urlaubs-Locations anzurufen und zu fragen: »Wir haben bei Ihnen schon mal gewohnt, gilt da dann diese Regel auch?«

»Jopp!«

»Unsere Tochter ist ganz brav!«

»Ist sie unter zwölf?«

»... na ja, etwas.«

»Hmmm.«

»Okay, dann halt nicht.«

Abenteuer Spielplatz

Es gibt aber auch Orte, zu denen man besser nur *mit* Kindern fährt: Gehe nie als Kinderloser auf einen Kinderspielplatz! Tu es nicht! Da hast du nichts zu suchen! Das ist, als ob ein verletztes Gnu auf ein Löwenpicknickgelände spazieren würde. Die wittern es sofort und greifen an – ich meine natürlich die Mütter. Die spüren, dass du kein Kind hast. Die schauen dich nur einmal an, saugen kurz die Luft ein und sagen dann: »Dieser Loser hat noch nicht gezeugt.«

Als ich vor einiger Zeit, noch kinderlos, mit meinem vierjährigen Patenkind in Berlin auf einen Spielplatz gegangen bin, wurde ich kurz gescannt, und dann war die Diagnose klar: »Ein Mann, der noch nicht gezeugt hat, allein mit Kind, der ist schwul und hat die adoptiert.« Du sitzt dann da unter Müttern und fühlst dich wie – um mit Karl May zu sprechen – »Unter Geiern«.

Es war für mich ein schräges Erlebnis, als ich

mich da zum ersten Mal seit wohl 30 Jahren auf einem Kinderspielplatz befand. Das ist eine völlig neue Welt. Ich betrat Caprona und staunte. Spielplätze sind ja nicht mehr wie früher. Als ich ein Kind war, da war ein Kinderspielplatz ein größerer Sandhaufen. Die Eltern haben einen reingesetzt und gesagt: »Mach einen Sandkuchen, iss ihn auf, sei still, und passt scho!«

Spielplätze heute, das sind Indiana-Jones-Abenteuergelände, mit drei Meter hohen Palisadenwänden, wackelnden Hängebrücken, Kletterschnickschnack und Spiralenrutschen. Ich stand da mit meinem Patenkind und dachte, die lass ich hier niemals hoch. Ich habe das Gefühl, dass Abenteuerspielplätze von Kinderhassern entworfen werden. Die sitzen daheim am Zeichentisch und lächeln leise vor sich hin: »Keines wird überleben!«

Berliner Kinder sind allerdings irgendwie anders. Die sind taffer als andere Kinder. Da laufen Fünfjährige rum, bei denen denkt man sich, die haben sicher schon mal ein Haus besetzt. Die sind offensiver. Einer sprach mich an: »Hey, du Großer, ick bin der Paul, wa!«

»Hallo, Paul Wa. Da hast du ja einen schönen Nachnamen.«

Er hat den Joke natürlich nicht verstanden, wa. Und Paule fragte mich: »Soll ick dir was zeigen?«

»Ja, Paul, was kannst du denn Schönes?«

»Kiek mal!«

Er sprang auf ein Stück Holz und wieder runter. Und ich war einfach ehrlich: »Hey, Paul, das kann jeder Analphabet mit fünf!«

Ja, im Nachhinein hat es mir auch leidgetan. Als Kinderloser findet man nicht die richtigen Worte für schöne Lügen. Das ist der Vorteil, wenn man keine Kinder hat: Man darf noch gemeine ironische Gedanken über Kinder haben, ohne dabei denken zu müssen, »mein Gott, es könnte meins sein, lass ihn doch« – also ohne schlechtes Gewissen. Und man ist noch einigermaßen immun gegen flehende Kinderaugen. Eltern hingegen verlieren den Verstand, wenn ihre Kinder sie anblicken, als ob die Welt zusammenbricht, und dann eine perfekte Schweinchen-Babe-Parodie hinlegen: »Willst du meine Mama sein?«

Aber auch Kinderlose haben ein Herz. Auf diesem Spielplatz in Berlin bekam ich eine Zukunftsvision: Ich werde irgendwann einmal mit meinem eigenen Kind auf einen Spielplatz gehen, und dann gibt es für mich die Erlösung. Die Mütter werden mich als rechtmäßigen Vater erkennen, und ich werde feierlich in den fruchtbaren Teil der Gesellschaft aufgenommen. Sie werden Blumen werfen und Lobgesänge auf meine Vermehrung anstimmen. Nachts darauf hatte ich einen Albtraum: Ich ging an einem Dienstagnachmittag mit meinem eigenen Kind auf den hiesigen Spielplatz und drehte siegessicher mit dem Kinderwagen meine Runden. Meine Kreise hinterließen schon einen elliptischen Trampelpfad, doch die Mütter beäugten mich weiterhin skeptisch und steckten tuschelnd ihre Köpfe zusammen. Der Angriff stand kurz bevor. Plötzlich ergriff die Mutterführerin (darf man das so sagen?) das Wort und ließ meine Vision zerplatzen wie eine Seifenblase auf einem Kinderigel-Geburtstag: »Wahrscheinlich ist das einer, der seine Frau schon schwanger verlassen hat und jetzt unter der Woche mit dem Kind auf den Spielplatz geht, weil er am Wochenende mit seiner 19-jährigen Freundin zum Liebeswochenende nach Barcelona fliegt. Das ist keiner von uns!«

Ja, ein Spielplatz ist kein Kinderspielplatz. Mütter sind nicht wie bellende Hunde. Die wollen nicht nur spielen! Ich fragte mich, gibt es eigentlich den Film »Unter Geiern II«?

Unter Bayern

Wenn meine Frau und ich früher nach zwei Wochen Urlaub wieder heimkamen, empfing uns oft die fürsorgliche Erwartungshaltung von Freunden und Familie: »Und???«

»Was, und?«

»Habt's eins gemacht?«

Ich weiß auch nicht, was die alle immer geglaubt haben. Dass wir in den Urlaub fahren – und dann zwei Wochen jeden Tag 24 Stunden in die Hängematte und Hurraxdax, bis die Hebamme kommt? Beim Nachwuchsthema nervten am meisten die eigene Familie und die nähere Verwandtschaft. In Bayern hat das ja immer noch so eine archaische Komponente. Bei uns steht die gesamte Verwandtschaft bei der Hochzeitsnacht ums Schlafzimmer herum und schlägt auf großen Trommeln den Fruchtbarkeitsrhythmus: »Bongo bongo bongo! Hö hö hö! Heilige Maria, Mutter Gottes, hilf ihnen in dieser schweren Stund'! Bongo bongo bongo! Hö hö hö!«

Was sich da für ein Druck aufbaut! Ich habe von Paaren gehört, die sich wie in Trance ins Schlafzimmer begeben haben und dann im Takt der Trommeln loslegten: »Einen für die Oma, einen für den Opa, einen für die Mama, einen für den Papa ...«

Und das ging so lange, bis die ganze Verwandtschaft durch war. Selbst weitläufig entfernt verwandte, fünftgradige Tanten und Cousinen von Tanten wurden in dieses Ritual mit eingebaut. Da kommt schon ein kleines Dorf zusammen. Wenn man in Bayern verheiratet ist, gibt es auch keine wirkliche Entscheidungsfreiheit mehr, ob man Kinder haben will. Man hat Kinder zu kriegen. Alles andere wäre unbayrisch. Oder schwul oder kommunistisch. Es gibt kein Entkommen vor den Zeugungsaufrufen der Familie. Manchmal läuten am Samstag um acht Uhr morgens die Zeugen Kinders, um über Gott und die Fruchtbarkeit zu sprechen.

Es gibt eine Geschichte, die das alles gut zusammenfasst. Sie hat sich wirklich so zugetragen und soll einen kleinen Einblick in die Gemütswelt eines bayrischen schwulen Kommunistenpärchens geben. Gudrun und ich waren 2003 zur Taufe des zweiten Kindes von Gudruns Bruder eingeladen, der mit seiner Frau aber erst fünf Jahre zusammen war. Wir hatten es bis dato schon auf dreizehn Beziehungsjahre gebracht – ohne Kind, wohlgemerkt.

Alle Verwandten, die uns anblickten, hatten so was Musterndes im Blick. Ich hatte ähnlich intensives Anstarren nur einmal gesehen, nämlich in dem Film »Invasion der Körperfresser«. Da beäugten die von einem außerirdischen Virus veränderten Menschen alle anderen, die den Anschein machten, dass sie noch nicht »umgedreht« worden waren. Ich wusste, da kommt noch was ganz Großes. Und tatsächlich: Alle unausgesprochenen Kommentare entluden sich in einem ganz bestimmten Moment. Wir standen in der Kirche, der Pfarrer war mitten in der Taufzeremonie, und während des eigentlichen Taufvorgangs drehte sich mein Schwiegervater zu mir um und fragte: »Und, Michl? Host genau hingschaut, wia des geht?!«

Was willst du deinem Schwiegervater in so einem Moment antworten? So was wie: »Nein, wir ficken noch so rum?«

Gut, ich habe es gesagt. Ich gebe gerne zu, das war eine blöde Idee in der Kirche. Der Pfarrer war verstimmt und mischte sich ein: »Mäßigt euren Wortschatz im Hause des Herrn, ihr wollt doch auch mal eure Kinder hier taufen lassen.«

Ich konterte mit: »Sie können bei dem Thema eh nicht mitreden.«

Mein Schwager grätschte verbal von der Seite rein: »Du ja anscheinend auch nicht. Geht's nicht?«

Ich deutete zum Taufbecken: »So einen wie den will ich auch gar nicht! Nimm deinen Kevin wieder mit!«

Es war eine super Taufe. Mein Glück war, dass mich als Komiker eh keiner groß ernst nimmt. Und hinzu kam, dass viele dachten: Was willst du von einem schwulen Kommunisten auch anderes erwarten?

An alle Kinderlosen da draußen, die von ihrer Familie und Verwandtschaft unnachgiebig zeugungsauffordernd bedrängt werden: Es gibt Möglichkeiten, ein bisschen Spaß in die Diskussion zu bringen. Versucht nicht, Ausreden zu finden, »wir warten noch« etc., das ist alles Kinderkacke. Angriff ist die beste Verteidigung. Später auf der Tauffeier, etwa 19 Babydiskussionen später, haben Gudrun und ich uns für folgende Aktion entschieden: Wir sind zusammen auf die Toilette gegangen, so, dass es alle mitbekommen haben. Dort haben wir uns am Waschbecken Wasser in die Haare und Gesicht gespritzt, ein bisschen hyperventiliert, die Luft angehalten, bis der Kopf rot wurde, die Hose aufgemacht, das Hemd raushängen lassen – dann sind wir mit Siegerpose in den Saal zurückgekehrt: »Hey, wir glauben, das war's, jetzt ist es so weit, hat jemand einen Schwangerschaftstest dabei?«

Es kuriert nicht, bringt aber eine Linderung der Leiden.

Arschlochkinder

Es heißt oft, Kinder seien unsere Zukunft. Ich bin manchmal skeptisch, wenn ich im Fernsehen so was wie die »Supernanny« sehe. Diese Kinder zahlen mal meine Rente? Ich glaube eher, ich zahle deren Knastaufenthalt, wenn die mal älter sind! Supernanny, das ist die GSG 9 der RTL-Kindereingreiftruppe. So wie im normalen Leben, wenn es brennt, dann kommt die GSG 9. Warum heißen die eigentlich GSG 9? Grenzschutzgruppe 9? Haben die nur neun Mann? Oder ist das die neunte Auswahl? Was soll das denn? Wenn ich eine First-Class-Truppe brauche, nehme ich doch die GSG 1! Was wäre denn das überhaupt für ein Befehl? »Ja, die ersten acht haben versagt, schickt die Neuner-Losergruppe rein!«

An dieser Stelle noch eine Frage: Wo wohnen eigentlich all die Kinder, die die Supernanny geheilt hat? Ich warte noch auf die Nachfolgeserie »Supernanny – The Next Generation«. Glaubt eigentlich jemand an so schöne Supernanny-Erziehungsstrategien wie: »Du warst böse, jetzt gehst du auf die stille Treppe.« Was ist denn eine stille Treppe? Gibt es sonst wirklich Leute, die im Treppenaufsatz ihr Bose-Soundsystem eingebaut haben? Mit Trittaktivierung? Ich habe mal von einer Seufzerbrücke in Venedig gehört. Stehen da die ganzen verzweifelten Eltern, deren Kinder die stille Treppe nicht gefunden haben?

»Du warst böse, jetzt gehst du auf die stille Treppe.«

Das ist auch eine super Ansage! Da hat er aber Angst, der kleine Dustin, der mit seinem Butterflymesser schon zwei Tankstellen überfallen hat. Ich glaube, wenn so ein kleiner Kinderzimmer-Osama aufmuckt, braucht der eine klare Ansage. Wenn die Mutter von Dieter Bohlen früh genug zu ihm gesagt hätte: »Halt deinen Mund, wenn nur Scheiße dabei rauskommt!«, hätten wir heute ein Problem weniger.

Nicht alle Kinder sind unsere Zukunft. Ich zweifle daran, dass Arschlochkinder unserer Menschheit einen Schubs in die richtige Richtung geben. Ich kann die Empörung spüren – Arschlochkinder, so was sagt man nicht. Doch! Nein! Doch! Nein! Wohl, du bist blöd!!!

In meinem Bühnenprogramm »Back to Life« habe ich im Jahr 2000 erstmals die Arschlochkindtheorie vorgestellt. Ich bin bis zum heutigen Tag auf keine andere Nummer so oft angesprochen worden. Anscheinend habe ich einen Nerv bei vielen Menschen getroffen, der schon lange wehtat. Aber nie bin ich für diese »Arschlochkindnummer« beschimpft worden! Besonders häufig wurde ich tatsächlich von Eltern angesprochen mit Sätzen wie: »Michl, mit den Arschlochkindern, da hast du ganz recht. Gut, dass das mal jemand anspricht. Wir haben Bekannte, und deren Kinder sind solche Arschlochkinder.«

Ich kann mich erinnern, dass so was in der Art auch die Eltern zu mir gesagt haben, deren Kind für mich damals ein Mitgrund war, diese Theorie aufzustellen. Nur ein einziges Mal kam ein Pärchen nach einer Vorstellung zu mir und fragte: »Woher kennst du unser Kind?«

Ich weiß nicht, was aus denen geworden ist, aber es heißt ja, dass Selbsterkenntnis der erste Schritt zur Adoptionsfreigabe ist. Im Folgenden möchte ich noch mal für alle Eltern und Kinderlosen darlegen, was es mit Arschlochkindern so auf sich hat:

Vor vielen Jahren, als ich ein aufstrebender junger Mensch war, der sich noch gar nicht vorstellen konnte, ein Kind zu bekommen, saß ich in meinem unterirdischen Labor. Über Jahre hinweg hatte ich geforscht, aber Hunderte von Feldversuchen an Mäusen und Ratten hatten mich nicht weitergebracht. Auch meine Berechnungen anhand astrologischer Karten und biologischer Gegebenheiten führten ins Nichts. So begann ich meine Beobachtungsstudien am lebenden Zielobjekt: Kinder, die man nicht mag. Die gibt es. Oder ich muss es anders formulieren: Es gibt Kinder, die sind einem auf den ersten Blick unsympathisch. Warum soll es bei Kindern anders sein als bei erwachsenen Menschen? Sie sind ja die Vorstufe späterer Vollidioten. Wie wird aus einem Menschen eigentlich ein geistiger Discofoxtänzer? Ich glaube ja, die werden schon so geboren. Nicht, dass die bei der Geburt rausploppen und sofort auf der Kreißsaalfläche im Dreiviertelschritt »Born to be alive« anstimmen. Meine Theorie: Es gibt auf dieser Welt ein duales Natal-System. Alle Menschen sind gleich, von Feuerland bis Bayern. Aber Gott hat damals am achten Tag der Schöpfung, nachdem er gerade Jamaika geschaffen hatte und sehr entspannt war, zu sich gesagt, »a bissel Spaß muass sein«.

Und er hat die Kinder und ihre Kindeskinder in zwei Gruppen unterteilt. Die einen Kinder kommen auf die Welt, die sind lieb, sympathisch, olé

olé, super Kind. Die anderen Kinder werden geboren, schauen dich an, der erste Blick, und du kannst nicht anders: »Du unsympathischer Sack, geh weg, mit dir will ich nicht spielen!«

Ich meine das nicht böse. Aber ich kann die Fakten nicht ändern. Wie oft kommen Freunde zu einem nach Hause, Eltern mit ihren Kindern, so miesen, unsympathischen Drecksschratzen. Motzende Zerstörungsmaschinen ohne Beschränkungsmodus, die einem zeigen, was ein Zeigefinger mit dem Hochtöner einer Stereobox anrichten kann. Und dann musst du immer lügen: »Mei, der wird ja immer netter!«

Innerlich windet sich alles, und der blinde Passagier in deinem Bauch schreit nach Kotztüten. Denn wie gerne würde man mal ehrlich sein zu den Eltern und sagen: »Ich mag dich, aber dein Kind ist ein Arschloch!«

»Hallo, das Kind ist erst zwei!«

»Ja, was meinst du, was das erst für ein Arschloch in 20 Jahren ist!«

Die unerschütterlichen Grundfesten der Theorie lassen sich auf eine Formel bringen: Man wird als Arschlochkind geboren – einmal AK, immer AK! Der amerikanische Ethnologe R. B. W. McCormack hat mal gesagt: »Manche Menschen sehen von Weitem furchtbar dumm aus, aber beim

Näherkommen merkt man, dass man sich nicht getäuscht hat.« Gott sei Dank erkennt man ehemalige Arschlochkinder auf den ersten Blick. Das deutsche Fernsehen spiegelt auch sehr gut die AK-Bandbreite der Menschheit wider. Als mir damals die Auswirkungen meiner eigenen Theorie bewusst wurden, bekam ich es mit der Angst zu tun. Wenn ich in der Zukunft doch mal Kinder haben werde, was wird es dann? Drei Geschlechter – Junge, Mädchen, Arschlochkind? Ich erlitt ein theoretisches Vorgeburtstrauma. In schlaflosen Nächten hatte ich oft denselben Albtraum: Die Geburt ist in vollem Gang – ich bin mit dabei im Entbindungsraum –, das Baby kommt raus, die Hebamme gibt den ersten Klaps, es lächelt mich an, aber ich erkenne: »Ein Arschlochkind. Scheiße!«

Und Panik packte mich, weil es dann ja für etwaige Änderungen zu spät wäre. Dann kannst du nichts mehr machen. Du kannst ja nicht zur Hebamme sagen: »Kann man es nicht vielleicht noch mal ein bisschen zurückschieben? Vielleicht war es ja noch nicht ganz durch?«

Viele fragen sich, was machen Arschlochkinder beruflich? Sie können ja nicht alle Immobilienmakler werden. Ich weiß nicht von allen, was sie machen, aber ich weiß, dass ein paar von ihnen regelmäßig am Samstagmorgen als Zeugen Jehovas verkleidet an meiner Türe läuten. Und auf Klassentreffen bekommt man den Eindruck, dass sich die Arschlochkinder von damals am schnellsten vermehrt haben.

Die mir am meisten gestellte Frage der vergangenen zwei Jahre ist wohl nicht schwer zu erraten: »Michl, ist deine Tochter nun ein Arschlochkind?«

»Natürlich nicht! Nein! No! Nada! Non! Bist du deppert?«

Und da bin ich mir hundertprozentig sicher. So sicher, wie sich Eltern nur sein können. Ich vergaß zu erwähnen, dass Eltern bei der realistischen Einschätzung ihrer eigenen Kinder nicht herangezogen werden dürfen. Da kriegst du kein wirklich objektives Statement. Das hat die Natur so eingerichtet. Eltern sehen ihre Kleinen und deren Taten meist durch eine rosa Brille, und die fungiert wie ein Filter für kritische Zwischeninformationen. Es kann schon mal vorkommen, dass einen eine Mutter mit ehrlichem Lächeln fragt: »Ist unser Kleiner nicht süß?«

»Ja, äh, aber euer Kleiner hat gerade das ganze Restaurant zusammengeschrien, die Tischdecke mit allem drauf abgeräumt und mir auf die Hose gekotzt.«

Der rosa Eraser schaltet sich ein – zipp: »Der Cedric ist halt manchmal ein bisschen ungestüm.«

»Schönes Wort. Attila, der Hunnenkönig war auch ein bisschen ungestüm.«

»Schau, er lächelt dich an. Das ist seine Art, Verzeihung zu sagen.«

Ich frage mich, ob der Attila das auch gemacht hat? Wenn seine Hunnenburschen ein Dorf dem Erdboden gleichgemacht und dessen Bevölkerungszahl um 82 % reduziert haben, hat er dann die paar Überlebenden angelächelt: »Nichts für ungut.«? Und hat die restliche Dorfbevölkerung dann freundlich reagiert: »Kein Problem, Attila, so sind Hunnen halt. Immer ein bisschen ungestüm.«?

Hat die Mama von Adolf Hitler jemals geschimpft: »Ein Lausbub ist er schon, der Dolfi.«?

Das größte Kompliment für Eltern ist, dass man ihre Kinder lobt. Aber Eltern wollen nicht die Wahrheit wissen, sondern nur eine Bestätigung ihrer bedingungslosen Liebe für die eigene Brut. Entschuldigung, aber es ist so. Wer etwas Negatives sagt, ist sofort ein Kinderhasser und Stimmungsverderber. Als der oben genannte Cedric im Restaurant auch noch die Bedienung angespuckt und sie mit »du alte Pissi-Sau« beschimpft hatte, hätte man dann wirklich hinterm Berg halten und nur sagen sollen: »Mei, is der daheim auch so brav?«?

Hätte es die Menschheit weitergebracht, wenn ich gesagt hätte, was mir auf den Lippen lag: »Oh, jetzt hat der kleine Cedric seine Mutter mit der Bedienung verwechselt.«?

Oder was sollte man zum Beispiel den Eltern von Monica Lewinsky nach der Clinton-Affäre Positives über ihr Mädchen sagen: »Aber Ihre Tochter hat den Präsidenten gut geblasen.«?

Hier noch ein kleiner Tipp: Wer von Freunden eingeladen wird, die definitiv ein oder mehrere Arschlochkinder ihr Eigen nennen, und sie nicht besuchen will, muss nur vorspielen, dass er krank ist. Aber nicht einfach sagen, man sei krank, das könnte verdächtig sein. Das geht cleverer. Man ruft bei den AK-Erzeugern an.

»Hallo?«

Dann ganz erbärmlich husten und kratzig sprechen: »Servus, öch, öch, du, wann sollen wir denn zu euch kommen? Öch, öch, öch ...«

»Bist du krank?«

»Nein.«

Dann noch etwas schlimmer husten: »Öch, öch, öch!«

»Du bist doch krank?«

»Nein, nur ein bisschen Husten mit grünem Schleim, das geht bald wieder weg.«

»Dann bleib aber lieber daheim, sonst steckst du noch unsere Kinder an!«

»Meinst du echt, öch, öch?«

»Ja, da gehen wir besser kein Risiko ein.«

»Schade, wir wären so gerne gekommen, öch.«

»Tschüs und gute Besserung.«

»Danke.«

Wer schauspielerisch nicht so veranlagt ist, kann es noch einfacher machen. Anrufen, um zu fragen, ob man was mitbringen soll, dann beiläufig den Satz einfügen: »Wir waren am Wochenende bei Freunden, da hatten die Kinder Läuse. Stell dir das mal vor, das glaubst du nicht ...«

Das wirkt. Es gibt eine große Vielfalt von Schutztechniken, die man anwenden kann. Und das Gute daran ist ja auch, dass die AK-Eltern sich so keine Gedanken machen, dass man nicht kommen will – zipp –, da sie ja das liebste Kind der Welt zu Hause haben. Die glauben auch die haarsträubendsten Geschichten!

Arschlocheltern

Mir ist natürlich bewusst, dass die Arschlochkindtheorie etwas eindimensional ist und ich es mir
sehr einfach mache, die Missstände der Menschheit
damit zu erklären. Nun sitze ich viele Jahre nach
dem Erfinden der Theorie da, bin selbst Vater und
muss ein Update machen. Nennen wir es einfach
mal AK 2.0. Wer zum Beispiel im Fernsehen die
Supernanny sieht, denkt, da werden wieder mal
von RTL verhaltensgestörte Arschlochkinder vorge-
führt. Aber dann geht die Tür auf und deren Eltern
kommen herein: »Hey, Mario, halt dein Maul, sonst
gibt es auf die Fresse.«

Es ist auch im normalen Leben so, dass du auf
Arschlochkinder triffst und dann deren Eltern
siehst und dir denkst: »Die hatten ja keine Chance.«

Erweitern wir also die Theorie um ein weiteres
Element. Das der Arschlocheltern. Zum Beispiel
Eltern, die mit ihren Kindern ohne Grund schimp-
fen oder sie präventiv schlagen. Das Kind im Su-

permarkt guckt noch friedlich auf die Regale, aber Mama setzt schon mal an und schreit: »Du lässt das alles stehen!«

Was heißt denn »alles«? Glaubt Mama, der Kleine zieht dann mit einem Tieflader von Mattel durch die Supermarktgänge und spielt Godzilla in New York? Eltern, die schon aggressiv sind, wenn sie nur glauben, ihr Kind könnte vielleicht was anstellen, fand ich immer seltsam. Ergibt das wirklich Sinn? Das ist ja gute alte George-W.-Bush-Schule. Das Prinzip Irakkrieg: Bevor der andere mich angreift, haue ich selbst zu. Ich kannte das vorher nur aus meiner Jugendzeit. In der Disco, da ging einer zum anderen hin und hat ihn angemacht: »Hast du mich blöd angeschaut?«

»Nein.«

Dann haute er dem trotzdem eine rein mit der Begründung: »Aber du wolltest blöd schauen.«

Hat er dann ja auch. Oder war alles doch ganz anders? Hat George W. den Saddam Hussein damals vorher noch angerufen und ihn zu warnen versucht: »Saddam, du lässt das alles stehen!«?

»Was? Den Kuwait?«

»Alles halt!«

Was soll ein Kind aus so was lernen? Respekt? Vertrauen? Eigenständigkeit? Konstruktivität? Liebe? Verwirrung? Ich habe vor Kurzem eine Szene am Münchner Flughafen beobachtet: Ein etwa drei-jähriges Kind hat rumgequengelt, und die Mutter hat es darauf die ganze Zeit nur angeschrien: »Du bist jetzt still. Sei still. Bist du jetzt still!«

Dann hat die Mutter versucht, weiter in ihrer Zei-tung zu lesen. Das Kind wurde immer unruhiger und lauter, und die Mutter auch. Und dann kam ein Erziehungssatz wie aus dem Lehrbuch für an-gewandte Psychologie: »Wenn du jetzt nicht sofort still bist, geh ich weg und lass dich hier alleine zu-rück!«

Das war mal ein konstruktives Argument. In der Beruhigungsrangfolge ist das etwa auf Rang 11347. Das Kind, völlig verstört, ist dann natürlich vollends ausgeflippt. Dafür gab es dann noch als Untermal-lung der Argumentation eine Watsche.

Es gibt natürlich auch das andere Extrem. Ver-geistigte Eltern, die gar nichts reflektieren und mit der Wirklichkeit nicht umgehen wollen. Die Band-breite bei Arschlocheltern ist eben breit. Und die Kombination von Arschlocheltern *mit* Arschloch-kindern ist tödlich: Als wir einmal bei Freunden waren, waren da auch mehrere Eltern mit Kindern. Ich saß bei den Kindern und spielte mit ihnen. Die Tochter unserer Freunde war gerade zwei Jahre alt. Ein anderes etwa gleichaltriges Mädchen ging plötz-lich schnurstracks auf sie zu und packte sie bei den

Haaren und zog daran. Und es war nicht nur so ein bisschen ziehen, sie wollte anscheinend wirklich kahle Stellen sehen. Nach dem ersten Mal dachte ich mir, okay, das kann ja mal vorkommen. Die Mutter der Angreiferin flötete nur: »Das war aber nicht schön.«

Die Freundestochter war verstört, weil sie mit dieser Aggression nicht umgehen konnte. Außerdem tat es sauweh. Der zweite Angriff der Kopfepiliererin war so heftig, dass man glauben konnte, sie wollte fremde Haare für eine Puppenperücke sammeln. Ihre Mutter erklärte wieder nur lächelnd: »Mei, sie rauft halt gerne.«

Ich lächelte zurück: »Ich kenn das, ich schlag auch ab und zu Kinder. Das beruhigt mich irgendwie.«

»Geh weg von meinem Kind.«

»Nichts anderes wollen alle anderen hier.«

Au, das gab böse Diskussionen, die mit dem Totschlag-Argument endeten: »Du Kinderloser hast ja keine Ahnung!«

Das Nachdenken über Arschlochkinder und Arschlocheltern hat mich schon verunsichert: Werde ich mal ein guter Vater sein? Kann ich es wirklich besser machen? Und in dem Zusammenhang stellte sich mir die zentrale Frage: O Gott, werde ich dann einer von »den anderen«?

II. BABY — EPISODE 1

Der richtige Moment

Wann ist der ideale Moment, ein Kind zu bekommen? Ich hatte mir darüber viele Gedanken gemacht. Es ist ja auch nicht mal eben so eine Entscheidung wie: Lass uns doch nach Cran Canaria fahren statt ins Allgäu. Zur Entscheidungsfindung bin ich sogar mal zu einer Wahrsagerin gegangen. Das war halb Ernst und halb Spaß. Ich dachte mir, vielleicht gibt sie mir wenigstens einen guten Tipp. Als ich 2003 ein halbes Jahr in New York lebte, kam ich regelmäßig auf dem Weg zu meiner Wohnung im East Village am Laden (oder sagt man da Büro?) einer Wahrsagerin vorbei. »Mrs Psych tells you the future«. Jedes Mal habe ich neugierig reingeschaut, was sich da drinnen so tut. Durch das große Schaufenster sah man eine verschlissene Polstersitzgruppe. Das Interieur erinnerte mich an die Zungenkussecke im Partykeller. In der Mitte stand ein Tisch mit silberner Häkeldecke, und darauf thronte eine Kristallkugel. Drum herum lagen Tarotkarten und Hexenschnickschnack. Eins machte mich immer stutzig. Ich hatte in all den Wochen da drinnen nie einen Kunden gesehen. Und ich hatte auch nie die Wahrsagerin zu Gesicht bekommen. Von dem Schaufensterraum führte eine Tür ins Hinterzimmer, wo sie sich offenbar in ihrer Freizeit aufhielt, also immer, wenn kein Kunde da war. Durch die geöffnete Tür konnte man sehen, dass Tag und Nacht der Fernseher lief. Immer wenn ich vorbeikam, liefen Talkshows. Deswegen war ich natürlich etwas skeptisch, was Mrs Psychs seherische Fähigkeiten anging. Wenn jemand dauernd fernsieht, ob der dann wirklich was von der Zukunft versteht? Aber eines Tages siegte die Neugier, und ich bin rein und bat sie, mir die Zukunft zu deuten. Mrs Psych saß vor mir, ihre Hände waberten in Ellipsen um die Kristallkugel, und sie blickte abwechselnd in die Kugel und in meine Handflächen. Plötzlich warf sie mir skeptische Blicke zu. Die Zeremonie stoppte abrupt, und sie schmiss mich raus. Sie sagte, dass ich nicht wirklich ehrlichen Herzens zu ihr gekommen sei und dass ich sie später auf einer Bühne verarschen würde. Okay. Die war echt gut.

Das ist meine Crux bei den Zukunftsvoraussichten. Gute Wahrsagerinnen werden mich rauswerfen, weil sie sehen, dass ich bei ihnen auch zeitgleich für eine gute Nummer recherchiere, und schlechte, die mir eine tolle, rosige Zukunft schildern, kann ich nicht ernst nehmen. Als ich mit meiner Frau 2004 in Burma war, fuhren wir auf einem Boot den Irrawaddy-Fluss hinunter. An Bord war auch ein Seher, so hieß es wenigstens. Der Typ war so eine Mischung aus dem Typen des Comics »Asterix und der Seher« und Elizabeth Teissier. Er machte in Astrologie und Sternzeichen. Ich habe mit Horoskopen und Sternzeichen noch nie etwas anfangen können, aber da wir nun schon seit längerer Zeit versucht hatten, schwanger zu werden, und es noch nicht geklappt hatte, dachten wir uns, dass eine Befragung zumindest nicht schaden könnte. Ich sag's gleich, diese Sitzung hat mich nicht zur Erleuchtung gebracht. Er sagte voraus, dass ich es in meinem Beruf (welcher das auch immer war) doch noch zu viel Erfolg und Geld bringen würde. Das war erfreulich, aber ich wollte etwas anderes wissen und sprach ihn konkret auf etwaigen zukünftigen Nachwuchs an. Er blickte auf seine hingekritzelte Mittermeier'sche Sternzeichenkonstellation (es sah ein bisschen so aus wie in den Filmen, wo manische Typen die Apokalypse beschwören), und dann sagte er zu mir: »You will have three children!«

Yuppie, das hörte sich doch schon mal gut an für den Anfang. Das Problem war nur, dass eine halbe Stunde vorher Gudrun bei ihm gewesen war, und ihr hatte er nur zwei Kinder prophezeit. Blöd gelaufen. Ich sprach ihn drauf an, dass er vielleicht doch noch mal genauer nachgucken sollte, ob es da eventuell eine Zahlenverwechslung gegeben hätte. Aber er blieb dabei: »No, it is for sure, you will have three children in the future.«

»But you told my wife, that she will be having only two children.«

»Where is the problem?«

»Äh, I love my wife and want to have children with *her*.«

»Perhaps you will have the third child from a different woman and you love your wife.«

Ich habe dabei eins gelernt: Die Zukunft ist kein Geschäft für Romantiker, sondern für Pragmatiker. Zumindest hatte er mir bestätigt, dass meine Frau und ich fruchtbar waren. Und solange ich nicht in fremden Besenkammern (update: Toiletten-Treppenverbindungen) rumwildere, bin ich einigermaßen sicher vor Fremdgeburten.

Wir sind schwanger! Das hört sich so einfach an wie: »Wir bekommen ein Auto!« Aber die Vorgeschichte ist nicht so, wie sie normalerweise in einem guten alten bayrisch-christlichen Haushalt erzählt wird. Wir Katholiken haben ja eine besondere Theorie der Vermehrung: Ehepaar wünscht sich ein Kind – ein heiliger Geist erscheint – der Mann ist gerade auf Arbeit – der Geist weiß das natürlich – er kommt zur Frau in die Kammer und sagt »servus« – ein strahlendes Hansi-Hinterseer-Lächeln liegt in der Luft – Frau merkt ein paar Wochen später, ups, das war wohl eine eher tiefer gehende Begrüßung. Das Ganze ergibt einen wunderbaren Filmtitel: »Die Aufklärung kam nur bis Passau.«

Vor die Schwangerschaft hat Gott den Wunsch gesetzt: Wir wollen ein Baby zeugen. Heute weiß ich, der Wunsch muss stark sein, weil er so einiges aushalten muss. Der Babywunsch an sich ist so ein bisschen wie eine Baywatch-Rettungs-Pamela, die nicht schwimmen kann: Den Anlauf ins Wasser kann man schön in Zeitlupe zeigen, aber dann wird's ungewiss. Unser Wunsch war stark. Wir hatten nun jahrelang dem Druck der Gesellschaft, Umwelt und Eltern, Nachwuchs zu zeugen, standgehalten, und jetzt waren wir abgehärtet. Manchmal fühlten wir uns wie die Mannschaft der »Bounty«, als sie um Kap Hoorn segelte und sich all den Stürmen, die gegen sie wehten, entgegenstemmte. Das Warten geschah nie aus Trotz, etwa nach dem Motto »jetzt erst recht nicht«. Wir wollten immer Kinder haben, aber wir fühlten, dass es noch nicht unsere Zeit war. Wer laut sagt, dass er Kinder haben will, verstärkt den Druck noch, den es durch die Bio-

Uhr schon gibt. Und man will ja auch selbst ohne Zwang bestimmen. Ob wir reif für Kinder waren oder nicht, diese Frage stellte sich uns nie, es war mehr ein Gefühl, dass wir noch warten wollten. Es gibt kein Ideal, nach dem man sich richten muss. Besonders junge Eltern haben, wie gesagt, oft so einen missionarischen Überzeugungsehrgeiz, mit dem sie einem ein schlechtes Gewissen machen: »Junge Eltern zu haben ist viel besser für das Kind, weil es dann später keine alten Säcke in die Schule schleppen muss. Außerdem: Wenn das Kind in die Pubertät kommt, sind alte Eltern ja schon quasi auf Friedhofssuche.«

Aber irgendwie läuft da bei denen immer ein Subtext als Zweitstimme drunter: »Ich habe in jungen Jahren mein Leben schon aufgegeben, nicht gemacht, was ich gerne im Leben noch gemacht hätte, und du sollst es einmal auch nicht besser haben.«

Ich glaube, dass ich heute im biblischen Alter von 43 Jahren etwas gelassener bin und meinen Fokus ganz gut auf unsere Kleine einrichten kann. Aber, liebe Koalition der Kinderwilligen da draußen: Macht es, wann ihr wollt, es gibt keinen idealen Zeitpunkt, ein Kind zu bekommen. Es war auch schon mit unserer Hochzeit so. Wir waren etwa acht Jahre zusammen, und wir waren beide keine Fans vom Heiraten. Knastangst, Unwissen, Freiheitsdrang, was auch immer ... aber irgendwann im Urlaub, an einem wunderschönen Tag am Strand auf den Seychellen, da war dieses Gefühl da, jetzt ist der perfekte Zeitpunkt. Natürlich sind in solchen Momenten so profane Gedanken wie »Sonnencreme wäre hier so nah am Äquator nicht schlecht« nicht existent. Wir saßen da auf einem großen Stein, und nichts konnte uns stören. Die Entscheidung für die Vermählung hat sich uns beiden in unsere Körper eingebrannt. Wir waren rot, aber glücklich (das ist so ein Satz, den man auf dem amerikanischen Kontinent vor der Ankunft Kolumbus' auch hören konnte). Ich glaube, wenn ich damals die Sonnencreme geholt hätte, hätte ich noch einmal überlegt. Zu heiraten war die beste und schönste Entscheidung meines Lebens. Ich würde gerne T-Shirts drucken mit »Ehe ist geil!«. Die Ehe ist nicht der natürliche Feind der Freiheit, sondern es sind diejenigen, die das System Ehe korrumpieren und es als Justizvollzugsanstalt missbrauchen.

Wie trifft man eine so gewichtige Entscheidung, ein Baby zu bekommen? Zwei Menschen sind glücklich, sie haben sich gefunden, sie lieben sich, sie lachen, sie weinen, sie wissen, sie gehören zusammen, sie sind ein perfektes Team. Muss da noch was kommen? »Drei sind einer zu viel«, in den Siebzigern wuchs man mit der gleichnamigen Serie mit Jutta Speidel auf. Habe ich daraus was gelernt? Das Zweier-Team hat eine gute Saison gespielt, braucht es wirklich Verstärkung? Der Sturm ist gut, die Abwehr funktioniert, da wäre vielleicht gerade noch eine Lücke auf der linken Mittelposition. Bei einigen Paar-Teams ist es ja mittlerweile auch üblich, dass man sich aus dem Ausland einen teuren Transfer besorgt. Das sollte wohlüberlegt sein. Nicht, dass dann so ein kleiner Neuzugang dauerhaft auf der Bank sitzt und nicht eingesetzt wird. Manchmal werden von Muttervereinen auch Spieler ausgeliehen. Ist auch eine Möglichkeit. Aber die Frage dabei ist, wer profitiert davon wirklich? Die Wege, ein neues Familienmitglied zu bekommen, sind vielfältig. Aber die Basis sollte immer gleich sein: Liebe! Nur aus Liebe kann wieder Liebe entstehen. Ich erinnere mich an den Moment, in dem wir beiden Neuverheirateten wussten, dass es jetzt wunderbar wäre, ein Baby zu bekommen. Es war nach einer mehrwöchigen Safarireise durch Tansania. Am Rückflugtag, wir saßen bei einer Zwischenlandung am Flughafen von Nairobi, brach es irgendwie aus uns raus. Es war ein unvergesslicher Glücksmoment. Der aufmerksame Leser denkt sich natürlich: Wie? Am Flughafen? Haben die dann da ...? Nein. Die Reise ging nach Hause, und wir waren bereit für ein großes Abenteuer. Ein Baby zu bekommen, ich glaube, das ist das letzte große Abenteuer der Menschheit. Wir Enterprise-Fans würden sagen: »Baby – The Final Frontier. Unendliche Weiten. Dies sind die Abenteuer vom Raumschiff Mittermeier, das mit seiner zweiköpfigen Besatzung fünf Jahre unterwegs sein wird, eine neue fremde Welt zu erforschen, fern jeglicher Zivilisation.«

Reif für die Kinder

Als Gudrun und ich, damals noch kinderlos, einmal in großer Verwandtschaftsrunde saßen und alle Schwager und Schwägerinnen darüber klagten, dass sie keinen Babysitter hatten, aber dringend einen brauchten, schlugen wir spontan vor: »Dann könnten ja wir mal auf eure Kleinen aufpassen.«

Stille. Du weißt, dass du noch keine familientaugliche Ausstrahlung besitzt, wenn die Antwort folgendermaßen lautet: »Babysitter, ihr???!!«

In dem »Ihr???!!« steckte eine überraschte, totale Ungläubigkeit mit zeitgleichem Unverständnis gegenüber einem offenbar surrealen Vorschlag. Eine ähnliche Situation hatten wir vorher nur einmal erlebt. Wir waren auf der Suche nach einem neuen Auto. Wir haben uns, ganz Christi Geburt verpflichtet, von einem Stern leiten lassen und gingen in so ein Nobelautohaus. Wir waren angezogen wie meistens, wenn wir privat unterwegs waren: Jeans, T-Shirt, Turnschuhe. Aber wir waren sauber! Als wir in dem Autohaus nach einer höheren Autoklasse fragten, schaute uns der Verkäufer skeptisch an. Der Wagen sollte auch für mich zum Touren geeignet sein. Wir hatten uns schon vorher ein Modell im Internet ausgesucht, stellten die technischen Fragen, die wir auswendig gelernt hatten, und dann fragten wir ihn noch: »Kann man den Wagen mal Probe fahren?«

»Probe fahren, ihr???!!«

Dieses »Ihr???!!« klang genauso wie das von unseren Schwagern und Schwägerinnen. Dem Autoverkäufer konnte ich wenigstens sachlich antworten: »Nein, nicht wir. Wir sind nur die Vortester für einen russischen Milliardär, der sich nicht von unsympathischen Autoverkäufern zulabern lassen will.«

Er hat uns dann noch angeboten, dass wir mit ihm zusammen (!) Probe fahren könnten. Das war schon hart. Er hat uns auch noch zehn Minuten ans Steuer gelassen. Ehrensache, dass der Stern danach erloschen war. Aber trotzdem konnten wir mit der Gesamtsituation nicht zufrieden sein.

»Babysitter, ihr???!!«

Ja, wir waren die Aussätzigen. Wir hatten den Sticker auf unserer Stirn: »No kids – no trust«. Nur auf großen Familienfesten, da wurden einem gerne die Kinder hingeschoben. Da kann nichts passieren, da waren ja alle in einem großen Raum. Da darf der Komiker auch mal unterhalten. Auf einer Kommunion saß ich da mit einem Haufen Kinder an einem Tisch. Eines der Kinder hatte einen großen Zeichenblock mit Stiften dabei. Ich schlug also vor: »Hey, Kinder, ich mal euch was.«

Ich muss dazu sagen, mit meinen Mal- und Zeichenkünsten bewege ich mich seit dem Kindergarten nicht gerade in der Profiliga. Ich habe früher in der Schule im Zeichenunterricht andere Mitschüler, die gut zeichnen konnten, mit Wurstsemmeln und Schokolade bezahlt, dass sie mir die Bilder malten, die wir als Hausaufgabe machen mussten. So saß ich nun über dreißig Jahre später da und sollte mit meinen Zeichenkünsten eine Horde von Kindern zum Staunen bringen. Ich habe es wenigstens versucht. Wurstsemmelkorruption wäre in diesem Fall leider aufgefallen. So malte ich ein Haus, eine Sonne, einen Baum, die Klassiker. Und dann habe ich mich daran versucht, die Verwandten auf der Kommunion zu zeichnen. Ich bemerkte selbst von den unter Achtjährigen überraschte Blicke ob des frühgeschichtlichen Standes meiner Zeichenkünste. Aber ich war mit Spaß dabei und zeichnete und malte. Irgendwann war das Blatt voll. So. Bei einer weitläufig objektiven Betrachtung konnte das Bild entweder von einem Genie oder von einem Vierjährigen stammen. Die Kinder dachten, ich mache Spaß und male deswegen so schlecht. Aber dann nahte die Kritikerin vom Familien-Feuilleton: Eine von den alten Tanten kam zu uns, setzte sich an unseren Tisch, blickte auf das Bild, und dann verfiel sie ganz plötzlich in Dämel-Kinder-Ansprache: »Ja, wer von euch Kleinen hat denn das gemalt?«

»Ich!«

Irgendwann macht man als Kinderloser anscheinend eine Veränderung durch, die man selbst erst nicht bemerkt. Die Umwelt agiert plötzlich anders. Pärchen, die länger kinderlos zusammen sind, kennen das, dass befreundete Eltern einen plötzlich so komisch angucken, zuzwinkern und mit einem übertriebenen Lächeln sagen: »Ihr seid reif!«

»Okay.«

»Ihr seid ja schon überreif!«

»Dann lass uns pflücken gehen.«

»Nein, ihr seid reif für Kinder.«

Ab wann ist man reif für Kinder? Wenn man so ausgeruht ist, dass man ein Jahr auch ohne Schlaf auskommen könnte? Und später taucht man dann unverhofft in einem Peter-Cornelius-Insel-Song wieder auf? Man muss es anders sagen: Ab wann ist man reif, Eltern zu werden? Es gibt keine Faustregel dafür. Aber es gibt Anzeichen und Merkmale. So

wie Frauen übers Jahr hinweg Männern etwa drei
Dutzend sachdienliche Hinweise für ein passendes
Weihnachtsgeschenk geben, so gibt es Fingerzeige
für den besten Zeitpunkt, Eltern zu werden:

Top 10

Du bist reif, Vater zu werden ...

1. Wenn du auf der Straße Frauen erst auf den Bauch und dann auf die Brüste schaust.

2. Wenn du bei schlechten Filmen weinst, in denen ein Hauptdarsteller plötzlich mit einem Kind konfrontiert wird, von dem er vorher nichts wusste. Er lehnt es erst ab, aber entdeckt dann doch seine Vaterliebe. Gutes Beispiel: »Daddy ohne Plan«.

3. Wenn du plötzlich die Teletubbies auch ohne Drogen und Alkohol lustig findest.

4. Wenn du in der U-Bahn oder im Supermarkt sofort mit Kindern von Fremden rumblödelst.

5. Wenn du dich ab und zu plötzlich wie in einem Tagtraum in einem Spielzeugladen wiederfindest, mit einem riesigen Stoffschäfchen an der Kasse.

6. Wenn du anfängst, die Inhalte von Überraschungseiern »für später« aufzuheben.

7. Wenn du versuchst, deiner Katze die Flasche zu geben.

8. Wenn du DVD-Editionen von Kinderserien kaufst.

9. Wenn du mit deiner Frau freiwillig in die Oper gehst.

10. Wenn du für andere Kinder Bilder malst.

Wie geht denn das?

Ab dem Moment, in dem wir uns entschieden hatten, ein Baby in diese Welt zu setzen, bestimmte eine neue Form von Glückshormonen unseren Alltag. »Wir werden ein Baby haben.« Es war eine Vorfreude wie auf Weihnachten: Das Christkind kommt bald. Denkt man. Ich hatte früher immer die Vorstellung, schwanger zu werden sei kein Problem. Beide wollen, passt scho. Oder für die Romantiker unter euch Lesern: »Wir zeugen ein Baby in einer Nacht, in der unsere Körper wie elektrisiert beben und verschmelzen.« Ich dachte, selbst wenn man nicht schwanger werden will, ist die Natur stärker. Als Jugendlicher war meine Erkenntnis aus dem Aufklärungsunterricht und den Zusatzinfos von der Straße: Pass beim Petting auf, sonst schwängerst du jemanden! Rumfummeln ist gefährlich! Wir hatten damals alle Angst vor der mysteriösen Handbestäubung. Sie kommt in der Evolutionskette gleich nach der Heiligen-Geist-Theorie.

Es ist im normalen Leben leider nicht immer ganz so einfach, schwanger zu werden. Aber in unserer Gesellschaft wird dir genau das Gegenteil suggeriert. Schau ins Fernsehen. Da glaubst du manchmal, der Heilige Geist persönlich fliegt als Biene Maja verkleidet durch die Gegend und bestäubt wahllos die Bevölkerung jenseits von Aldi und Ed Hardy. In den Talkshows sitzen kommunikative Sozialfälle wie Mandy, 16, und Dustin, 27, auf der Couch und zeigen uns die zarte Romantik der Straße: »Wir haben nur einmal gepoppt, und dann war sie schwanger!«

So was brachte mich immer auf den Gedanken: Gibt es so was wie Kampfsamen? Selbst wenn das Pärchen einen Meter voneinander entfernt liegt, findet der seinen Weg in die Höhle der Frau. Wie in Science-Fiction-Filmen, wo sich so eine undefinierbare glibberige Masse durch die Gegend bewegt und in ahnungslose Menschen eindringt, um sie zu verändern. Das würde den weiteren Talkshowtrialog erklären:

Dustin: »Wir haben auch nur kurz miteinander geschlafen.«

Moderator: »Aber Mandy, da warst du ja erst 15.«

Mandy: »Ich wollte ja nicht.«

Moderator: »Wieso denn?«

Mandy: »Er hat ja vorher schon alle meine Freundinnen ge-*piep*.«

Dustin: »Stimmt doch gar nicht, mit Kimberly hatte ich nichts.«

Mandy: »Weil sie in der Nacht so besoffen war, dass sie dich vollgekotzt hat.«

Dustin: »So was hat mich noch nie gestört. Ich hab sie nicht gepimpert, weil ich dich liebe.«

Mandy: »Ja, klar. Du hast ja sogar meine Mutter angemacht.«

Dustin: »Aber nur, weil sie dir so ähnlich sieht. Aber ich will nur dich. Du bist mein Augenlicht.«

Mandy: »Hä? Schau, dass du dich verpisst. Du bist eh nicht der Vater.«

Dustin: »Was soll das denn heißen, du Schlampe?«

Moderator: »Tja, Dustin, das ist eine Überraschung für dich heute. Wir haben hier die Vaterschaftstests von den vier infrage kommenden Vätern: Mario, Ronny, Justin und Roger-Marcel.«

Und wer es dann von denen ist, ist sowieso egal, weil Mandy ihr weiteres Leben mit Hans Hartz IV verbringt. Und sie lebten ... bis an ihr Lebensende. Wenn ich so was im TV sehe, ist das immer der Moment, in dem ich die Evolutionstheorie von Charles Darwin anzweifle. »Nur die Stärksten kommen durch und überleben.« Ist da etwa ein böser Selbstausrottungsmechanismus in die Menschheit eingebaut worden? Lieber Gott, ich plädiere hier für einen Deppenstopp. Es wäre schon schön, wenn die

Vermehrung von Arschlochkindern nicht so einfach wäre. Oder wenigstens den natürlichen Gesetzen des Schwangerwerdens unterworfen wäre. Weil die Realität der Zeugung ja etwas anders aussieht. Spielen wir mal eine Runde Spiel des Lebens. Für eine erfolgreiche Zeugung müssen einige Faktoren zusammenkommen: Man kann nur einmal im Monat ein Kind zeugen, nur an zwei bis drei Tagen ist die Frau der fruchtbare Acker, auf dem gesät werden kann. It's Egg-jump-Time (den dürft ihr mir bitte nicht übel nehmen). Da sagen jetzt viele, das weiß ich doch, Eisprung, logofax. Ja, aber nicht, wie eng das Zeitfenster wirklich ist. Man hat das Gefühl, dieser Moment hat zusätzlich eine mystische Komponente ...

»Die Zeugung findet nur ihr glückliches Ende, wenn Pluto im Zenit und der Mond am Neptun steht, die Sonne im Nordwesten nicht zu früh versunken und das Wetterleuchten hell ist und dann das Ei vom springenden Osterhasen persönlich gehalten wird – dann ist es so weit –, dann sollte die Frau auch richtig liegen, Becken erhöht, der sogenannte Zeugungsüberlaufschutz.«

Solche Theorien stellt man auf, wenn man ein Jahr ergebnislos vor sich hin gezeugt hat. Es hat vor allem für den Mann etwas Surreales, wenn er weiß, jetzt, genau jetzt ist die perfekte Stunde zur

Zeugung. Der Termindruck tut uns Männern nicht wirklich gut. Das hat dann so ein bisschen was vom Pornodarstellerdasein ...

»Kamera ab, Klappe! ›Jurassic Fuck‹, die Vierte!«

Früher habe ich mich über so was lustig gemacht – aber dann wurde es für mich zur Situationsbeschreibung. Einmal war ich in der Stadt beim Einkaufen, Gudrun rief mich auf dem Handy an: »Michl, du solltest jetzt besser nach Hause kommen. Das Ei springt.«

Ich auf's Gas: Auto ab, Licht, Klappe, Michl Schumacher, die Erste! Leider haben wir an diesem Tag das Ticket fürs Zu-schnell-Fahren umsonst bekommen. Für mich als Comedian gibt's noch eine Schwierigkeit bei der ganzen Sache: Da ich meine Tour immer ein Jahr im Voraus planen muss, kann ich leider nicht ausrechnen, an welchen fruchtbaren Stunden ich ein Jahr später zu Hause sein kann. So war ich leider oft in zeugungsrelevanten Zeiten auf Tour. Und es kommt auch keine Vermehrungsromantik auf, wenn man nur für den einen Moment ein paar Hundert Kilometer zurücklegen muss, um sich danach auch wieder gleich aufs Pferd zu schwingen. Da gab es schon Momente, in denen ich meinen Unterwegs-Beruf etwas verflucht habe. Zum Beispiel, wenn von daheim der Anruf kommt: »Michl, jetzt wär's so weit!«

»Super, ich bin gerade in der Stadthalle in Kassel.«

»Soll ich das Eingefrorene nehmen?«

»Ja.«

Ja, wir dachten uns, was sonst auf der Samenbank geht, muss auch so gehen. Man muss halt ein bisschen findig sein. Da brach der MacGyver in mir durch, und so gibt man die Zukunftsmaterie in Eiswürfelbehälter, schön portionsweise. Das mag übertrieben erscheinen, aber es ist wirklich so: Nur beim weiblichen Eisprung, einmal im Monat, für etwa 20 Millisekunden ist die Frau so fruchtbar, dass sie schwanger wird. Unser großer Held damals war Boris Becker! Der ging mit dieser Anna Nuttilowa in die Besenkammer (update: Toiletten-verbindungstreppe), und nach zehn Minuten Oralsex – paff – schwanger. Der skeptische ehemalige Klosterschüler in mir hat sich da schon gefragt, mit Oralsex schwanger werden, wie geht denn so was? Wie lief das denn ab? Es wurde damals ja viel über Samenraub geschrieben. Ist auch ein blödes Wort: »Samenraub«. Klingt so, als ob die Daltons in die Fruchtbarkeitsklinik einbrechen. Oder in diesem Fall, der große Besenkammer-Überfall. Als sie fertig waren, sagte Besen-Anna zum Abschied mit vollem Mund: »Tmüs Boris!«

Dann ging sie wahrscheinlich zum Barkeeper an der Theke: »Haben Sie Eiswürfelbehälter?«

Das Dämlichste, was ich je zum Thema Kinderma-
chen gehört habe, ist für mich zu einem Klassiker
geworden. Ein befreundetes Pärchen, mit dem wir
mittlerweile keinen Kontakt mehr haben, hat uns
mal auf das Thema angesprochen: »Wir machen ja
jetzt den Katzentest!«

»Hä? Was ist ein Katzentest?«

»Ja, wir haben uns jetzt erst einmal eine Katze
zugelegt, und da kann man schon mal testen, wie
das ist, Verantwortung für ein kleines Lebewesen zu
übernehmen.«

»Sag mal, spinnt ihr? Eine Katze kann man, wenn
sie schreit, an die Wand werfen!«

Die Mutter aller Tests

Es ist eine spannende Zeit, wenn man versucht, ein Baby zu machen. Klingt eigentlich »Babymachen« nicht irgendwie komisch? Der Ausdruck »ein Kind machen« hat schon so was Frankenstein'sches: »Wir machen ein Kind.«

»Super, ruf vorher noch bei Boris Karloff an.«

Aber es ist manchmal auch eine schwierige Zeit, denn da gibt es diese Momente der Wahrheit und Enttäuschung beim Baby-Bingo. Als wir in die Welt von Schwangerschaftstests eintauchten, hatte ich oft das Gefühl, ich befinde mich in einer Folge von »Akte X« und es werden geheimnisvolle Tests durchgeführt, von denen die Restbevölkerung nichts mitkriegen darf.

»Agent Michl Mulder, Sie wissen, das sind Geheimnisse der Staatssicherheit.«

»Ich habe es geahnt.«

Plötzlich öffnet sich die Tür, und die o.b.-Frau schwebt unter gleißendem Licht herein. (Ich glaube ja bis heute, dass die o.b.-Frau aus dem Labor von Dr. Best kommt.) Und wie ein außerirdischer Engel spricht sie das Credo: »Die Geschichte des Schwangerschaftstests ist eine Geschichte voller Missverständnisse!«

Wenn ProSieben wirklich mal eine gute Mystery-Serie braucht, sollte der Sender einfach Pärchen beim Schwangerschaftstest mit versteckter Kamera filmen. Aber nicht, dass sich jetzt so C-Promi-Weiber schwängern lassen, nur um dann noch die Restwürde und ihre ungeborene Familie für die Quote zu verkaufen. Ups, das hat es ja schon gegeben. Wenn abgehalfterte Pop-Prinzessinnen oder Ex-Stars, von denen man nicht mal weiß, dass sie berühmt waren, ihre Kinder und Ungeborenen vor die Kamera schleifen, würde ich gerne eine Klage beim Internationalen Gerichtshof erheben. Wenn kleine Menschen von ihren Eltern ans Fernsehen verkauft werden, erfüllt das doch ganz klar den Tatbestand der Kinderarbeit und Sklaverei. Die Gerichtsverhandlung können wir dann im Fernsehen übertragen, als »Das lustige Promi-Schlachten«.

Meist passiert es an einem ganz normalen Tag. Die Frau sieht den Mann so komisch an: »Schatz, ich glaube, wir könnten schwanger sein.«

»Was heißt glauben?«

»Meine Tage sind überfällig.«

»Soll ich dich in die Klink fahren?«

»Das hat noch ein paar Monate Zeit. Jetzt bin ich erst mal vielleicht schwanger.«

»Bist du sicher?«

»Nein.«

»Agent Mulder, wir müssen es tun.«

»Ja, die Staatssicherheit steht auf dem Spiel.«

Im Hintergrund spielt ein Bläserchor mit Solo-Pfeifer die »Akte X«-Titelmelodie. Als Agent Mulder verkleidet bin ich dann mit dunkler Sonnenbrille in die Apotheke gegangen, um einen Schwangerschaftstest zu besorgen. Aus Geheimhaltungsgründen habe ich dann auch versucht, mich ganz unauffällig zu benehmen. Meine Strategie war leider von vornherein zum Scheitern verurteilt. Ich stand da, schüchtern wie der Depp aus dem legendären Kondomwerbespot: »Guten Tag, Frau Apotheke.«

»Guten Tag, Herr Mittermeier!«

»Ah, Sie kennen mich?«

»Klar, aus dem Fernsehen!«

»Sehr schön, das freut mich aber.«

»Brauchen Sie was Bestimmtes?«

»Ööhm, ich hätte gerne Salbeibonbons, die ohne Zucker ... Aspirin ... ein ABC-Pflaster ...«

Und dann sprach ich das Unaussprechliche aus. Oder besser gesagt, ich zischte es ihr zu, sodass kein Außenstehender mithören konnte: »Und dann bräuchte ich noch einen Schwannnatatesss.«

Gut, meine Sprachtarnung war nicht nur für Außenstehende effektiv. Sie blickte mich mit dem Nichtwissen eines RTL-Moderators an.

»Was?«

»Einen Schwannatatesss.«

»Wie bitte?«

»Einen Schwangerschaftstest!!«

»Ah, Arschlochkind?«

»Nein, wir wollen nur abklären, dass es nicht so ist!«

Ich wollte natürlich nicht, dass zu so einem Zeitpunkt überall das Gerücht verbreitet wird, die Mittermeiers sind schwanger. Wenn nicht, dann blöd, und wenn ja, dann will man es ja zu gegebener Zeit vorher noch seinen Eltern sagen. Ich nahm den Test mit nach Hause. Wir betreten an dieser Stelle wieder einen Mysterybereich. Ich weiß nicht, wer von euch schon mal ein Schwangerschaftstestergebnis zu lesen und zu verstehen versucht hat. Irgendwie habe ich die Relativitätstheorie von Einstein schneller begriffen. Von wem werden eigentlich Schwangerschaftstests erdacht und gemacht? Von misanthropischen Sadisten, die hoffnungsvolle Babymacher verunsichern wollen? Schwangerschaftstest – das kam mir so vor wie damals bei den Indianern, wo sie Hühnerknochen am Boden ausgelegt haben und feierlich erklärten: »Wakatanka tikka tukka plopp.«

Der Schamane schleckte seinen Finger ab, hielt ihn in den Wind, machte ein Gesicht wie Sitting Bull am Tag vor Little Big Horn und resümierte:

»Westwind – Schwalben – schwanger.«

Wir haben in den Beschreibungszetteln der Schwangerschaftstests keinen Trost gefunden. Sie kamen uns vor wie die Rätselseiten in einer Zeitschrift für Hochbegabte. Kann man Anweisungen von Schwangerschaftstests bitte mal so formulieren, dass auch der Normalsterbliche eine Chance hat, sie zu begreifen? Du kommst dir da vor wie der Hieroglyphen-Sepp am Grab von Tutanchamun. Und da stehen immerhin zwei potenziell schwangere, kurzzeitgehirnamputierte Menschen. Da stehen sinngemäß so Sachen wie: »Wenn der Balken zwischen den beiden anderen Balken (die eine Farbe haben, die niemand erkennen kann) sich in eine Ihnen bisher unbekannte Farbe verfärbt – so lilarosablassblau –, dann könnte es vielleicht sicher sein, dass Sie möglicherweise etwas schwanger sind.«

Und dann starrt man da zu zweit auf das Teststäbchen. Ich war mehr als verwirrt: »Ist das ein Balken?«

»Keine Ahnung, was ist das für eine Farbe?«

»Hab ich noch nie gesehen.«

»Ist das rosa?«

»Keine Ahnung. Sind wir jetzt schwanger?«

»Ich weiß es nicht. Holen wir einen neuen Test?«

»Ja! ... Nein!«

Die nette Apothekerin wollte dieses Mal besonders lustig sein: »Grüß Gott, Herr Mittermeier, brauchen wir wieder einen ...?«

Und dabei imitierte sie mit den Händen eine Poppbewegung. Ja, das sind so die Momente, in denen sich der Komiker ein bisschen einsam fühlt. Um die Stimmung zu halten, gab ich ihr mein charmantestes nicht ehrliches Lächeln und lobte ihren Humor: »Ich dachte es mir ja immer, dass Apotheker an gute Drogen kommen.«

Das war wohl der Schritt zu weit. Freeze. Ich hatte den darauffolgenden Gesichtsausdruck der Apothekerin schon mal gesehen. Damals war ich im Winter in eine Polizeikontrolle gekommen: »Ihre Papiere, bitte!«

»Kein Problem.«

Und dann kam etwas, was ich eigentlich schön finde – die Frage: »Würde es Ihnen etwas ausmachen, auszusteigen und einen Alkoholtest zu machen?«

Sie fragen einen immer. Das finde ich super: »Würde es Ihnen etwas ausmachen?«

Ich habe damals den rhetorischen Part in der Fra-

ge einfach außer Acht gelassen und ehrlich geant-
wortet: »Es wäre mir lieber, wenn nicht, weil es ganz
schön kalt draußen ist.«

Au. Und nun stand ich vor der Schwester des Polizisten in meiner Apotheke. Das ist der Moment,
in dem ich mir sagte, halt jetzt einfach dein Maul
und gib deinem Gegenüber das Gefühl, den Komiker besiegt zu haben. Die Rache der Apothekerin
war eine lange und schreckliche. Ich habe im ersten Jahr unserer Zeugungsversuche drei Schwangerschaftstests gekauft beziehungsweise jedes Mal
zwei bis drei. Aber erst nach dem dritten Mal blickte
sie mich an wie ein Drogendealer, der gerade eine
besondere Lieferung bekommen hat: »Herr Mittermeier, anscheinend ist es Ihnen immer ein bisschen zu kompliziert mit diesem Test. Es geht auch
einfacher.«

»Was heißt einfacher? Kommt da mit der Pa-
ckung ein Arzt mit, der dir die Hand auf die Schulter legt und sagt, Sie sind schwanger?«

»Nein, im Ernst, es gibt einen Test, wo auf dem
Stäbchen-Display erscheint: *schwanger* oder *nicht
schwanger*.«

Ich dachte mir, die Sau – und fragte in einem Akt
ungeheurer Selbstbeherrschung: »Kann ich den bei
Ihnen kaufen?«

»Klar.«

»Und das sagen Sie mir jetzt erst?«

»Sie haben ja nie danach gefragt.«

»Danke, Dörte.«

»Woher wissen Sie meinen Namen?«

Manchmal sind die Gesetze der Menschheit einfach. Die Apothekerin hatte uns monatelang mit polnischen Schwangerschaftstests schmoren lassen, aber jetzt war es so weit. Sie sagte noch: »Das ist der Maybach unter den Schwangerschaftstests.«

Und dann standen wir daheim mit dem neuen Test, wir dachten uns, jetzt wird alles klar, der Schleier der Ungewissheit verfliegt in dem Moment, in dem wir auf das Display ...

»Baby, kannst du das lesen?«

»Es ist ein bissel verschwommen, welche Farbe hat denn das Wort?«

Wollten wir es nicht glauben, oder war es denn die Möglichkeit? Aber die Worte erschienen uns wirklich. Wir standen da, wie damals die Ausgezogenen aus Ägypten, als Moses mit Ganzkörperbart und zehn Steintafeln vom Berg runterkam und ihnen eröffnete: »Freunde, jetzt wird sich einiges ändern. Ganz neue Spielregeln.«

Der ambulante Action-Mann

»Wir sind schwanger!« Als das unwiderruflich feststand (natürlich haben wir es erst wirklich geglaubt,
als es uns die Frauenärztin per Unterschrift, Notar
und durch Schwören bestätigt hatte), mutierte ich
sofort zu einer Art Geburtsgrillmann. Die Spezies
Grillmann ist ein Vorbereiter, einer, der sich auf alle
Eventualitäten vorbereitet. Kein Grillen ohne perfektes Drumherum.

»Fleisch!«

Ich verwandelte mich in *Babyman*. Ist es ein Vo-
gel, ist es ein Flugzeug, ist es ein Buggy? Nein, es
ist Babyman! Aber Batman ist damals auch nicht
einfach so losgezogen, der hatte eine Ausrüstung
und Alfred, seinen Butler, der immer alles wusste. Ich hatte zwar schon Filme gesehen, in denen
Babys an den schrägsten Orten zur Welt kamen,
trotzdem musste ich mir eingestehen: Von dem eigentlichen Vorgang hatte ich keine Ahnung. In Filmen ist ja auch meistens die Zeitrafferversion von

Geburten zu sehen: Die Fruchtblase der Frau platzt, es herrscht Panik, bis irgendjemand mit ruhiger Ausstrahlung, aber verzweifelter Stimme sagt: »Wir brauchen heißes Wasser und Handtücher.«

Und dann stehen alle da und flöten: »Oh, super, heißes Wasser und Handtücher, jetzt wird alles gut.«

Alle schauen erleichtert, und erlösende Musik ertönt. Als in dieser Materie unwissender Mann habe ich mir beim Zuschauen auch immer gedacht, schön für die, dass die jetzt Wasser und Handtücher (meist frische) haben, aber da kommt doch eine kleine Zwischenfrage auf: Mit Wasser und Handtuch kann man ziemlich viel Verschiedenes anfangen – aber wie setzt man diese heilige Kombination bei einer Geburt ein? Ich hatte nicht die geringste Ahnung, schon deswegen, weil in diesen Filmen der Mann dann auch immer rausgeschickt wird und vor der geschlossenen Türe sitzen bleiben muss. Der Wasserträger und Handtuchbeschaffer hat dann ausgedient, er kann sich die Geburt als Hörspiel reinziehen. Auch nicht so prickelnd. Außer Schreien dringt nicht viel nach außen. Vielleicht wäre das mal eine Idee: Geburt als Hörspiel – Rufus Beck liest die Kreißsaal-Trilogie: »Harry Potter vor der Kammer des Schreckens« – oder: »Harry Potter und das Schreien der Weisen«.

Vielleicht ist es etwas zu viel verlangt, an dieser

Stelle über die Gleichstellung von Mann und Frau zu sprechen, aber wenn ich sehe, dass die Männer als unnütze Gestalten vor der Türe Wache schieben müssen, fühle ich mich nicht genügend emanzipiert. Wie läuft es also ab? Im Film fragt auch nie einer von den Männern: »Was macht ihr eigentlich mit dem Wasser und den Handtüchern?« Ist es doch nur zum Saubermachen am Schluss? Oder schüttet man das heiße Wasser auf die hochschwangere Frau, die vor Schreck das Baby rauslässt? Ich habe mal einen Film gesehen, in dem die Helden aus Zeitgründen gezwungen waren, ohne Wasser und Handtücher auszukommen. Das war in »Shoot 'Em Up«, einem der besten Actionschießfilme aller Zeiten. Der Titel deutet schon an, dass da keine Waldorf-Softies unterwegs sind und sich von Hebammen rumkommandieren lassen. In gewissem Sinne war das die erste filmische Actiongeburt. Die Anfangsszene des Films: Mr Smith (alias Clive Owen) sitzt nachts an einer Bushaltestelle. Eine namenlose Schwangere (alias auch sonst namenlos) hetzt vorbei. Mr Smith schaut ihr nach, dann laufen einige Böse mit Knarren hinter der Schwangeren her und wollen sie erschießen. Mr Smith denkt sich, das ist nicht so toll, eine Schwangere gegen einige Typen mit Pistolen, er steht auf und geht hinterher. Die nächste Szene könnte auch ein Showdown sein.

Mr Smith erschießt auf verschiedenste Arten und Weisen gefühlte 30 Böse (es kommen immer wieder frische nach). Währenddessen setzen bei der unbekannten Schwangeren die Wehen ein, und Mr Smith muss gleichzeitig töten und Geburtshelfer spielen. Dann kommt das Baby raus, die ehemals Schwangere stirbt, und Mr Smith will mit dem Baby flüchten. So, und was macht man in einem echten Actionfilm mit der Nabelschnur? Er kann ja auf der Flucht nicht die Mutter hinter sich herziehen. Richtig: Mr Smith schießt die Nabelschnur durch und haut ab. Bist du deppert, was für eine coole Szene! Meine Frau hat sich immer geweigert, diesen Film anzuschauen. Das war ihr dann doch zu viel, und sie fällte das vernichtende Frauen-General-Urteil über Actionfilme: »Das ist aber schon etwas krank und vor allem unrealistisch.«

»Na ja, als er die Nabelschnur durchgeschossen hat, da hat sich das gleichzeitig auch desinfiziert.«

»Michl!«

Es war schon klar, dass ich nicht mit einer Smith & Wesson zur Geburt in den Kreißsaal gehen konnte, die Hebamme beiseiteschiebe und sage: »Lass das mal Papa mit der Knarre machen«, aber diese Actiongeburt soll erst mal einer in einem Liebesfilm nachmachen. Pah!

Mit meinen Recherchen zum Thema Geburt war ich trotzdem nicht weitergekommen. Aber nun wollte ich es wissen. Normalerweise bin ich der Typ, der dann durch Buchhandlungen zieht und alles an Ratgebern kauft, was bei drei nicht auf dem Regal ist. Wer schon mal in einer Buchhandlung in der Abteilung für Baby, Geburt und Kind war, weiß, das ist der totale Informationsoverkill. Hunderte Bücher über Babys (und jetzt noch eins mehr, he he). Und alles klingt irgendwie seriös (da unterscheiden wir uns dann doch grundsätzlich, he he). Gott sei Dank hat beim Betreten der Babybuchabteilung sofort ein männlicher Automatismus funktioniert: Ich stand vor den Buchreihen und war überfordert. Und was tun Männer, wenn sie überfordert sind? Sie sind überfordert und tun erst mal nichts. Stillstand der Systeme. Rien ne va plus. Das heißt: Mann – überfordert – überfordert – Mann, unfähig, sich zu bewegen und zu denken – Mann gibt auf. So ist das bei uns Burschen. Dieser Mechanismus funktioniert immer. Die Frau sagt: »Schatz, lass uns mal über unsere Beziehung reden« – Bäng – überfordert (den Rest: siehe oben).

Als ich in der Buchhandlung dann wieder den ersten klaren Gedanken fassen konnte, wusste ich, wenn ich anfangen würde, diese Bücher zu lesen, dann auch alle. Das ist der zweite Mechanismus bei uns Männern: Wenn wir uns für etwas entscheiden, dann als Vollzeitbeschäftigung. Zum Beispiel ist Fußball kein Spiel nur fürs Wochenende! Ich habe in dem Moment schon meinem Job als Komiker nachgetrauert. Dann hat doch wieder die Überforderung die Überhand gewonnen. Stillstand. Eine engagierte Verkäuferin hat mir dann ein sogenanntes Standardwerk in die Hand gedrückt. Ich fing an, darin zu blättern – es wurde ein schöner Tag in der Buchhandlung. Nachdem ich etwa 80 Prozent der Abhandlungen miteinander verglichen hatte, wusste ich: Es ist egal, was man zu dem Thema kauft. Es steht überall das Gleiche drin. Wahrscheinlich kennen sich die ganzen Autoren. Die hocken alle zusammen auf einer großen Finca in Spanien und lachen sich tot: »Hey, ich hab in meinem Buch wieder mal auf die Theorie hingewiesen, die du in deinen drei Abhandlungen beschrieben hast.«

»Ich habe auch geschrieben, dass ich zu dem Thema noch nicht alles gesagt habe, und einen Querverweis zu deinem Buch gemacht.«

Das ist ein schlimmer Satz für uns Männer: »noch nicht alles dazu gesagt« – sofort reagieren wir mit weiterer Recherche, um bei den Autorenkollegen diese Information zu finden. Und da steht ja auch einiges drin, was wir Männer vorher nicht wussten. Männer wissen ja kaum etwas über den weiblichen Körper, außer den üblichen Richtungsangaben »rein, rauf, drüber, drunter, weiter links«. So saß ich alleine neben einem Bücherberg, und der Reinhold Messner in mir machte sich bereit für die Bücher-Nordwand-Besteigung. Da ertönte die Stimme der Berge: »Michl!«

»Ja, Heidi, äh, Gudrun?«

»Willst du morgen mit zum Ultraschall kommen?«

Ich ließ die Erstbesteigung sein und entdeckte etwas viel Wichtigeres. Zu den Ultraschallterminen bin ich jedes Mal mitgegangen. Das ist real. Und bei Fragen kriegst du dort sofort eine Antwort. Es ist schön, die Theorie zu kennen, aber die Praxis ist besser. Oh, ein Wortspiel (das hab ich übrigens erst nach dem dritten Durchlesen bemerkt). Und ich traf eine Entscheidung: Kein bedrucktes Papier sollte mich mehr in die hohe Praxis der Geburtsvorbereitungen einweihen, das wäre mir zu unpersönlich, sondern da muss ein Fachmann mit realer Erfahrung ran. Erst dachte ich noch, vielleicht hatte MacGyver eine Frau, und die müsste doch Tipps haben, die sonst kein menschliches Wesen geben kann. So zum Beispiel aus nichts (Dingen, die so am Boden zufällig rumliegen) einen funktionsfähigen Kreißsaal bauen. Aber sollte ich wirklich meiner

Notausrüstung – Kugelschreibermine, Kaugummi und Schweizermesser – trauen? Ich brauchte ja unbedingt noch heißes Wasser und Frotteehandtücher dazu. Meine Frau beruhigte mich: »Michl, die Hebamme leitet das Ganze während der Geburt. Und übrigens, ich würde gerne eine ambulante Geburt machen.«

»Was heißt das denn?«

»Da geht man gleich nach der Geburt wieder nach Hause.«

»Und dann?«

»Dann ist man daheim.«

Panik machte sich in mir breit. Wie denn, wo denn, was denn? Was soll man denn dann damit (noch hatte es etwas Surreales) anfangen, so gleich zu Hause? Ich hatte bisher nur Paare getroffen, die im Krankenhaus entbunden hatten und danach da auch erst mal blieben. Dann werden dort Frau und Kind für die ersten Tage optimal versorgt, und man hatte da als Mann auch die Möglichkeit, ein Anfänger-Baby-Survivaltraining zu bekommen. Kurse wie »Wickeln, ohne dabei zu töten«. Wir hatten schon einige Freunde nach einer Geburt in der Klinik besucht, und da war eines immer gleich offensichtlich: Die Frau war glücklich, aber so was von am Ende, dass sie es gerade noch schaffte, das Baby im Arm zu halten. Oder besser, das Kleine

102

hing festgesaugt an der Brust, die Arme waren zu schwach. Und jetzt? Ambulante Geburt? Keine loyalen Schwestern und Hebammen, die beim geringsten Problemanzeichen herbeieilen und mit einem katholischen Lächeln helfen? Meine Frau blieb hart: »Michl, ich hab diese Entscheidung für die ambulante Geburt getroffen, ich kriege ja auch das Kind.«

Man muss gute Argumente akzeptieren, wenn sie da sind.

»Michl, informier dich über das Thema ambulante Geburt, das ist nichts Böses.«

Mich beruhigte nur, dass wir wenigstens während der Geburt im Krankenhaus wären. Bekannte von mir hatten sich für eine Hausgeburt entschieden. Kann man machen. Ich will jetzt auch diese Geschichte hier nicht ausführlich erzählen, denn das war keine Actiongeburt, sondern eine Splatter-Geburt. Es ist zwar alles gut gegangen, Mutter und Kind beide gesund, aber ich habe meinen Kumpel danach nie wieder so gesehen wie vorher. Mit ihm ist dabei irgendwas passiert. Das Wort Blut darf in seinem Beisein nicht mehr ausgesprochen werden. Das Wohnzimmer sah wohl danach aus wie eine Maya-Opferstätte.

Ich hab mir dann zumindest mal Informationen geholt zu dem Thema »ambulante Geburt«. Nach dem Grundstudium wurde das grundskeptische männliche Wesen, das bei mir als Untermieter eingetragen ist, besänftigt. Wissen macht ruhig. Ambulant entbinden bedeutet, dass man bei der Geburt die Sicherheit der Klinik hat, danach wird untersucht, ob wirklich alles okay ist bei Frau und Baby, und erst dann darf man heim. Das Schöne daran ist, dass man zu Hause alleine ist ohne den durchchoreografierten Klinikalltag: Um 6.30 Uhr wecken, dann Frühstück (wer hat eigentlich wirklich Hunger zu so einer Zeit?), dann Visite, dann Putzfrau, dann eine Wichtigmachschwester, dann Mittagessen, dann ein lustiger Zivi, dann wieder was, dann Kaffee und dann die Freunde und Verwandten, die vorbeikommen, um das Baby anzugucken, immer unangemeldet und zahlenmäßig weit überlegen. Die Frau reißt sich mit letzten Kräften zusammen und tut so, als ob sie sich freut, zum zehnten Mal nette Anekdoten zu 20-Stunden-Wehen und Dammschnitt zu erzählen. Bei dem Rummel könntest du auch am Oktoberfest entbinden. Ein Prosit für die Gemütlichkeit. Wenn du aber nach der Geburt nach Hause gehst, kannst du das alles selber steuern, wann aufstehen, wann Besucher empfangen etc. Und das Schönste, du bist zu dritt – eine neu geschaffene Einheit fürs Leben. Das hat so was Inniges und Intimes, und es sind Momente, die man sehr intensiv erlebt. Mein Bauchgefühl sagte mir, dass ambulante Geburt gut ist. *Aber* – bei ambulanten Geburten ist es besonders wichtig, dass man für die Tage und Wochen nach der Geburt eine gute Nachsorgehebamme hat, die einem zur Seite steht. Meine einzige wirklich große Empfehlung in diesem Buch: Sucht euch eine gute, erfahrene Nachsorgehebamme, die Tag und Nacht erreichbar ist und die ihr alles fragen könnt.

Hebammencasting

Wie findet man die optimale Hebamme? Ich habe einfach ein Hebammencasting veranstaltet. Meine Frau meinte, das sei doch ein bisschen übertrieben. Ich meinte: »Nein!«

Das sind halt Männer-Argumente. Auch wenn die Frau die zentrale Figur im Geburtsspiel ist, wollte ich nicht nur ein lästiger Beisitzer sein (siehe vorher die einsamen Vor-der-Tür-Steher in einschlägigen Filmen). Die Hebamme ist beim intimsten Moment deines Lebens dabei, da muss neben ihren Fähigkeiten auch die zwischenmenschliche Chemie stimmen. Oder anders gesagt, du willst nicht mit einem erwachsenen Arschlochkind im Kreißsaal stehen. Ich wollte mir da mein eigenes Bild machen, mit jeder der infrage kommenden Hebammen reden, erst telefonieren und sie dann persönlich sehen und abchecken – die Hebamme würde ja auch meine Ausbilderin werden. Und da ich zeit meines Lebens ein großes Vorgesetzenproblem hatte, war es sehr wichtig, die richtige Wahl zu treffen. Ich wählte quasi meinen eigenen Chef. Da wollte ich kein Risiko eingehen.

Drei Hebammen haben es in die letzte Mottoshow geschafft. Ich hatte vorher noch so ein Schild gemalt und an die Wand gehängt: »MSDS – Michl Sucht Die Superhebamme«. Nur keinen Druck aufbauen. Ich wollte die Hebammen auf Herz und Nieren testen. Wer bei einer Geburt cool bleiben will, sollte auch bei meiner kleinen Fragestunde die Nerven im Griff haben. Gudrun meinte, das erinnere sie doch sehr an den Film »Das Leben der Anderen«.

»Guter Tipp, Gudrun, danke!«

Den Film hab ich mir dann doch gleich noch als kleine Inspiration reingezogen. So ein Verhör, ähm, Gespräch, muss vorbereitet sein. Meine Frau bestand darauf, dass ich nicht alleine mit den Hebammen rede. Wir beschlossen, »good Cop, bad Cop« mit den Kandidatinnen zu spielen. Der Ersten, die wir zum Recall gebeten haben, eilte ihr Ruf voraus. Einige von unseren Bekannten hatten gesagt, die ist es, die ist die Beste. Eine Russin. Okay. Ich dachte mir noch, die Russen sind wirklich überall. Ich wusste auch nicht, was ich mir vorgestellt hatte. Es würde hoffentlich keine von diesen blutjungen, würstellippigen betonbrüstigen Discoschlampen sein, die mit dicken, geschmacklos gekleideten Oligarchenbuben rumziehen. Nein, sie war eine russische Russin. Wie soll ich sie grob beschreiben? In den James-Bond-Filmen gab es ab und zu ehemalige Kugelstoßerinnen, die sich auf die Seite des bösen Möchtegernweltbeherrschers stellten. Unsere Russenkandidatin war mehr so ein Heb-Hammer. Zwanzig von denen, und die Sowjetunion wäre damals nicht zusammengebrochen. Ich war vorbereitet auf Olga (der Name wurde vom Autor geändert, ein bisschen Klischee muss sein). Ich hatte mir ihre schriftliche Bewerbung und ihren Lebenslauf durchgelesen. Gestutzt hatte ich nur an einer Stelle. Da stand, ihre Vorfahren stammten aus den Karpaten. Okay – sie kam ursprünglich aus Transsilvanien. Ich dachte mir, Michl, lass doch erst mal deine rassistischen Vorurteile weg, es muss nicht jeder ein böser Vampir sein, der aus Transsilvanien stammt. Das hat auch gehalten, bis sie dann an der Haustüre stand. Sie sah so ein bisschen aus wie Bela Lugosis Schwester und blickte mir starr in die Augen: »Grrüß Gott, Herrr Mitterrmeierr.«

Hörte ich da bei der Mundbewegung ein schlürfendes Geräusch – wie beim Lufteinsaugen zwischen langen Zähnen? Wahrscheinlich nur Einbildung. Sie hat »grüß Gott« gesagt, das würde ein Vampir nie tun. Ich war zunächst wieder entspannt, aber das Gespräch lief nicht so toll. Als ich sie aus Spaß fragte, »Sie helfen schon auch bei Sonnenlicht, oder?«, wirkte sie doch etwas sauer. Ich war sicher nicht der Erste, von dem sie so einen Gag gehört hatte. Manchmal kann ich es aber auch nicht lassen. Als sie mich komisch anblickte, sagte ich noch: »'tschuldigung! Ich hab heute Knoblauch gegessen.«

Dann habe ich sie gefragt: »Wieso glauben Sie, dass Sie die richtige Hebamme für uns sind?«

»Ich habe überr 10 000 Kinderr auf die Welt gebrracht, da ist eurres kein Prroblem! Und ein paarr Ausfälle sind statistisch ganz natürrlich.«

Das hat mich nicht wirklich beruhigt. Sie war zwar ehrlich, aber welcher Mann will das schon? Dann kam das Vorsingen. Oder besser, die praktische Übung. Und Olga hat dann Schmerztraining mit meiner Frau gemacht. Sie hat bei meiner Frau hinten an der Schulter mit Daumen und Zeigefinger einen Nerv genommen und hat dann zugedrückt ...

»Aaaaaaah!«

»Frrau Mitterrmeierr, Sie müssen losslassen.«

»Jaaaaaaah!«

»Spürren Sie den Schmerrz, dann lässt err nach!«

Ich habe das irgendwie nicht ganz verstanden. Das kam mir mehr so vor wie: »Schieß dir in beide

Beine, dann kannst du nicht mehr gehen.« Ein alter Spruch aus dem Wilden Westen.

»Olga, ich habe das Gefühl, Ihre Physiognomie stimmt, aber Ihre Einstellung lässt zu wünschen übrig. Ich habe leider kein Foto für Sie!«

Die nächste Bewerberin war ganz anders. Das war eine Eso-Hebamme. Sie duzte sofort alles (ich meine wirklich alles). Die stand mit so vergeistigtem Blick vor mir und homöopathisierte ihr Credo: »Für das Universum ist eine Geburt etwas ganz Natürliches.«

Darauf habe ich gesagt: »Hey, und wenn du meiner Frau während der Geburt das gibst, was du genommen hast, bist du dabei!«

Humor war nicht gerade ihre Stärke. Mir ging es wie bei DSDS, du hörst nach fünf Sekunden, ob jemand singen kann oder nicht. Ich legte nun das Humorlevel noch etwas nach oben: »Sollen wir dann vor der Geburt alle zusammen noch was rauchen, dass sich meine Frau entspannt?«

»Nein, man sollte am besten vorher positive Energie ans Universum rausgeben.«

»Der Weltraum, unendliche Weiten, dies sind die Abenteuer des Raumschiffs Enterprise ...«

»Sie sollten sich darüber nicht lustig machen.«

»Scotty, Warp 9!«

Dann kam meine praktische Frage: »Geben Sie uns doch mal einen Tipp, was sollen wir jetzt in den nächsten Wochen so machen?«

»Geht doch mal in so einen Geburtsvorbereitungskurs, da lernt ihr auch andere Frauen kennen!«

Ich war dann doch etwas verwirrt: »Gute Idee, aber wieso sollte ich dann die Schwangere da mitnehmen?«

Sie suchte noch solidarische Hilfe im Gesicht meiner Frau, aber wenn das Lachen mal seinen Weg gefunden hat, ist es nicht aufzuhalten. Das Universum hatte dann wieder eine arbeitslose Hebamme mehr zu ernähren.

Meine Frau ist später mal alleine in so eine Geburtsvorbereitungs-Hechelgruppe gegangen. Ich durfte nicht mit.

»Nichts gegen dich, Michl, aber es ist für mich angenehmer, wenn nicht alle blöd schauen.«

Aber die Erzählungen haben mir auch gereicht. In diesen Hechelgruppen treffen sich mehrheitlich werdende Mütter und Väter, die gerne mit dem Universum reden. Alle haben vorher ihr Hirn im Wartezimmer bei der Frauenärztin liegen lassen und sich mit Glückshormonen den letzten Rest Realität rausgedopt. Die Sitznachbarin meiner Frau lächelte sie an, und sie sagte etwas, bei dem selbst das Universum an dieser Stelle geweint hätte: »Oh, bist du auch schwanger?«

Und meine Frau, die Frau eines Komikers, antwortete standesgemäß: »Nein, ich bin fett! Das ist hier doch das Treffen der Anonymen Weight Watchers?«

Ich war so stolz auf sie! Aber was tut man, wenn Ironie nicht als solche erkannt wird? Richtig. Durchziehen. Meine Frau machte weiter: »Meine Ernährungsberaterin meinte, wenn man sich zu dick fühle, solle man sich neben einen Wal stellen. Es ist alles eine Frage des Blickwinkels.«

Die Gruppenkarriere meiner Frau war damit beendet.

Ach so, einige fragen sich wahrscheinlich, hat Michl noch die perfekte Hebamme gefunden? Meine Frau hat. Sie kam zu mir und sagte: »Ich habe meine Hebamme, wenn du für dich noch eine brauchst, dann schön für dich.«

»Aber habe ich denn da nicht noch was mitzureden?«

»*Ich* kriege das Kind.«

Wie schon gesagt, man muss Argumente annehmen, wenn sie da sind.

Vorabveröffentlichung

Schon Sekunden, nachdem wir erfahren hatten, dass wir schwanger waren, schoss uns ein Gedanke durch den Kopf: Wann erzählen wir es den Eltern und den Freunden? Gudrun und ich hatten beschlossen, dass wir drei Monate abwarten, zur Sicherheit. Ganz strikt haben wir es nicht eingehalten. Wir saßen wie auf glühenden Glückskohlen, und der Drang, es in die Welt hinauszuschreien, wurde täglich größer. Nach einem Tag, oder waren es zwei, brach es bei mir durch, und ich fragte: »Oder Gudrun, vielleicht drei Wochen?«

»Du, Michl, wie wär's mit drei Stunden?«

»Du, Gudrun, es ist jetzt schon drei Uhr.«

»Okay, lass uns anrufen.«

»Nein, das muss man persönlich machen.«

Wir sind dann »zufällig« bei unseren Eltern vorbeigekommen, um die frohe Botschaft zu verkünden. Ich wollte die Nachricht in einer Metapher rüberbringen. Deshalb habe ich aus meinem alten

Schlafzimmer den Seppel geholt. Der Seppel war meine erste Puppe. Er ist eine hässliche hellblaurote Stofffigur mit Knautschfüllung. Er ist kein Clown, keine richtige Puppe, er ist auch kein Kasperl, schaut mehr aus wie ein Loser-Sandmännchen. Den habe ich dann meinen Eltern mit den Worten übergeben: »Ich habe den wieder rausgekramt, weil wir den bald wieder brauchen können.«

Mein Vater checkte nichts, meine Mutter verstand sofort. Mütter wissen es schon, bevor sie es wissen. Meine Mutter hatte ein paar Tage zuvor zu meinem Vater gesagt: »Du, ich glaube, die sind schwanger.«

»Ah, geh.«

Da müssen wir Männer noch viel lernen. Und wir Männer lernen in der Schwangerschaft noch ganz andere Worte und Dinge kennen. »To boldly go where no man has gone before!« Man ist neun Monate unterwegs, um auf einem ganz anderen Planeten fremdes Leben zu erforschen. Wörter wie Scheidenmuskulatur, Gebärmutterhalsöffnung – darauf hat uns niemand vorbereitet. Man ist 17 Jahre lang mit einer Frau zusammen, aber es gibt offenbar Themen, die braucht man sonst nicht unbedingt für ein harmonisches Zusammenleben. Und wenn man dann mit befreundeten Paaren redet, die schon Kinder haben, ist das ganz normal, dass da alles bis ins letzte Detail durchgesprochen wird. Da

fallen dann so schöne Sätze wie: »Und der Dammschnitt ist das Schlimmste.«

Man sitzt da und fragt sich, was sagt man auf so
was?

»Lass uns ein Bier trinken gehen.«

Ich bin generell ein sehr neugieriger Mensch.
Natürlich war ich schon als Komiker beruflich interessiert an manchen Begriffen und Bezeichnungen aus dem großen Schwangerschaftskosmos.
Beckenbodengymnastik zum Beispiel. Ich konnte
nur erahnen, worum es da geht. Ich hatte mal wegen meines Rückens bei einem Physiotherapeuten
eine Beckenbodenbehandlung. Freunde da draußen, ich will das nie wieder. Und da saß ich nun
als schwangerer Vater und führte mit befreundeten
Paaren politische Diskussionen über verkürzte Ge-
bärmutterhälse und Steißlagen. Und natürlich über
PDA. Ich wusste erst nicht, wofür diese Abkürzung
genau steht, aber alle um mich herum schienen Bescheid zu wissen. Es kam mir so vor, als ob über einen Wallfahrtsort gesprochen wird. Wenn Lourdes
nicht wirkt, dann wird in PDA alles gut. Ich wollte
vor den anderen auch nicht blöd dastehen, und so
pflichtete ich heftig nickend bei: »Klar braucht man
für die Geburt eine PDA. Logisch. Wie auch ohne?
Das geht ja gar nicht.«

Kurze Zeit später stand ich in einem Saturn-

Markt, und dort gab es PDAs, Personal Digital Assistants. Ich habe einen gekauft und zu Hause stolz Gudrun gezeigt.

»Gudrun, schau mal her, das ist das, was wir zur Geburt haben werden.«

»Nein, Michl!«

Ich habe die Abkürzung dann gegoogelt, damit ich bei der Geburt nicht dastehe wie der Depp. Aber ich verrate es an dieser Stelle noch nicht. Da müssen die Nochkinderlosen bis zum Geburtskapitel warten. Euch soll es auch nicht besser gehen als mir damals.

Die Frage aller Fragen hing wie eine Lichterkette über unseren Köpfen: Was wird es? Ein Arschlochkind habe ich mal mit unserer genetischen Vorgeschichte ausgeschlossen. Damit blieb nur noch Junge oder Mädchen übrig. Mir war es eigentlich egal, und als wir dann erfuhren, dass es ein Mädchen wird, habe ich mich sehr gefreut. Ich dachte mir, eintauchen in eine rosa Welt, das wird sicher spannender, als die alte Carrera-Bahn aus dem Keller zu holen. Der Komiker und Wissenschaftler in mir bevorzugte das Unbekannte: Szenen aus der Zukunft entstanden in meinem Kopf. Zum Beispiel, dass ich nun nicht auf einer Autobahnraststätte am Brenner einem kleinen Buben zeigen musste, wie er mit seinem kleinen Freund in die Mitte der Schüssel trifft und nicht als Toilettenrasensprenger fungiert. Da würde es schon einfacher sein, ein kleines Mädchen auf den Topf zu setzen. Natürlich bräuchte ich dafür eine komplette Desinfizierungsausrüstung. Ich sah mich wie einen von den drei »Ghostbusters«: auf dem Rücken meinen Bazillen-Entmaterialisierungs-Tank und die Hyper-Spritz-Wumme in den Händen. Es ist schräg, welche Gedanken man sich als schwangerer Bald-Vater macht, oft ganz nebensächliche, aber ein Gefühl legt sich über alles: »Ich werde Papa.« Bei vielen Paaren ist die Geschlechtsdiskussion eine sehr große. Ich habe mal gehört, dass das, was Schwangere essen, in die eine oder andere Richtung ausschlaggebend sein kann. Zum Beispiel, wenn man Spinat isst, wird es ein Junge. Soll man so was wirklich glauben? Wo hört das denn dann auf? Wirken sich Wiener Würstchen aus? Oder Getränke aus der Dose? Na ja, Männer sind unrealistischen Theorien gegenüber aufgeschlossen. Sie glauben auch, dass die Orgasmen in Pornofilmen echt sind: »Wieso, die hat doch laut geschrien?«

Sobald das Geschlecht bekannt ist, geht es um die Namensgebung. Ich habe von Vätern gehört, die ihren Job gekündigt haben und sich als Vollzeitnamologen selbstständig gemacht haben. Für uns war es einfach, weil der Name »Lilly« feststand, wenn es ein Mädchen werden würde. Ich möchte hier keine große Namensdiskussion eröffnen. Aber ein Name ist nicht Spiegel der Seele, sondern Ausdruck der Doofheit erwachsener Menschen, für kleine Personen eine halbwegs passende Bezeichnung zu finden, mit der sie ohne große Verarsche durchs Leben kommen sollen. Liebe werdende Eltern da draußen, seid bei der Namensvergabe nüchtern und kifft nicht zu viel. Das hat für eure Kleinen direkte Auswirkungen. Irgendwann sitzt euer Kleiner mit euch in einer Comedy-Veranstaltung, und da lästert ein bayrischer Komiker über die Kevins dieser Welt. Er wird zum Gespött unter den Kumpels, und der bayrische Komiker ist sich nicht mal einer Schuld bewusst. Oder was soll er denn zum Beispiel sagen, wenn er mit seiner kleinen Lilly auf dem Spielplatz ist und eine Mutter ihren Sohn ruft: »Darwin, kommst du her!«

»Oh, der Kleine wird sich sicher durchsetzen.«?

In diesem Fall war wohl Darwin der beste Kumpel von Kevin, er hatte sich schon für eine frühe AK-Karriere entschieden. Ja, Namen können ein kleines Leben beeinflussen. Galaxina, Tecumseh oder Emilie-Extra (echte erlaubte, vergebene Namen!) finden sicher andere Freundinnen als Sarah oder Theresa.

Für mich war die Geschlechtsfrage nicht ausschlaggebend. Eine andere Frage war für mich viel wichtiger: Wird es ein/e Komiker/in? Später anlernen geht ja nicht. Man ist Comedian oder nicht. Du hast funny bones oder nicht. So heißt es in einem meiner absoluten Lieblingsfilme, der auch noch genau diesen Titel hat: »Funny Bones«. Übrigens eine der besten Rollen von Jerry Lewis. Er spielt einen alternden berühmten Komiker, dessen Sohn verzweifelt versucht, in seine Fußstapfen zu treten, aber leider nicht das Talent dafür hat. Da gibt es diese wahnsinnige Szene am Strand, wo Jerry Lewis seinem Sohn zum ersten Mal die Wahrheit sagt. Der Sohn möchte eigentlich hören, dass sein Vater an ihn glaubt und ihm Hoffnung gibt. Und dann kommt der ehrliche Satz von Papa Jerry: »Thommy, you are my son. I love you, but you are not funny!«

Für mich war das eine der gruseligsten Szenen der Filmgeschichte. Schade, dass nicht mehr Väter von Comedians so ehrlich sind, damit wäre uns doch so einiges erspart geblieben.

Ich war so gespannt auf unser Baby (wer, wie, was?), und da ich alles ganz genau wissen wollte, war ich bei jedem Ultraschall-Termin mit dabei. Ich gebe zu, ich war früher auch immer genervt, wenn schwangere Pärchen ihre Embryo-Ultraschallbilder rumgezeigt haben wie auf der Panini-Tauschbörse.

Die sind dann oft völlig ausgeflippt und riefen verzückt: »Ist das nicht Wahnsinn, das ist unser Baby!«

»Aha.«

Man hat nichts erkannt. Wirklich nichts. Aufs Erste sehen diese Ultraschallausdrucke aus wie die Bilder, die sie im Fernsehen zum Beispiel während des Irakkriegs sendeten, wenn sie die amerikanischen Nachtangriffe zeigen wollten. Und aufs Zweite könnte man dahinter einen Rorschachtest vermuten. Da wurdest du sofort korrigiert: »Nein, das erkennt man doch. Schau doch mal genau, das werden mal die Arme.«

»Ja.«

»Und das wird mal der Kopf.«

»Ich sehe. Das da oben, oder das da seitlich?«

Man hat dann den Freunden zuliebe so getan, als ob man selber begeistert wäre, um die glücklichen werdenden Eltern nicht zu enttäuschen. Liebe werdende Eltern: Ultraschallbilder interessieren keine kinderlose Sau. Nur Leute, die schon mal selber ein Kind gekriegt haben, können Ultraschallbilder einschätzen und erkennen darin die kryptischen Formen des heranwachsenden Lebens. Für Eltern alias Ultra-Checker sind diese Aufnahmen allerdings der Komplettwahnsinn. Man sieht anfangs nur ein Würmchen, das dann noch einige Wochen eher wie ein kleines Alien aussieht. Aber dann ... In der neunten Woche stand ich fassungslos vor dem Monitor der Frauenärztin. Ich habe Lillys kleines Herz schlagen sehen. Sie lebt wirklich. Ein kleiner Mensch entsteht. Über die Wochen und Monate konnten wir sehen, wie sie wuchs und gedieh. Und es war erlösend, wenn die Frauenärztin checkte, ob alle Organe da waren, alle Gliedmaßen, und ob alles im normalen Bereich war. Aber der totale Kick war dann der erste 3-D-Ultraschall. Ich kannte bis dato nur schlechte 3-D-Filme, wo der aus dem Bildschirm fliegende Indianerpfeil der beste Effekt war. Und dann sahen wir zum ersten Mal die Gesichtszüge unseres Kindes. Liebe Kinderlose, habt Mitgefühl mit werdenden Eltern, die euch Ultraschallbilder zeigen! Und lügt sie einfach an.

Nestbautrieb

Ich hatte schon viel darüber gehört, aber nicht recht daran geglaubt: der Nestbautrieb bei schwangeren Paaren. Ich dachte immer, das sei so eine Legende aus dem Märchenbereich, die oft für billige Comedynummern herhalten muss. Nein. Der Mythos lebt, das ist ein Urinstinkt schwangerer Paare, und er ist stärker als die eigenen intellektuellen Gegensteuerungsfähigkeiten. Und jetzt muss er wieder herhalten!

Von dem Moment an, als wir wussten, dass wir schwanger sind, begann der Nestbautrieb alle anderen Gegenwarts- und Zukunftspläne zu überlagern. Uns schossen nur noch Informationen durch den Kopf wie: »Wir brauchen ein Kinderzimmer, wir brauchen mehr Platz, wir müssen alles umstellen und vorbereiten, wir brauchen ein anderes Haus.« Wir hatten zwei Jahre zuvor begonnen, uns Gedanken darüber zu machen, dass es mit Zuwachs bei uns zu eng werden würde. So gingen wir auf

Nestsuche. Entspannt wie Junkies an einem Freitagabend auf der Suche nach ihrem Dealer, der sie gerade versetzt hat: »Haus suchen! Haus brauchen! Nur noch ein letztes Haus ...«

Der Nestbautrieb treibt einen auch an, alles zu besorgen, was man nach der Geburt für das Baby brauchen würde. Und zwar alles für die ersten zwölf Monate. Man geht in der Fußgängerzone an keinem Babyladen mehr vorbei. Und wenn man als werdender Vater zum ersten Mal alleine vor so einem Babygeschäft steht, geht es einem wie einer Frau in einem Schuhladen: Man ist ein Opfer, Beute, Frischfleisch, und mutiert zu einem willenlosen, wehrlosen Geschöpf. Vorher hatte ich mir noch überlegt, was braucht so ein Baby schon alles? Bettchen, Wiege, Kinderwagen, ein paar Klamotten. Früher haben die Menschen auch ohne Konsumwahn überlebt. Ich wollte mir von niemandem irgendeinen Pillepalle andrehen lassen. Und dann ging ich rein in ein Babygeschäft – das Geschäft war so groß wie die Halle in der letzten Szene von »Indiana Jones – Die Jäger des verlorenen Schatzes«. Diese riesige Lagerhalle, wo sie dann bei der Markierung Kilometer 3,5 die echte Bundeslade abgestellt hatten. Ich dachte mir noch, vielleicht sollte ich mir ein Mofa kaufen, um hier durchzukommen. Ich stand da, alleine, und war etwas überfordert. Überforderung. Stillstand. Rien ne va plus. Ich wirkte wohl wie ein Verdurstender in der Wüste – die Geier zogen schon ihre Kreise – die Babywarenfachverkäuferinnen kreisten mich langsam ein. Die riechen deine Schwäche. Wie Haie das Blut wittern, nehmen die das kleinste Schweißtröpfchen auf deinem Rücken wahr: »Ah, ein überforderter Mann, leichte Beute! Sprint!«

Eine Babywarenfachverkäuferin erschien neben mir. Ich erschrak ob dieser Unheiligenerscheinung. Und sofort biss sie sich bei mir fest: »Grüß Gott, Sie brauchen was für Ihren Nachwuchs?«

Mein schüchternes Nicken eröffnete Runde eins.

»Haben Sie denn schon irgendwelche Vorstellungen?«

»Ja!«

»Was ist es denn?«

»Ein Baby.«

»Geschlecht?«

»Noch fifty-fifty.«

»Was haben Sie denn schon?!«

»Äh, schwanger ...«

Und dann gab sie mir den »Sofort-schlechtes-Gewissen-machen-weil-er-sich-noch-keine-genauen-Gedanken-gemacht-hat-Blick«. Für eine Beichte beim hiesigen Pfarrer in der Frauenkirche blieb keine Zeit, weil nur eine Zehntelsekunde später die heilige Liste vorgetragen wurde. Die Liste, auf der alles stand, was man für ein Baby so braucht, beziehungsweise was der Laden verkaufen will und kann. Die Zehn Gebote des Babyfachhandels – gut, es sind ein paar mehr. Moses in Gestalt dieser Babywarenfachverkäuferin erklärte mir den Willen des Herrn, also des Ladenbesitzers: »Tja, da brauchen Sie natürlich Umstandsmoden, einen Babybuchratgeber, Erstlingsmütze, Rassel, Babydecke, Strampler, Krabbeldecke, Wickelbody, Wickelkommode, Windeln, Unterziehjäckchen, Erstlingssöckchen, Spucktücher, Kinderbettchen, Schlafsack, Seitenlagerungskissen, Wiege, Frotteehöschen, Babybjörn, Bagaboo, Ausfahrgarnitur, Wippe, Babyspieluhr, Milchpumpe, Milchflasche, Schnullerkette, Flaschen- und Saugerbürste, Flaschenwärmer, Flaschenständer, Beruhigungssauger, Lätzchen, Tommy Tub oder rutschfeste Badewanneneinlage, Wickelauflage, Milchpulvertrichter, Kuscheltier, Schaukel, Sterilisator, Thermosflasche, Still-BHs, Stilleinlagen, zweites Lätzchen, Feuchttücher, Fieberthermometer, Windeltwister, Kapuzenbadetücher, Töpfchen, Bademantel, Mullwaschlappen, Po-Creme, Kindernagelschere, Schmusetuch und Mutterpass!«

Meine Überforderung ist nicht wirklich weniger geworden, und ich stand da und konnte nur noch erwidern: »Da oben das Babyfon, hat das auch Wireless LAN?«

Es war nur ein kurzes Aufbäumen gegen die Natur. Ich war der lebende Beweis, dass auch Männer Hormonkäufe tätigen. Etwa die Hälfte von dem Zeug habe ich mit nach Hause geschleppt. Es war schon nett, dass die mir einen Lieferwagen zur Verfügung gestellt haben. Daheim fragte Gudrun: »Wieso hast du das alles gekauft?«

»Das braucht man.«

»Wenn wir einen Babyfachhandel aufmachen wollen, dann schon. Außerdem, warum steht hier zum Beispiel auf dieser Schachtel ›Pillepalle‹ drauf?«

Ich war etwas verwirrt, dass meine ausgeklügelte Argumentation nicht reichte. Frauen kommen ja auch oft nach Hause mit zwei Tüten voller neuer unnützer Klamotten, und wenn man als Mann nachfragt: »Wieso hast du das alles gekauft?«, kommt von den Frauen die Universalrechtfertigung: »Ich habe nichts anzuziehen!«

Die korrekte Gegenfrage an der Stelle wäre doch: »Aber wessen Klamotten trägst du da gerade?«

Ich hatte mir vorgenommen, irgendwann ein Auto zu kaufen, ohne etwas zu sagen. Und wenn meine Frau mich dann fragen sollte: »Wieso hast du das gekauft?«, wollte ich antworten: »Ich habe nichts zu fahren!«

Ein paar Tage später brachte Gudrun die andere

Hälfte der Babyausstattung nach Hause. Ich weiß auch heute nicht mehr, wie oft wir dann noch in den nächsten Monaten zu zweit in Babygeschäften gestöbert haben. Das sind dann immer schöne Momente, weil man im Grunde genommen schon einen Blick in die Zukunft wirft, wie das wohl werden wird mit dem Baby. Eine Sache wollten wir unbedingt zusammen kaufen: den Kinderwagen. Ich war angefixt, und tief aus meinem Inneren brach etwas Männliches heraus: »Ein geiler Kinderflitzer muss her. Da sollte mal der Papa ran!«

»Michl, du hast überhaupt keine Ahnung von Autos und interessierst dich auch normalerweise nicht dafür, wieso solltest du den Kinderwagen aussuchen?«

Da hatte sie grundsätzlich recht, aber wir befinden uns bei dem Thema Kinderwagenkauf doch auch irgendwie im Spielzeug- und Kinderbereich, und da können wir Männer mitreden. Mich haben diese Hightech-Kinderwagen schon immer beeindruckt. Und für uns Männer ist natürlich ein cooler Markenname wichtig. Man trifft ja später auch auf Kumpels, denen man keine Vorlage für billige Witze liefern will. So ging ich im Babygeschäft alles durch:

Teutonia

... das klingt wie eine altgermanische Walküren-transe.

Hartan

... liest sich wie ein türkischer Türsteher, der sich als Sänger noch Geld dazuverdient.

Peg Perego

... hört sich an wie ein spanischer Hartkäse.

Hespa

... klingt mehr nach schlechter Chinakopie einer italienischen Kultmarke.

Icoo

... liest sich wie ein Depp, der nicht mal seinen IQ richtig schreiben kann.

ABC Design

... ich brauche kein Wörterbuch.

Zekiwa

... keinen Japaner, ich kaufe in der Krise nur deutsche Autos.

Knorr

... mir schmecken schon deren Tütensuppen nicht.

Princess

... ich will mir keine Kammerzofe zum Schieben zulegen.

Emmaljunga

... was soll der Scheiß? Entweder Feministin oder Bursche, aber nicht so ein Emotionszwitterwesen.

Gesslein

... da will ich gar nichts dazu sagen.

Keine Marke konnte gewinnen, weil ich vorher schon den Namen gesehen hatte, auf den ich ein Leben lang gewartet hatte:

MacLaren.

So sollte unser Babygefährt heißen. Ich war ganz aufgeregt: »Gudrun, das ist ein echter MacLaren.«

»Das ist doch nur eine Marke.«

»Aber der ist auf dem Nürburgring getestet.«

»Michl, es gibt bei einem Kinderwagen wichtigere Kriterien.«

»Was denn zum Beispiel?«

»Bietet der MacLaren-Flitzer die Möglichkeit, dass man die Babyschale abnehmen kann und dann als Bettchen verwenden kann, wenn man Freunde besucht?«

»Keine Ahnung.«

»Der Bugaboo kann das.«

»Bugaboo?«

»Ja, so heißt der, den ich nehmen will. Der ist super.«

»Bugaboo, das hört sich eher an wie ein schlechter Familienfilm mit Robin Williams: *Sie wurden in eine andere Dimension katapultiert, wo sie verloren schienen. Aber sie hatten nicht mit Bugaboo gerechnet.*«

»Michl, bei einem Kinderwagen kommt es nicht auf einen coolen Namen an.«

»Warum?«

»Die Verkäuferin hat gesagt, der Bugaboo ist der Mercedes Benz unter den Kinderwagen.«

»Warum hat er dann keinen Stern vorne drauf?«

»Bei dem Bugaboo gibt es die Möglichkeit, ein Mobile zu befestigen.«

»Mit Sternen?«

»Natürlich.«

»Toll, den nehmen wir.«

Männer kann man einfach leichter überzeugen als Frauen. Es stellte sich raus, dass es sehr angenehm ist, eine Vorderachse mit Schwenkrädern zu haben, wenn man viel in der Stadt unterwegs ist. Das ist ein großes Plus beim Einkaufen in engen Supermärkten oder Geschäften. In Supermärkten herrscht Krieg, und nur die Schnellen überleben. Wenn das Baby in den ersten Monaten noch zu klein ist für den Metalleinkaufswagen, ist es besser, einen wendigen Kinderwagen zu haben. Wir Männer stehen auch auf Zusatzfeatures wie Mückennetz, Regenfolie, Schirmhalterung, Flaschenhalter, Handybox, iPod-Docking-Station, Einkaufsfach und Navigationssystem. Letzteres ergibt sich von selbst. Wenn man sein Gewicht nach links verlagert, rollt der Wagen nach links, und das Gleiche funktioniert auch mit der rechten Seite. Das Wichtigste hätte ich fast vergessen: Der Kinderwagen sollte einfach aufzubauen und wieder zusammenzuklappen sein. Ich bin ja nicht der große Handwerker, aber ich hatte nach einiger Zeit meine eigene Technik entwickelt, und ich war zufrieden. Aber anscheinend reichte das nicht für Babyprofis. Als wir uns etwa zwei Wochen nach Lillys Geburt in einem Babygeschäft einen Adapter für die Montage des Maxi-Cosis auf das Fahrgestell kauften, trug ich das Gestell vom Auto in das Geschäft und begann es dort auseinanderzuklappen. Ich nestelte noch herum, als mich eine Verkäuferin ansprach: »Hat's Ihnen noch niemand gezeigt? Ts ts ts!«

Sie schob noch ein überlegenes Kopfschütteln hinterher und fragte mich: »Soll ich Ihnen helfen?«

»Ich kriege den schon auf!«

»Bis Sie das gemacht haben, habe ich das schon dreimal aufgebaut. Den babyleichten Kniff, wie das ganz leicht geht, den kennen Sie nicht?«

»Doch, natürlich, aber ich lass mich gerne von einer Verkäuferin vor allen Leuten erniedrigen!«

Dann baute sie in einer tatsächlich beeindruckenden Geschwindigkeit mit einem Hand- und Fußgriff das Gestell auf.

»Ja, so wollt ich's auch grad machen!«

Ich möchte mal den MacGyver sehen, wie der an so einem Kinderwagen rumnestelt. Das wäre dann wahrscheinlich die letzte MacGyver-Folge. Er hört frustriert auf und setzt seinem Bastelleben ein Ende.

Wir haben tatsächlich nach ein paar Wochen Suche ein neues Haus gefunden, in das wir dann zwei Monate vor dem errechneten Geburtstermin einziehen sollten. Nach zweimonatiger Grundrenovierung sollte planmäßig alles fertig sein, und wir dachten, dann machen wir es uns in den letzten beiden Monaten vor der Geburt so richtig kuschelig. Ich habe in der Woche vor dem eigentlichen Geburtstermin alle restlichen Handwerker rausgeschmissen. In dieser Woche kam auch die schon drei (!) Monate zuvor bestellte Wickelkommode an – genauer gesagt, nicht alles kam an, sondern nur so viel, dass man erkennen konnte, das könnte also mal eine Wickelkommode werden. Denn man konnte sie mit den gelieferten Teilen nicht aufbauen. Ein kleiner Rat: Führe keine Diskussion mit der Lieferfirma über eventuelle Wickelausweichmöglichkeiten für die erste Zeit nach der Geburt. Einfach das Geschäft anrufen, bei dem bestellt wurde, und ruhig erklären: »Wenn die Wickelkommode nicht in einer Woche fertig im Schlafzimmer steht, werde ich die bereits gelieferten Teile zurückbringen und sie in der Fußgängerzone vor Ihrem Geschäft werbewirksam verbrennen.«

Es war dann doch eine schöne Erfahrung, dass manchmal eine gute Argumentation auch als solche erkannt wird. Die Wickelkommode kam dann sechs Tage vor dem Termin an. Geht doch. Nur eins fehlte noch: Einen Tag vor X haben wir uns dann noch drangemacht, die Wärmelampe über der Wickelkommode zu installieren. Die Wärmelampe ist für Neugeborene sehr wichtig, weil sie schnell auskühlen können. Ich finde diese Wärmelampen mit dem roten Licht etwas komisch. Es sieht irgendwie immer so aus wie die Ecke im Schweinestall, wo die kleinen Ferkel warm gehalten werden. Ich habe als Jugendlicher oft in den Sommerferien auf dem Bauernhof meines Onkels gejobbt, und so hatte ich dieses Bild im Kopf. Normalerweise sind bei uns im Hause Mittermeier die Handwerkertätigkeiten klar verteilt. Einer ist der Chef, einer der Hiwi. Wenn Gudrun und ich zum Beispiel ein Bild an die Wand machen, bin ich derjenige, der mit dem Staubsauger danebensteht und das aufsaugt, was meine Frau mit dem Bohrer oder Akkuschrauber so anstellt. Da standen wir nun vor der Wickelkommode. Wer kraxelt hoch und macht oben die Lampe fest? Schweren Bauches musste Gudrun einsehen, dass es keine gute Idee wäre, dass sie in ihrem hochschwangeren Zustand da hochklettern würde. Also ich. Ich kam mir ein bisschen so vor wie jemand, der in einem Abenteuerkriegsfilm von der Söldnertruppe zu einem Spezialauftrag geschickt wurde, aber nicht, weil er der Beste für den Job war, sondern weil er der Einzige war, der mit seiner Körpergröße durch den schmalen Schacht kriechen konnte.

»Du kannst es schaffen.«

Aber die anderen Gefährten machten sich dann schon mal vorsorglich vom Acker. Gudrun blieb. Aber es lief nicht so glatt. Meine gebohrten Löcher waren nicht genau auf einer waagerechten Linie.

Erst waren sie nicht tief genug, und mit Nachbohren wurden sie zu groß für die Dübel. Ich war sowieso der Meinung, dass die anvisierte Höhe nicht ideal war: »Gudrun, lass uns die Wärmelampe tiefer aufhängen.«

»Michl, wir wollen die Kleine warm halten und nicht ein Hähnchen grillen.«

Der Wärmelampenaufhängestreit ging bei uns in den Familiengeschichtsschatz ein. Gudruns These war, dass ich mich absichtlich so doof anstelle beim Bohren, weil ich es eigentlich nicht machen mag. Meine These ist: Wenn ich es besser könnte, wäre ich nicht Komiker geworden. Einen Tag vor dem errechneten Geburtstermin sollte man keine Meinungsverschiedenheiten mehr austragen, das ist sinnlos. Da haben Ängste und Hormone längst den Laden übernommen. Wir waren kurz davor, dass Gudrun dann doch eine alleinerziehende Mutter sein würde. Es ist nicht so gekommen. Wir sind eine glückliche Familie, Lilly hat Papa und Mama. Und die Wärmelampe hat gehalten!

Stimmungsschwankungen

Ich war auch schwanger! Wir Männer verändern uns in der Schwangerschaft. Ich hätte natürlich auch früher meine Frau immer bedingungslos vor Bösem und Bösen beschützt, aber nun war es so, dass ich getötet hätte, wenn jemand meiner schwangeren Frau wirklich zu nahe getreten wäre. Die Pazifistenkarriere endet als Papa. Mein Beschützerinstinkt mutierte zum tötungsbereiten Schutzpatron. Shoot 'Em Up, Baby! Gott sei Dank kam ich nie in die Situation, sonst hätte ich wohl im Moment viel Zeit zu schreiben. Aber ich wurde in meiner Schwangerschaft in manchen Situationen schneller aggressiv. Wir waren mal nach einer Filmpremiere auf einer Aftershow-Party. Es war wie meistens, laut, eng, zu laute Dämel-Techno-Musik. Warum ist das eigentlich immer so? Schöner Saal, interessante Leute, und dann legt ein DJ, der vermutlich nicht mal auf der Waldorfschule seinen Namen im Takt tanzen konnte, Hanswurststampfmusik auf. Gudrun und ich wollten uns durch die Menge zu einem ruhigen Platz kämpfen. An der Treppe drängelten dann Leute von allen Seiten, und Gudrun bekam in einem Klaustrophobieanfall kaum mehr Luft. Ich erinnere mich noch, dass ich Typen, die mindestens einen Kopf größer waren, angeschrien habe, Platz zu machen. Und anscheinend haben sie meinen Tötungsabsichten geglaubt. Alle machten einen Kreis frei, in dem wir uns weiterbewegten. Das sah so aus wie im Film »Pitch Black«, wo Vin Diesel und ein paar letzte Überlebende durch ein riesiges Rudel menschenfressender Nachtmonster gingen, die sie sich mit Lampen vom Leib hielten. In solchen Momenten ist es Zeit für Helden.

»Na, Gudrun, wie habe ich das gemacht?«

»Du bist mein Diesel!«

Ob Vins Mutter je geglaubt hat, dass man mit diesem Familiennamen Actionhelddarsteller wird? Dann doch eher Tankwart.

»Hey Meister, einmal volltanken mit deinem Familiengetränk!«

Die Schwangerschaft beflügelte mich. Ich lief anders. Nicht mehr so wie ein Noch-nicht-Zeuger, sondern wie ein durchtrainierter, athletischer Tänzer am Strand, der mit jeder Körperbewegung zeigt, dass er Vater wird. Und ich war der menschliche

Schutzwall für meine Frau: »Gudrun, du hast total protection!«

»Ich weiß. Aber ich habe ja jetzt einen Ganzkörper-Airbag eingebaut.«

Während der Schwangerschaft bin ich auch viel vorsichtiger und langsamer Auto gefahren.

»Nur kein Risiko eingehen, Gudrun.«

»Ist schon gut, Michl, du kannst jetzt das Auto starten.«

Ich war wohl in meinen guten Momenten etwas überprotektiv. Kaum nahm Gudrun ihre Handtasche in die Hand, hechtete ich mich dazwischen und riss die Tasche von ihr: »Lass mich die nehmen.«

Gudruns Mantra war das Mantra aller werdenden Mütter: »Ich bin nicht krank, ich bin schwanger.«

Sekunden später konnte es aber auch heißen: »Muss ich jetzt meine Handtasche auch noch tragen?«

»Aber du hast doch gesagt ...«

»Ich bin schwanger! Da kann man doch ein bisschen Hilfe erwarten.«

Die Stimmungsschwankungen bei Schwangeren können extrem sein. Es gab viele positive Überraschungen. Zum Beispiel kam es schon mal vor, dass Gudrun von sich aus vorschlug: »Du, Michl, heute Abend hätte ich Lust auf einen Actionfilm.«

Sie hat das wirklich gesagt! Und das nicht nur

einmal. Wir haben zu zweit noch nie so viele Action- und Abenteuerfilme angeguckt wie in diesen Monaten der Schwangerschaft. Der Nestbautrieb hatte vor einem neuen großen Flatscreen nicht haltgemacht. Auch zwei neue brusthohe Stereoboxen mussten sein. In unserer Unwissenheit dachten wir uns, vielleicht müssen wir ja bald etwas übertönen. Und dann haben wir uns noch in den letzten beiden Wochen vor dem Geburtstermin so einiges professionell reingezogen: »Stirb langsam 4«, »King Kong« auf U-Bahn-Lautstärke, die »Herr der Ringe«-Trilogie und dann als Krönung die gesamte erste Staffel von »Prison Break«. Die Handlung bei »Prison Break« ist schon gewagt: Ein Typ lässt sich ins Gefängnis sperren, weil sein Bruder im Todestrakt sitzt, und er will ihn befreien. Dazu hat er sich die Baupläne des Gefängnisses auf seinen ganzen Körper tätowieren lassen. Und dann geht es quasi 24 Folgen lang nur darum, wie sie aus dem Gefängnis rauskommen. Hat mich irgendwie an unsere Situation erinnert. Ich glaube, dass ich Glück hatte in dieser Zeit, weil ich schon von Freunden gehört habe, dass Schwangere oft ziemlichen Schwachsinn gucken. Im Moment ganz hoch im Kurs bei Hormonstörungen sind Vampirfilme. Da sagen jetzt die Männer, wieso, das ist doch okay. Aber die Zeiten im Blutsauger-Business haben sich mittlerweile geändert. Früher kam der Dracula ins Zimmer, hat gesagt, er will dich aussaugen, und hat Wort gehalten. Heute treten in den »Twilight«-Filmen ritterliche Weicheivampire auf den Plan: »Ich sauge dich nicht aus, weil ich dich liebe, auch wenn ich dich saugtechnisch mehr begehre als alle anderen. Ich möchte dich nicht bedrängen und nur ein bisschen rumschmusen. Eine Jungfrau sollte sich selbst entscheiden, wann der richtige Zeitpunkt gekommen ist. Ich trinke kein Menschenblut, ich bin Vegetarier.«

Was soll denn der Scheiß? Das geht ja gar nicht. »Twilight«, das sind doch verfilmte Sarah-Kay-Bilder für Eindimensionale. Hey, liebe echte, böse Vampire, dieser Hausfrauenbefeuchter ist doch eine Schande für eure Zunft. Ein grüner Vampir, der ist wohl wiederauferstanden auf einem Waldorffriedhof. Der Winnetou unter den Blutsaugern. Ihr Vampire wärt schon lange ausgestorben, wenn ihr so agieren würdet. Oder wie sagt man da, gestorben seid ihr ja schon? Also, ihr wärt längst pulverisiert. Ich rate auch allen Nichtvampiren ab, diese Filme zu schauen. Das ist zusammengeklauter Schund für Teenies und Hausfrauen, die lange keinen guten Sex mehr hatten. Ich habe in einem Selbstversuch den ersten Teil an mir getestet: »Twilight – Bis(s) zum Morgengrauen« – alleine für dieses Wortspiel im deutschen Filmtitel müsste ein Vampir drei Stunden auf die Sonnenbank. Aus Verzweiflung habe ich mich selbst gebissen.

Gott sei Dank konnte ich mich filmtechnisch damals auf meine schwangere Frau verlassen. Es war schon seltsam in dieser Zeit, auch die härteste Action war okay, *aber* es durften keine Kinder oder Tiere dabei beschädigt werden. Das ging gar nicht. Hobbits und große Affen, die auf Hochhäuser in New York klettern, waren schon Grenzfälle. Aber Gudruns Reaktionen auf Abenteuer-Action fielen anders aus als zu unschwangeren Zeiten. Früher führten wir oft Realismusdiskussionen bei Actionfilmen. Ich habe ja vor vielen Jahren in meinem Programm »Zapped« die These aufgestellt: Geh nie mit einer Frau in einen Actionfilm! Du sitzt neben ihr im Kino, du spürst ihre kritischen Worte schon, bevor sie ihren Mund verlassen. Das Ausgesprochene ist nur noch der hörbare Teil der neben dir sitzenden weiblichen Energieform. Erst wird von den Frauen argumentativ ein Zeichen gesetzt: »Blöd!«

Man denkt sich: »Sag jetzt nichts, sonst geht's los.«

»Blöhöd ... Blöd blöd blöd.«

»Ja, was ist denn da so blöd?«

»Dieser tolle Held wurde jetzt schon zweimal von

hundert Polizisten umzingelt, und zweimal ist der wieder irgendwie entkommen, wie realistisch!«

»Hier geht's doch nicht um Realismus! Außerdem heißt dieser Film ›Auf der Flucht‹ und nicht ›Gekriegt nach fünf Minuten‹!«

Uns Männern ist Realismus bei Actionfilmen relativ egal. Solange die gut gemacht sind, müssen die nicht unbedingt einen Drehbuchautor gehabt haben. Aber solche Szenen spielten sich nicht ab während der Schwangerschaft. Da guckten wir zum Beispiel einen Film wie »The Punisher«. Es ging gerade böse zur Sache, plötzlich hörte ich meine Frau neben mir weinen. Schwangere scheinen Actionfilme zu gucken wie Liebesfilme: emotional anfällig.

»Was ist denn los?«

»Der Arme ist jetzt tot.«

»Das war doch der Böse.«

»Aber warum muss er den gleich umbringen?«

»Ääh, weil er sauböse war.«

»Aber er war auch nur ein Mensch.«

»Er war ein schlechter Mensch.«

»Du sollst deinen Feinden vergeben, hat der Jesus gesagt.«

»Aber da hat beim Jesus niemand vorher seine ganze Familie ausgelöscht und seinem besten Freund von hinten eine Kugel in den Rücken gejagt.«

»Aber der Jesus hätte das friedlich gelöst.«

»Super, klar, wenn der Held dem Bösen die andere Backe auch noch hingehalten hätte, wäre er selbst draufgegangen.«

»Aber er hätte ihn auch gefangen nehmen und der Polizei übergeben können.«

»Wie hätte er das machen sollen?«

»Mit ihm reden.«

»Aber der Böse hat einfach auf ihn geschossen, das war dann auch Selbstverteidigung.«

»Es gibt immer einen anderen Weg.«

»Der Böse war doch selber schuld.«

»Sei doch nicht so grausam.«

»Das ist das Gesetz im Actionfilm. Wer so blöd ist, stirbt halt.«

»Buhuhuhuhuu.«

Hab ich schon mal erwähnt, das man nie – *nie* – mit einer Schwangeren diskutieren sollte? Immer gut zureden: »Okay, Schatz, du hast recht, der Gute hätte mit dem Bösen reden und ihn zu überzeugen versuchen müssen, dass sich Verbrechen nicht lohnt.«

»Meinst du das wirklich?«

»Ja.«

»Du bist doch ein Netter.«

Ja schon, aber auf so eine Diskussion brauchte ich dann als Ausgleich einen Actionsplatterfilm. Ich schaute mir dann ganz alleine auf meinem Computer den Film »Doom« an: Der Held tötet alles, was bei drei nicht auf dem Baum ist. Und das Gute daran, in dem Film gab's keine Bäume.

Die Stimmungsschwankungen auf beiden Seiten nahmen monatlich zu. Gegen Ende der Schwangerschaft ist man kein vernünftig denkendes Pärchen mehr, sondern ein Konglomerat zweier hormongesteuerter Wesen. Zwei labile Halbpsychopathen auf dem Weg zur Geburt. Glücklich, aber nicht zurechnungsfähig.

Ich möchte noch eine kleine Warnung für die Männer von schwangeren Frauen aussprechen: Wenn eure Frau euch während der Schwangerschaft – auch in den letzten Wochen – fragt: »Jetzt sieht man die Schwangerschaft schon ganz schön. Seh ich dick aus?«, dann antwortet nie: »Ja, die sieht man schön, da hast du recht.«

Selbst wenn eure Frau schon einen füllenden Schatten auf Otti Fischer werfen könnte, tut einfach so, als ob ihr nichts seht, und sagt: »Nein, sieht man kaum. Das spielt sich so weg.«

Realismusdiskussionen werden euch nicht weiterbringen.

Duftnoten

Wir haben schon über das Ernährungsverhalten schwangerer Frauen gesprochen. Aber auch die Sinne einer Schwangeren ändern sich entscheidend. Meine Frau sagte während der Schwangerschaft öfter zu mir: »Ich glaube, ich sehe schlechter.« Ich dachte erst, sie will mich auf den Arm nehmen, aber als ich – als Brillenträger – meiner Frau im Restaurant die Speisekartentafel an der Wand vorlesen musste, weil sie es für eine marmorierte Verzierung des Lokals hielt, wusste ich, dass da was dran sein musste. Eine Bekannte von uns hat das auch bestätigt: Während der Schwangerschaft hatte sie eine Dioptrie weniger Sehkraft. Gudrun zufolge ist das bei Schwangeren weit verbreitet. Allerdings haben Frauen grundsätzlich zum Sehen eine andere Einstellung als Männer. Wenn der Mann merkt, ups, ich bin Richtung Florenz gefahren und wollte eigentlich nach Koblenz, weiß er, dass er da was dagegen tun sollte. Ich habe früher Mädels erlebt, die

im Auto mit dem Kopf so nah an die Windschutzscheibe gerückt sind, dass die Pupillen auf dem
Glas Schlieren hinterlassen haben. Meine Frage
war dann: »Meinst du nicht, dass es besser wäre,
mal zum Augenarzt zu gehen?«

»Wieso, ich sehe doch alles.«

»Ja, das schon, aber es ergibt auch keinen Sinn,
dass wir jetzt auch noch einen Scheibenwischer für
die Innenseite brauchen.«

»Wie meinst du das?«

»Findest du nicht auch, dass du sehr nahe an der
Windschutzscheibe bist?«

»Nein. Ich hab hier nur kurz angehalten, um das
Richtungsschild zu studieren.«

»Schau, wir stehen hier seit zwei Minuten an der
Bushaltestelle, und du starrst auf den Busfahrplan.«

»Ooh, äh ja, ich versuche, den zu studieren.«

»Hä? Von hier aus könnte nicht mal ich den Busfahrplan lesen.«

»Siehst du.«

»Aber wir brauchen jetzt auch nicht zu wissen,
welchen Bus wir nehmen müssen, wir suchen mit
dem Auto die Kreuzung nach Aufhausen.«

»Stell dir mal vor, unser Auto springt nicht mehr
an, dann wären wir froh, wenn wir die Buszeiten
wüssten.«

Wer findet das Loch in der Argumentationskette?

Ist es wirklich nur die Eitelkeit, dass Frauen sich oft Jahrzehnte wehren, bis sie sich eingestehen, dass sie eine Brille brauchen? Die zweite Stufe ist, dass viele Frauen eine Brille haben, sie aber nicht benutzen. Sie haben sie zwar meist in ihrem Handtascheneinzelhandelslager dabei, sie liegt aber immer so tief versteckt, dass man in der Handtasche einen Stein nach unten werfen könnte, und der bräuchte etwa zwanzig Sekunden, bis er auf dem Boden aufkommt. Was soll man als Mann machen, wenn die Frau fragt: »Holst du mir bitte meine Brille aus meiner Handtasche?«

Dann steht man da und schaut nach unten in das schwarze Loch. Das ist in etwa so wie im ersten Teil von »Herr der Ringe«. Die Gefährten stehen in den unterirdischen Ruinen von Moria an einem Brunnen und wollen wissen, wie tief das runtergeht. Einer wirft eine Fackel runter, und man kann das Licht nicht mehr sehen, wenn sie aufkommt. Nie würde es vorkommen, dass eine Frau, mit der man gerade ein Techtelmechtel angefangen hat, einem eröffnen würde, dass sie eigentlich eine Brille trägt. Da würde sie eher vor einem Busfahrplan verhungern. Ich erinnere mich noch an eine Kurzzeitbeziehung mit einer Mitstudentin. Einmal gingen wir nachmittags ins Kino. Es muss ein Film gewesen sein, den ich nur mitguckte, damit was geht. Hier spezifiziere ich: um zu poppen. Ja, so ist es, liebe Frauen, so selbstlos können wir Männer sein. Wie viele Männer sind innerlich elendig verhungert, während sie im Kino über die »Brücken am Fluss« gelaufen sind? Nur mit der einen Karotte vor Augen: »Das wird sie mir noch in hundert Jahren hoch anrechnen, dass ich so sensibel bin und Clint Eastwood auch ohne Knarre mag.«

Also, meine damalige Studienfreundin und ich kamen in den Kinosaal, er war fast leer. Zielstrebig ging ich in die oberste Reihe, Mitte, um wenigstens die Grundregeln des Kinoschauens einzuhalten. Wenn schon Frauenfilm, dann wenigstens optimaler Platz. Aber sie setzte sich ganz nach vorne in die Mitte der zweiten Reihe. Zweite Reihe im Kino mit Riesenleinwand? Das ist der Platz für die, die eigentlich nur die Farben des Films sehen wollen, weil man da nichts mehr erkennen kann. Es ist einfach zu nah.

»Wieso hier?«

»Ich trage eine Brille.«

»Dann setz doch deine Brille auf, und wir können uns nach hinten setzen.«

»Ich habe sie jetzt gerade nicht dabei.«

»Wie? Du wusstest doch, dass wir ins Kino gehen.«

»Ja, aber man kann sich ja weiter vorne hinsetzen.«

Ich bin mir sicher, es gab keine Lücke in der Argumentationskette. Noch nie hatte ich mir Sex so anständig verdient wie bei diesem Kinobesuch. Augen kaputt, aber Trieb befriedigt. Kommt daher vielleicht der Ausspruch »Onanieren macht blind«? Wichser, die zu nahe und zu oft an der Vorlage sitzen, ruinieren sich die Augen?

Aber bei deiner schwangeren Frau, da lässt du dich gerne drauf ein, dass du in den Monaten ein bisschen für sie mitguckst. Ich dachte, solange ich Gudrun ohne gelbe Armbinde mit drei Punkten noch auf die Straße schicken kann, ist das ja gar nicht so schlimm. Aber die Natur hat in der Schwangerschaft bei Frauen einen ganz speziellen Mechanismus eingebaut. Die Sehkraft lässt etwas nach, dafür potenziert sich der Geruchssinn bei Schwangeren um das Tausendfache. Das Riechen gleicht die Defizite beim Sehen aus. Vielleicht ist das ja auch ein evolutionsartiger Schutz unserer Spezies. Stellt euch mal vor, damals in der Steinzeit, da stand Frau Neander hochschwanger am Höhleneingang und wartete auf ihren Neandertaler. Sie winkte ihm schon von Weitem zu. Der sich nähernde Säbelzahntiger war verwirrt: »So nett wurde ich noch nie von einer zukünftigen Beute begrüßt.«

Sie gab ihm noch einen Willkommenskuss mit

der Bemerkung: »Oh, Schatz, ich glaube, du solltest dir mal eine Zahnspange machen lassen.«

Da wären wir Menschen schon ausgestorben, bevor wir überhaupt entstanden wären. Bei meiner Frau war die Wahrnehmungsveränderung extrem. Wir saßen einmal im Biergarten, und plötzlich schnüffelte sie in die Luft: »Wir müssen uns hier wegsetzen.«

»Wieso?«

»Riechst du das nicht?«

»Schnüffel, schnüffel ... nein.«

»Das musst du doch riechen.«

»Es riecht gut, wir sitzen hier in einem schönen alten Biergarten.«

»Da hat jemand vom Tisch da drüben ein furchtbares Parfum, das kann ich nicht riechen. Und einer an demselben Tisch schwitzt unfassbar.«

Ich versuchte es wirklich und sog die Luft ein wie ein alter Bergbauer seinen Lieblingsschnupftabak ...

»Äh, ich rieche nix. Vom Nebentisch?«

»Ja, von dem dahinten am Eingang.«

»Da sind noch zwei weitere Tische dazwischen, und das riechst du?«

»Ja, es ist leider nicht auszuhalten.«

Das waren zwanzig Meter Luftlinie. Ich wusste gar nicht, dass man so weit riechen kann. Ich habe es dann erst mal mit der Angst gekriegt. Ich erin-

nerte mich plötzlich an »Das Parfum«. Der Typ hat
auch alles gerochen, und am Schluss dann: Pofff!
Ich sah kurz meine Frau als Serienkillerin, die lauter
Menschen mit billigem Parfum tötet: »Das Stinken
der Lämmer« oder »Das Schweigen der Stinker«.

»Michl, sei mir bitte nicht böse, aber lass uns
wegsetzen.«

Das haben wir dann auch getan, an einen anderen Tisch ... in einen anderen Biergarten ... gut, wir
haben auch den Stadtteil gewechselt ... vielleicht
sollte ich der Vollständigkeit halber anmerken, dass
wir vorher noch ein paar Kilometer aufs Land rausgefahren sind ... okay, nach Südtirol. Und ich wäre
für meine schwangere Frau auch mit einem Ruder-
boot in Richtung eines anderen Kontinents aufge-
brochen, wenn es ihr Wunsch gewesen wäre! In der
Zeit habe ich mich mal mit einem Zigarrenraucher
angelegt. Selbst ich als Mann habe Zigarrenraucher
nie verstanden. Wofür raucht man was, das länger
brennt als ein Sonnenwendfeuer, und das riecht, als
ob es vor langer Zeit im Keller gestorben wäre – und
nicht mal high macht? Zum Zweck der Gemütlichkeit? Wir saßen in einem Restaurant, in dem ge-
raucht werden durfte, und direkt neben uns zün-
dete sich einer eine Zigarre an in der Größe einer
Dynamitstange. Ich sagte nett zu ihm: »Wir essen
gerade, würden Sie bitte die Zigarre ausmachen?

Außerdem ist meine Frau schwanger, und es ist ja auch für das Ungeborene nicht gesund.«

Der Typ schaute mich an wie ein Baron sein Gesinde: »Des is a Kubaner!«

Der Verteidigungswillen für meine wachsende Sippe verlieh mir Argumentationsflügel: »Ach so. Das glaube ich gern, dass der Fidel Castro so seine Regimegegner entsorgt. Die werden exhumiert, getrocknet und dann, paff paff.«

»Wie bitte?«

»Human tobacco, und deswegen heißt so eine professionelle Zigarrenbox auch Humidor. Warum nennen sie das nicht gleich Urne?«

Leider hatte meine Argumentationskette wohl eine Lücke, denn der kubanische Inhalierer machte keine Anstalten, sein Mundlagerfeuer auszumachen. Da blieb mir als Mann natürlich nur eine Wahl: Auch in Südtirol gibt es gute Restaurants.

Dieser Hyper-Geruchssinn meiner schwangeren Frau hat mich fasziniert. Ich bin ja ein geborener Geruchskrüppel. Männer haben keinen Geruchssinn! Außer vielleicht ein paar Weinriecher – sogenannte Sommeliers –, aber das sind ja auch Männer, die glauben, dass Wein atmet. Unser erstes Parfum haben wir Männer meist mit 16 oder 17 von Mama geschenkt bekommen! In 30 Prozent der Fälle Drakkar Noir. Wenn's der Vater gekauft hat, war es entweder Gammon, Tabac oder Old Spice. Ich hab das mal gegoogelt: Der meistgekaufte Männerduft ist Gammon. Liebe Mädels, schaut mal in die Badezimmerschränkchen eurer Freunde und Männer. Die gleiche Flasche Gammon hat der Durchschnittsmann noch mit 21, wenn er von der ersten langjährigen Freundin einen neuen Duft geschenkt bekommt. Aber Männer können mit Duft nicht umgehen. In den ersten zwei Wochen sprüht man sich dann ein wie Sau, bis irgendwann die Freundin sagt: »Uäch, du riechst so penetrant!«

»Du hast doch gesagt, das riecht gut!«

»Ja, aber das ist wie mit Essen. Nach vier Pizzen kotzt man auch.«

Der Gerechtigkeit halber muss man sagen, es gibt auch bei Frauen Ausnahmen in der Riechhitparade. Frauen, denen wohl schon bei der Geburt die Geruchsknospen entfernt wurden, wurden zu meiner Zeit Verkäuferinnen in den Parfümerieabteilungen großer Kaufhäuser. Und diese Parfümeriedealerinnen stinken. Ich habe mich bei denen immer gefragt: Wie erreicht man diese Perfektion der Duftpenetranz? Füllen die da Parfum ins Parfum? Meist gleich neben dem Haupteingang im Erdgeschoss warteten sie mit ihren grausamen Flakon-Spritz-Waffen auf dich, ready to sprüh. Nach dem Motto:

Nur wer's bis zur Rolltreppe schafft, der darf auch einkaufen! Und die aufgesprühte Penetranz-Legierung hat einen fertiggemacht. Man wäre am liebsten in die nächste Metzgerei gegangen: »Metzger, hack mir den Unterarm ab, es ist besser so!«

Diese Probesprühnoten blieben an einem hängen wie Putzerfische an einem gut genährten weißen Hai. Das ging nicht mehr ab ohne Ganzkörperdusche mit Seife und Kärcher. Und es konnte auch zu Missverständnissen führen. Wenn man heimkam, roch das die Freundin natürlich.

»Du warst bei einer anderen!«

»Nein, ich war bei Karstadt.«

Noch ein Tipp an alle notorischen Ehebrecher: Wenn ihr die Spuren eures Betrugs selbst nicht mehr riecht, glaubt nicht, ihr kommt damit durch. Frauen riechen einen Tausendstel Tropfen »Eau de Duftlos«, selbst wenn ihr vorher noch mal in die Sauna geht oder es mit der anderen in der Sauna gemacht habt. Männern würde so was nie auffallen. Da kann die Frau zehn Minuten nach einem netten Gangbang heimkommen, er riecht nichts. Aber wenn der Mann bei seiner Geliebten war, dann bedeutet das nicht nur leichter Unterhosenwechsel, sondern auch Duftwechsel. Ich habe das schmerzlich gelernt, da war ich 19. Ich hatte eine Freundin, und auch eine andere. Als ich von der anderen zu der einen kam, dachte ich noch scharfsinnig: Die darf das nicht riechen. Wie mache ich das? Das Einzige, was ich in meinem alten Golf Diesel hatte, war ein Tannennadelduftbaum. Einmal kurz nachgedacht: Was hätte MacGyver in so einer Situation getan? Dann habe ich mich mit dem Duftbäumchen eingerieben. Als alter Katholik nach dem Prinzip: Decke die Sünde mit Gestank zu. Ich kam zu meiner Freundin, und schon nach einer Zehntelsekunde roch sie an mir: »Was ist das?«

»Äh, nix.«

»Du warst mit einer anderen Schlampe im Wald!«

»Neeeiiin!«

Und noch eins: Betrüge nie eine schwangere Frau! Erst mal davon abgesehen, dass man wohl keinen perfideren Zeitpunkt wählen kann, einer Frau wehzutun. Sie trägt ein neues Leben in sich, für das man mitverantwortlich ist, und das für eine billige Kurzzeitgeilheit aufs Spiel zu setzen, ist schon dämlich. Aber sie wird es auch riechen mit ihrem potenzierten Geruchssinn, Mannomann, da kannst du dir sicher sein. Du brauchst nur an die andere zu denken und dabei einen Schweißtropfen auszudünsten ... Schnüffeln ... sofortige Analyse: Angstschweiß wegen einer doofen Barschlampe. Der Geruchssinn wird mit zunehmender Schwangerschaft immer schärfer. Ich habe im achten Monat ernsthaft überlegt, meine Frau im Piemont als Trüffelweib einzusetzen. So eine extreme Sinnesfähigkeit könnte man doch auch nutzen – wie in der Fernsehserie »Heroes«, wo es normale Menschen mit übermenschlichen Fähigkeiten gibt, die sich für das Gute in der Welt einsetzen. Zum Beispiel, warum setzen die Hunde ein beim Zoll an der Grenze und an Flughäfen? Da könnte man doch auch Schwangere einsetzen. Die würden auch nicht gleich so auffallen wie Drogenhunde. Die setzt man dann auf einen Hocker beim Security Check, und sie tun so, als ob sie sich wegen ihres Zustandes ausruhen müssten, und dann zack: »Lasst uns seinen Rucksack aufmachen, da sind 6,374 Gramm Cannabis drin.«

Ich habe überall Gudrun vorgeschoben. Als Test- und Riechperson. Wie früher unter Tage in den Kohlebergwerkstollen. Da hatten die immer einen Kanarienvogel im Käfig dabei. Wenn der dann tot umfiel, wusste man, die Kohlenmonoxidkonzentration ist zu hoch, also Gasmaske aufsetzen oder raus hier. Ich kann es nicht oft genug erwähnen: Schwangere sind super. Es ist gut, immer eine bei sich zu haben. Die Umwelt ist nämlich noch viel höflicher zu einem, wenn man in schwangerer Begleitung ist. Schwangere sind die Königinnen der Gesellschaft.

In dieser Zeit haben wir immer den besten Tisch in Restaurants gekriegt. Ein Riesenvorteil, wenn man schwanger ist, ist auch, dass man im Urlaub immer bessere Zimmer bekommt. Babybauch funktioniert ähnlich wie ein »Honeymoon«-T-Shirt. Sofort sind alle freundlich und versuchen, einem alles recht zu machen. Wir haben uns schon gefragt, ob wir uns nicht so einen Anschnallbauch besorgen und den bei jedem Urlaub einsetzen sollten.

Last-Minute-Angebote

Wenige Tage vor der Geburt kriegt man noch Last-Minute-Tipps. Die sind nicht immer hilfreich. Besonders Mütter können grausam sein. Die schildern sich gegenseitig lauthals Geburts-Horrorszenarien und ergehen sich genüsslich in Details.

»Bei uns war es ein fünfzehnstündiger Kampf.«

»Wie, nur fünfzehn Stunden? Bei uns waren es achtzehn, und als der Oberarzt mit der Saugglocke kam ...«

»Dann riss der Damm ...«

»Wollte eure Nachgeburt auch nicht rauskommen?«

Nichteltern drumherum fallen um wie die Fliegen. Danke. Da kriegt man schon ein bisschen Angst vor der Geburt. Man braucht auch nicht alles zu wissen. Eine Hebamme fragte uns mal:

»Wisst ihr, warum Krankenschwestern auf Geburtsstationen privat meist keinen Quark mehr essen?«

»Nein.«

»Bei einem Dammschnitt wird nachher oft Quark draufgeschmiert. Na ja, ich kann verstehen, dass da die Bedeutung von Quark als Nahrungsmittel etwas verliert.«

Was würde da noch alles auf uns zukommen? Ich hatte auch Filme gesehen wie »Das Omen« oder »Rosemaries Baby«. Das half mir aber auch nicht weiter. Bei einem Auftritt in Stuttgart habe ich mal ins Publikum gefragt, wer von den Männern schon mal bei einer Geburt dabei war und wie es für sie so war. Ein Schwabe meldete sich und gab folgenden Kommentar: »Geburt, des isch au net anders wie Hasenschlachten.«

Nur einmal bekam ich einen guten Ratschlag, wie ich mich bei der Geburt verhalten sollte. Wir waren auf einem Sommerfest, und da traf ich auf Marcel Reif, den Fußballkommentator. Und der gab mir einen kryptischen Hinweis: »Michael, ein Tipp, ich habe zwei Kinder, hör mir zu: Wenn das Kind kommt, bleib beim Kopf, bleib beim Kopf, geh nicht nach unten, egal, was passiert, bleib beim Kopf!«

Ich dachte erst, der will mir die Spielaufstellung der deutschen Nationalmannschaft machen. Aber kurze Zeit später saßen wir bei einem Beratungstermin in unserer zukünftigen Geburtsklinik, und

der Arzt schien ein Freund von Marcels Taktik zu
sein. Er blickte mich bedeutungsschwanger an und
riet mir: »Herr Mittermeier, bleiben Sie beim Kopf!
Sie tun sich nichts Gutes. Sie wollen das nicht sehen. Sie sind neugierig, aber Sie wollen das nicht
sehen!«

Noch wusste ich nicht, was ich wollen würde.
Mit kinderlosen Männern braucht man über so ein
Thema erst gar nicht zu reden, die sind da nicht
ganz auf der Wellenlänge. Ich habe einen Kumpel
gefragt, was er tun würde, und der sagte nur: »Klar
gehst du nach unten und schaust. Am besten die
Videokamera an!«

Es soll ja tatsächlich schon Männer gegeben haben, die bei der Geburt mit ihrer Videokamera ge-
filmt haben. Da wird dann kommentiert wie bei
einem Urlaubsvideo: »Wir befinden uns hier vor
der großen Grabkammer! Wir warten auf den großen Augenblick. Oh, guck, ein Maulwurf bahnt sich
seinen Weg. Schatz, wink doch mal!«

So eine Geburt ist vielleicht nicht der ideale Zeitpunkt, den Vater des Kindes abzuschießen, aber
man würde sich doch einiges ersparen. Übrigens
hatte Marcel Reif noch etwas erwähnt, was ich mir
ersparen sollte: »Michael, bleib beim Kopf, und
Nabelschnur durchschneiden, mach es nicht. Das
ist nicht so schön, wie du's dir vorstellst. Die Na-

belschnur, das ist ein bisschen so wie ein Garten-schlauch, richtig zäh und gummiartig, das muss nicht sein.«

Manchmal kamen wir uns vor wie der Briefkasten von »Aktenzeichen XY ungelöst«: »Sachdienliche Tipps und Hinweise bitte an die nächste Schwan-geren-Station.« Einen zentralen Tipp bekamen wir noch last Minute: Wir sollten vor der Geburt un-seres Kindes unsere künftige Erziehungsstrategie festlegen, weil nachher das Hirn weich wird. Eltern geben im Kreißsaal ihr Hirn ab, und die meisten vergessen es auch dort. So wäre zu erklären, dass El-tern alles toll finden, was ihre Nachkommen so ver-anstalten. Egal, was die Kinder machen, alles ist was Besonderes. Der Kleine kommt an und hat auf ein Blatt Papier etwas völlig Undefinierbares gekritzelt.

»Mami, ich habe das für dich gemalt.«

»Ui, das ist aber schön. Was ist denn das?«

»Das bist du, Mama!«

»Das hast du aber toll gemalt, mein Kind!«

Als Noch-Kinderloser dachte ich immer, das geht doch eigentlich nicht. Was soll denn dieses Kind in so einem Fall lernen? Da müsste man doch norma-lerweise ehrlich sagen: »Geh in dein Zimmer, mal etwas, was man erkennen kann, und dann kannst du wiederkommen!«

Man kann Kinder nicht für alles loben. Später dann mal im Arbeitsleben, glaubt da wirklich jemand, dass zum Beispiel der Chef reinkommt und flötet: »Ja, das haben Sie aber fein gemacht! Soll das ich sein?«

Immer nur loben ist nicht gut für das weitere Leben. Spätestens beim Bund wird es schwierig. Nicht jeder kann verweigern, nicht jeder hat ein Gewissen. Und dann steht man da, und es gibt keine verschiedenen Wahlmöglichkeiten wie bei der Schule: Rütli oder Montessori. Nein, Bund ist Bund. Da gibt es nicht Kommiss oder Full Metal Waldorf!! Wäre natürlich schon reizvoll, Full Metal Waldorf, die neue Eliteeinheit der Bundeswehr. Da steht dann der Ausbilder und schreit die Rekruten an: »Den Falschen erschossen, aber das macht nichts, das war sehr kreativ!«

Wenn die Waldorf Marines mit Holzgewehren nach Afghanistan geschickt würden, gäbe es bei der UNO-Bunthelmtruppe einen anderen Umgangston: »So, jetzt nehmen wir uns an den Händen, tanzen den Namen der Einheit, und dann durchsuchen wir ein paar Rebellenhäuser, aber nicht drängeln.«

Nur Folter im Waldorf-Style wäre wohl nicht ganz so effektiv: »Rekrut, jetzt ziehst du den wieder an, nimmst ihm die Elektroden ab, und dann entschuldigst du dich bei dem Taliban!«

Man kann Kinder nicht für alles loben. Ein Mantra, das ich mir vor der Geburt noch eingetrichtert habe. Ich hatte schon Angst, dass auch ich die kritische Distanz zu meinem Kind verliere – zipp. Als Katzenbesitzer ist man da emotional vorbelastet. Auf Kinder und Katzen reagieren Erwachsene meist ähnlich dämlich. Als ich beispielsweise zum ersten Mal mit meinem Kater Neo zum Tierarzt gegangen bin, fragte mich ein Typ im Wartezimmer: »Ist das eine Katze?«

»Nein, das ist ein Wildschwein. Aber das habe ich in ein ganz enges Fellkostüm gezwängt, und jetzt sieht es aus wie eine Katze!«

Ich wüsste nicht, wie ich reagieren würde, wenn ich mal mit meinem Kind zum Kinderarzt komme und dann so eine blöde Frage höre: »Ist das Ihr Kind?«

»Nein, das ist aus Polen, das soll nur mal sehen, wie schön es hier in Deutschland ist.«

Viele Mütter würden gerne mal blöd antworten, wenn sie so blöde Fragen kriegen. Beispielsweise, man kommt zum Kinderarzt rein ins Wartezimmer, und auch dort ist man nicht verschont vor intelligenten Fragen: »Ist Ihr Kind auch krank?«

»Nein, aber es sieht gern andere Kinder leiden! Schau mal, der Kevin da, der stirbt bald, hehe.«

So, jetzt habe ich ein ganzes Kapitel zum Thema Erziehung, Tipps und Ratschläge geschrieben, aber selber noch keine gegeben. Mit gutem Grund. Jeder muss selbst herausfinden, was der richtige Weg ist. Meine beste Vorbereitung war der zweistündige Paar-Geburts-Crashkurs etwa drei Wochen vor dem Geburtstermin. Danach hatte ich keine wirkliche Angst mehr, weil ich dabei kapiert hatte, was alles bei der Geburt so ablaufen wird, technisch, physisch und psychisch. Wir waren gewappnet. Es sollte unser größtes Abenteuer werden.

You now enter the birth zone ...

III. ACHTUNG BABY!

Terminschwierigkeiten

Früher kamen Kinder einfach auf die Welt, und wenn sie da waren, dann waren sie da. Was ich bis heute noch nicht wirklich verstanden habe, ist die Berechnung des Geburtstermins. Das einzig Gute ist, dass das Baby auch ohne Ahnung davon auf die Welt kommt. Dem Baby sind Terminvereinbarungen nämlich scheißegal. Viele Gynäkologen und Hebammen nehmen als allgemeingültige Berechnungsgrundlage immer noch die Rechenregel des Heidelberger Frauenarztes Franz Naegele (bitte jetzt keine billigen Namenswortspiele). Sie stammt aus dem 19. Jahrhundert. Wirklich wahr! Da denkt man sich, dass die heutige Medizin doch ein paar Fortschritte in der Geburtsdiagnostik gemacht haben müsste, vor allem in den vergangenen beiden Jahrhunderten, und dann wird da abgerechnet mit einer über 150 Jahre alten Formel. Also die Naegele'sche Regel legt den Entbindungstermin folgendermaßen fest: Das Datum des ersten Tages der letzten Monatsblutung plus sieben Tage minus drei Monate. Verstanden? Ich weiß noch, als wir das erste Mal bei der Frauenärztin waren und die uns das so ausgerechnet hat. Vor ihr saßen zwei hibbelige Glückshormonhaufen mit kompletter Rationalitätstrübung. Wir nickten beide: »Ja, ja, jetzt wissen wir was!«

Ich hatte das Gefühl, jetzt kommt gleich ein Sioux-Schamane rein und wirft mit Hühnerknochen um sich, um das Geschlecht zu bestimmen. Das mit dem »minus drei Monate« am Ende der Regel kam mir dann doch ein bisschen seltsam vor. Eine rückläufige Schwangerschaft? Kann man nur verstehen, wenn man den Film »Das seltsame Leben des Benjamin Button« gesehen hat. Brad Pitt spielt da einen Typen, der als alter Mann geboren wird und in seinem Leben sich wieder zum Säugling zurückentwickelt. Klingt schräg? Ich glaube schon, dass man für so ein Drehbuch Drogen einwerfen muss.

In unserem Rechenfall nehmen wir drei Monate weg, und dann zählen wir wieder zwölf Monate dazu, dann hat man den Termin wieder in der aktuellen Zukunft. Es gibt auch Gynäkologen, die zählen einfach 281 Tage vom Tag der letzten Regel dazu, und dann ist das der Termin. Halt, ich habe noch eine Zusatzinformation vergessen, die man für so eine Berechnung braucht: Der erste Tag der letzten

Regelblutung muss zur Berechnung bekannt sein. Und als weitere Grundlage geht man davon aus, dass der Eisprung am 14. Zyklustag stattgefunden hat, bei einem 28-Tage-Zyklus. Wenn man sich nicht ganz sicher ist, wann die letzte Regel genau war oder welchen Zyklus man überhaupt hat, kann man allerdings auch ganz anders rechnen. Man nehme den Tag der Befruchtung und zähle 267 Tage dazu, das ist dann der Geburtstermin. Da muss man natürlich wissen, wann das Kind gezeugt wurde. Da das ja eh nur während etwa drei Minuten im Monat geht, müsste man das ja rausfinden können. Noch viel einfacher geht es laut Internet so: »Viele Frauen wissen den genauen Tag der Konzeption aufgrund der geführten Basaltemperaturkurve, weil sie ihren Eisprungtag oder den Kohabitationstermin genau kennen. In diesem Fall wird der Geburtstermin ›post conceptionem‹ bestimmt.« Alles klar, und die Welt ist eine Scheibe. Ach, und bei diesem Modell wird dann wieder gerechnet: Konzeption minus sieben Tage, minus drei Monate, plus ein Jahr. Gudrun und ich haben alle Rechenarten durchprobiert und kamen auf drei verschiedene Geburtstermine. Warum gibt es all diese verwirrenden Zusatzinformationen? Wieso schauen Frauenärzte nicht einfach bedeutungsschwanger auf das Ultraschallbild, murmeln ein paar Zahlen vor sich hin und sagen dann einfach irgendeinen Termin? Es interessiert keine Sau, wie sich das herleitet. Aber offenbar ist es beim Geburtstermin wie bei einer Mathematikprüfungsaufgabe. Das richtige Ergebnis alleine reicht nicht, es gibt auch Punkte für die Herleitung. Aber kommen wir mal zum Endergebnis: Die Frauenärztin sagte, dass nur etwa vier Prozent aller Babys pünktlich an dem jeweiligen errechneten Entbindungstermin kommen. Die meisten kommen in den 14 Tagen vor oder nach diesem Termin. Ich weiß nicht, ob zum Beispiel die Erben vom Naegele Franz für seine Geburtsgrundrechenart immer noch Tantiemen bekommen, aber wenn zum Beispiel ein Biathlet eine vierprozentige Trefferquote hat, dann werden ihm die Ski weggenommen. Unser Geburtstermin war übrigens der 19. Dezember 2007. Gott sei Dank noch vor Weihnachten! Da wird uns unser Kind wenigstens nicht gleich bei der Geburt hassen. Wenn man am 24. Dezember geboren wird, ist man eine arme Sau. Ein Leben lang kriegt man sein Geburtstagsgeschenk mit dem Hinweis: »Das ist auch gleich dein Weihnachtsgeschenk. Wir haben dafür ein großes gekauft.« Eine der größten Elternlügen der Geschichte. Das wäre, als ob der Mann im Bett zur Frau sagen würde: »Der eine Orgasmus zählt für zwei.«

Meine Frau ist eine schwer Geburtstagsgeschenkbetroffene. Sie hat am 30. Dezember Geburtstag. Nicht mehr Weihnachten und noch nicht Silvester. Ein Zwischenuniversum, wie eine Transe auf dem Mädelsklo. Alles zwischen Heiligabend und Silvester ist als Geburtstag nicht zu empfehlen. Da waren wir mit dem 19. Dezember ja gerade noch gut dabei. Da ging es um gar nichts. Die Vorweihnachtszeit sollte entspannt werden. Bis ich feststellte, dass ich noch vom 10. bis 13. Dezember einen Tourblock in der Schweiz hatte. Unsere Frauenärztin meinte, das sollte schon noch gehen. Das erste Kind kommt selten früher. Ich habe mir dann eine Klausel in die Auftrittsverträge reinschreiben lassen, dass ich zu jeder Minute abbrechen kann, falls ich einen Notfallanruf kriegen würde. Ich wäre auch während einer Show losgefahren. Das wäre sicher lustig geworden: Ich haue ab mit den Worten »mein Baby kommt«, und die Zuschauer bleiben noch zwei Stunden sitzen, weil sie glauben, das gehört mit zur Show. Einen Liveauftritt kann man später nachholen. Aber die Geburt ist einmalig, da kann man nicht mehr zurückspulen. Ich habe mal einen Kollegen getroffen, der es nicht mehr zur Geburt seines Kindes geschafft hat, weil er einen Auftritt im Ausland hatte und das Baby zwei Wochen zu früh kam. Und obwohl er keine Schuld trug, sagte er zu mir, er würde alles tun, um die Zeit zurückdrehen zu können. Bei meinen Terminen in der Schweiz stand hinter der Bühne immer ein Fahrer bereit, der mich in drei Stunden nach München gebracht hätte. Ich kann mich noch an meine Heimfahrt vom letzten Auftrittstermin in Arosa am 13. Dezember erinnern. Sofort nach der Vorstellung bin ich ins Auto und los – ohne Notfallanruf. Ich wollte kein Risiko mehr eingehen. Gudrun war sehr erleichtert, als ich ein paar Stunden später in dieser Nacht neben ihr im Bett lag. Wir waren bereit.

Kreißsaalführung

Die Tasche war gepackt, das Auto vollgetankt, und Gudrun wollte nicht mehr schwanger sein. Sie sagte: »Man ist der gleiche Mensch im Körper einer gut genährten Sumo-Ringerin.« Einmal läutete es an unserer Tür, Gudrun sprang von der Wohnzimmercouch auf und spurtete zur Tür. Schnaufend wie eine Lok stand sie dort vor dem UPS-Mann, der sie seltsam beäugte. Gudrun erklärte mir, dass sie während einer körperlichen Betätigung oft vergesse, dass sie nicht mehr Bambi, sondern Moby Dick sei. Ich habe zu ihr gesagt, dass man noch kaum was sehe und dass es dem UPS-Mann sicher nicht aufgefallen sei, dass sie ein bisschen zugenommen habe. Wir waren relativ ruhig während dieser Tage vor dem errechneten Entbindungstermin. Zum Glück hatten wir die richtige Geburtsklinik gefunden, und das ist ebenso wichtig wie die richtige Hebamme. Das Problem ist, dass Kliniken mit gutem Ruf völlig überlaufen sind von geburtswilligen

Wesen. Und so berechnet man die Chance, einen Platz in einer guten Klinik zu bekommen: Tag der Zeugung plus sieben minus fünf Wochen. Die Wahl des Krankenhauses für die Entbindung trifft man am besten kurz nach dem Poppen. Gudrun sagte sofort: »Ich glaube, heute hat es geklappt, lass uns schon mal die Klinik anrufen. Die haben eine zehnmonatige Wartezeit.«

Zehn Monate. Klingelt da was? Wenn nicht, lest einfach weiter. Den Fahrweg zur Geburtsklinik hatte ich einige Male abgefahren, um die Zeiten zu checken. Ich wollte nichts dem Zufall überlassen. Ich habe dann zusätzlich Kontakt zu einem Computerhacker aufgenommen, der mir versichert hat, er könne sich wie in dem Film »Eagle Eye« ins Netz der Münchner Verkehrsüberwachung einhacken und im Notfall alle Ampeln auf dem Weg von unserem Haus zum Krankenhaus manipulieren und auf Grün schalten.

Dann machten wir noch eine Kreißsaalführung mit. Das war ein bisschen so wie in früheren Zeiten, wenn ein Feldherr das Schlachtfeld am Abend vorher abschritt, um zu sehen, wie die Chancen stehen. Ich weiß auch nicht, was ich für eine Vorstellung davon hatte. Ein großer Raum mit einem riesigen Stapel frischer Handtücher und einem riesigen Bottich mit heißem Wasser? Oder kühle OP-

Saal-Atmosphäre mit verblichenen Kinderbildern? Früher waren das Räume, wo sich auch ein ambitionierter Metzger wohlgefühlt hätte. Aber da hat sich inzwischen einiges geändert. Im Geburtszimmer stand ein überbreites gemütliches Bett mit allen möglichen Features und Stütz- und Lagerungsvariationen. Es sah aus wie ein Bett aus dem Beate-Uhse-Katalog.

»Michl, ist das nicht schön, da kannst du dann nachts neben mir liegen.«

»Äh, ja, super.«

Die Reiseleiterin sprach weiter: »Und hier in der Entbindungslandschaft stehen Ihnen zahlreiche Entbindungsmöbel zur Verfügung.«

Ich bekam einen Flash, das sah alles ein bisschen aus, als ob jemand, nachdem er das Kamasutra durchprobiert hatte, eine eigene Möbelkollektion entworfen hätte.

»Gebärhocker, Gebärstühle, Bodenmatten, Pezzi-Bälle und das Roma-Rad. In dem Roma-Rad kann man in rhythmisch schaukelnden Bewegungen Wehen veratmen.«

Jeder gute Swingerclubbesitzer würde weinen, wenn er diese Ausstattung sehen würde. Ich war auch beeindruckt von der riesigen Badewanne mit Seiteneinstieg. Obwohl mir Unterwassergeburten immer suspekt waren. Ich hätte da Angst, dass das

Baby ertrinken könnte, wenn der Kopf schon raus ist, aber die Schultern noch drinstecken. Ich habe mich aber nicht getraut, die Reiseleiterin bei der Kreißsaalführung zu fragen, ob so etwas wirklich passieren könnte. Ich hatte Angst, dass alle Frauen mich blöd anschauen würden. Frauen bekommen nämlich bei dem Wort »Badewannengeburt« immer so verzückte Augen. So habe ich das später nachgegoogelt und dabei etwas wirklich Interessantes in Erfahrung gebracht. Das Baby kann nicht ertrinken, weil seine Lunge im Mutterleib noch zusammengepresst ist. Erst nach der Geburt beim ersten Schrei bläht sich die menschliche Lunge zu voller Größe auf. Die Natur ist schon der Wahnsinn. Wenn so ein Baby bei der Geburt unter Wasser gehalten werden würde, könnte es dort erst mal wie ein Fisch leben? So wie früher im Fernsehen Patrick Duffy in »Der Mann aus dem Meer«? Patrick Duffy war dann später auch Bobby Ewing. Und der war definitiv zu lange unter Wasser.

Die Kreißsaalführung ging weiter, und ein Ehemann fragte, wo denn im Notfall die ganzen Geräte seien. Es war ja so, dass das Zimmer bis auf das überdimensionale Schnickschnack-Bett aussah wie ein gemütliches, in Lindgelb-Orange gestrichenes Hotelzimmer. Auf die Frage hin öffnete die Reiseleiterin die Vertäfelung an der Wand. Irgendwie kamen wir uns vor wie in »Matrix«. Das, was wir sahen, war nicht die Wirklichkeit, sondern nur eine Beruhigungsoptik. Es sollte uns nur einlullen. Dahinter regierten die Maschinen. Und was für welche. Hinter der Vertäfelung standen Geräte wie in einem klingonischen Raumschiff. Ich war beeindruckt und fürchtete mich gleichzeitig: »Wie? Das braucht man alles bei einer Geburt? O mein Gott. Aber wenigstens haben die das dann da, wenn sie es vielleicht brauchen.«

Männer müssen die ganzen Maschinen sehen, damit sie die Angst vor der Geburt abbauen können. Frauen reicht es, wenn eine nette, kompetente Hebamme am Tisch in der Ecke sitzt, häkelt und Ruhe ausstrahlt.

So sahen der Feldherr und die Feldfrau das Gelände als ideal für ihre Zwecke der Geburtsführung an und konnten beruhigt von dannen ziehen.

Herrengedeck

Bei der Kreißsaalführung haben sie uns auch noch mal den Ablauf einer Geburt in all ihren Facetten geschildert. Ich bekam den Eindruck, dass sich so etwas nur ein Mann hatte ausdenken können. Guter Gott, stimmt ja. Männer waren sicher auch federführend bei der Bestimmung der Geburtsbegrifflichkeiten. Der Ausdruck »Niederkunft« zum Beispiel stammt sicher von katholischen Frauenhassern. Kommt »Wehen« eigentlich von »weh«? Die Wehen leiten die sogenannte »Eröffnungsphase« bei der Geburt ein, die sollen den Muttermund öffnen, damit da später das Baby durchkann. Ich weiß, jetzt wird es etwas technisch, aber da müsst ihr durch. Wenn der Muttermund nicht etwa zehn Zentimeter aufgeht, nützen alle Wehen nichts, dann kann das Baby nicht kommen. Sollte zum Beispiel der Muttermund nur so sechs bis sieben Zentimeter aufgehen, dann nennt man das tatsächlich die »Sechs-bis-sieben-Zentimeter-Krise«. Wir

Männer kennen das. Und jetzt kommt die ganze geballte Kreativität sensibler Männer: Wenn der Muttermund sich genügend geöffnet hat, beginnt der eigentliche Geburtsvorgang, und den nennt man die »Austreibungsphase«. Das hat nichts mit dem Film »Der Exorzist« zu tun. So heißt tatsächlich die Phase, wenn das Kind langsam durch den Geburtskanal Richtung Licht der Welt wandert. Und das Folgende ist sicher auch in einer Männerkneipe entstanden: Früher war es häufig üblich, die Geburt mit der künstlichen Öffnung der Fruchtblase einzuleiten. Wir informierten Eltern wissen, je länger die Fruchtblase intakt ist, desto besser für das Kind, aber das nur so am Rande. Die Öffnung der Fruchtblase trägt den schönen Namen »Blasensprengung«. Ich habe es beim ersten Mal auch nicht glauben können. Man denkt sofort an wahnsinnige Ärzte, die in ihrem früheren Leben IRA-Sprengstoffexperten waren. »Blasensprengung«. Wie sollte ich mir das denn vorstellen? Und in der Austreibungsphase kommen dann die »Presswehen«. Für Outsider: Wehen generell sind wie Wellen, aber nicht so Weicheiwellen, mehr so Mörderwellen vor Hawaii, wo sich selbst die härtesten Surfer nicht raustrauen. Auch der Ausdruck »Presswehen« wurde sicher nicht von Frauen erfunden. Auch wenn der Geburtsvorgang heftig ist, kann man dann nicht wenigstens die Beiworte ein bisschen blumiger wählen? Mir haben diese Worte Angst gemacht. Ich hätte da mal ein paar Vorschläge ...

– Austreibungsphase – Baby-Wander-Phase
– Presswehen – Drück-dich-Phase
– Blasensprengung – Eröffnungsblase

Aber diese Männerausdrücke gibt es schon ewig. Und dann kommt noch so eine Männeridee, die sich seit etwa 200 Jahren eingebürgert hat: Geburt im Liegen. Ich habe früher gedacht, dass es natürlich ist, wenn die Frau bei der Geburt im Bett liegt. So wird es immer in Film und Fernsehen suggeriert. Noch beim Geburtsvorbereitungskurs hat uns die Hebamme gesagt, Liegend-Geburten seien anatomisch das Dümmste, was man machen kann. So sei es für die Frau nur mehr Quälerei. Seit Jahrtausenden wissen die Menschen, dass eine Geburt im Sitzen eigentlich natürlicher und ungefährlicher ist. Die Frau braucht so weniger Kraft, da das Baby durch die Schwerkraft seines Gewichtes »mitschiebt«. Mir kam das bei dem Kurs auch alles sehr logisch vor, und nun verstand ich die vielfältige Ausstattung des Entbindungsraumes. Keine schnöde Sexstimulierung, sondern echte Geburtshilfe. Deshalb empfiehlt es sich für einen Mann, die verschiedenen Gebärpositionen zu lernen, damit man nachher nicht ungelenk dasteht wie ein Turnbeutelvergesser, der Hilfestellung am Reck leisten soll. Wenn Gott gewollt hätte, dass Geburten im Liegen stattfinden sollen, würden sich auch Hühner zum Eierlegen auf eine Latexmatratze legen. Bis zum 18. Jahrhundert waren diverse vertikale Geburtspositionen die Regel, aber ab dieser Zeit wurde die Hebammengeburtshilfe von ärztlicher Geburtshilfe ersetzt. Ärzte, also Männer, bestimmten den Geburtsverlauf. Es gibt da noch eine abgefahrene Theorie, die ich gehört habe, die erklärt, warum die Frauen ab einer bestimmten Zeitepoche horizontal gebaren: Ludwig der XVI. empfand beim Sex immer die größte Lust, wenn er alles genau anschauen konnte. So befahl er seinem Leibarzt, er solle bei seinen Frauen die Babys im Liegen holen. So konnte er sich währenddessen davor auf einen Hocker setzen und beobachten. Oh, oh! Da hätte er vorher mal mit Marcel Reif sprechen sollen. In der Bevölkerung sprach sich dann diese Praxis rum. Viele dachten, wenn der beste Arzt des Landes Horizontalgeburten empfiehlt, wird das wohl das Richtige sein. So ist das immer mit Trends, einer macht was vor, und alle machen es nach. Ich habe mich oft gefragt, an welchem Punkt wir das Arschgeweih hätten verhindern können. Erst in den Siebzigerjahren

gab es mehr Hebammen, die wieder auf alte Gebär-
methoden zurückgriffen und zum Beispiel den Gebärhocker wieder einsetzten. Anfangs ernteten sie
in Krankenhäusern kein Lob. Da gab es Ärzte, die
erklärten: »Wir sind hier nicht bei Indianern oder
irgendwelchen Naturvölkern, wir sind zivilisiert.«

Nur gegen große Widerstände haben mutige
Hebammen ihre Ideen der natürlichen Gebärpositionen durchsetzen können. Manche wurden
beschimpft, als ob sie Hexen wären »mit ihren un-
natürlichen Methoden«. Wenn diese Hebammen
sich durchsetzten und zum Beispiel Gebärhocker
ausprobierten, wurde manchmal im Nebenzimmer
trockenes Reisig zu einem brennfertigen Haufen
aufgeschichtet. So Geschichten haben selbst mich
als Komiker überrascht. Manchmal ist die Realität
absurder als die Satire. Es bleibt ja auch die Frage
offen, warum ließen Ärzte in den vergangenen 200
Jahren Frauen bei der Geburt liegen? Damit sie von
Männern besser beherrschbar sind? Die Zeiten ändern sich in allen Bereichen. Ich finde es auch traurig, dass bis vor 30 Jahren die Väter bei der Geburt
nichts zu suchen hatten. Heute finden wir uns als
Geburtshelfer wieder – auch wenn der eine oder andere danach ein halbes Jahr psychologische Betreu-
ung braucht, um das zu verarbeiten.

Wir warten aufs Christkind

Wir waren am 19. Dezember so was von bereit. Wir, das hieß Gudrun und ich. Lilly schien ihren Geburtstag anders berechnet zu haben. Es kamen keine Wehen am 19., auch nicht am 20. oder am 21., 22. oder 23. Also doch ein Weihnachtskind? Ich dachte, wenn schon, dann müssen wir das mit einem echten Kripperl feiern. Also habe ich eine Krippe in Originalgröße gekauft und zu Gudrun gesagt: »Damit können wir nach der Rückkehr aus der Klinik Weihnachten mal ganz realistisch nachspielen.«

»Michl, du spinnst.«

Ich konnte sie nicht überzeugen. Besonders genervt war sie von dem echten Esel und dem Ochsen in der Garage. Ich hatte auch noch drei arbeitslose Nikoläuse als Heilige Drei Könige engagiert. Die sollten dann vor unserem Haus auf uns warten und rufen:

»Melchi!«

»Kasperl!«

»Balthi!«

»Yo man, a fucking baby!«

Daraus wurde nichts, weil nichts passierte. Lilly kam nicht am 24. Dezember. Auch nicht am 25. oder 26. An dieser Stelle ein kleiner Tipp: Erzählt nie den genauen Geburtstermin. Haltet das immer offen. Man will es in so einer Situation nicht mehr, dass täglich Eltern, Verwandte, Freunde und Bekannte anrufen und nachfragen: »Is scho do? Is scho do?«

Das schafft nur unnötigen Druck. Wir haben den Anrufbeantworter ausgesteckt und die Handys auf lautlos geschaltet. Abends lagen wir oft im Bett und sprachen mit Lilly. Das hatte schon etwas Surreales, dass man so auf einen Bauch einredete mit Worten wie: »Bitte komm bald raus. Wir würden dich gerne kennenlernen. Es ist alles vorbereitet, und wir haben sogar schon eine Wärmelampe aufgehängt.«

»Auch wenn sie etwas hoch hängt.«

»Michl!«

Es gibt ein Sprichwort zur Geburt: »Mädchen brauchen oft ein bisschen länger, weil sie sich noch hübsch machen müssen.« Aber wie stelle ich mir das in der Realität vor? So eine Embryo-Frau antwortet auf die Lockungsversuche ihrer werdenden Eltern mit dem Standardsatz der weiblichen Zunft:

»Ich kann nicht raus, weil ich nichts anzuziehen hab.«

»Probier es doch mal mit dem Käseschmiere-Outfit.«

Und was machen die Embryos dann, um sich schön zu machen? Wenn Babys rauskommen, schauen sie nie so aus, als ob sie gerade noch eine Behandlung im »Placenta Beauty Studio« gekriegt hätten. In der Klinik wollten sie nicht, dass wir unsere Erwartungen zu hoch steckten, und sagten: »Nicht jedes Kind sieht ideal aus!«

»Was ist nicht ideal? Wie ein Engländer, der drei Wochen ohne Sonnencreme auf Mallorca war?«

Der 27. Dezember wäre für uns ideal gewesen – aber der Tag war nicht entscheidend: Wir hätten uns gefreut, wenn Lilly überhaupt mal auf eine Geburt vorbeigeschaut hätte.

Wenn ein Baby mehr als eine Woche überfällig ist, muss man täglich zum Check in die Geburtsklinik. Da hing dann meine Frau am CTG, dem Herzton- und Wehenschreiber. Viel zu schreiben hatte der Wehenschreiber aber nicht, außer ein paar Vorwehen, die leicht vorbeiwehten, war da nichts. Aber plötzlich ertönte ein ganz anderer Soundtrack aus dem Nebenzimmer. Da wir uns in einem Zimmer der Geburtsabteilung befanden, waren wir von Kreißsälen umzingelt, in denen entbunden wurde.

Gudrun lag auf der Liege, ich saß neben ihr, und plötzlich zerrissen Schreie die Stille: »Aaaaaaaaah aaah aaaaaaah!«

Wir konnten es nicht richtig orten und einschätzen. Es hörte sich an wie Todesschreie. Vielleicht hatte einer den Fernseher zu laut eingestellt, und da lief »Das Todescamp der Verdammten«? Die Hauptdarstellerin hatte wohl nicht mehr lange vor sich. Wir riefen die Beleghebamme und fragten, was da los sei, und sie sagte, dass im Nebenzimmer gerade ein Kind geboren wurde. Danke für die Information. Wir bekamen Angst, vor allem natürlich meine Frau. Gudrun sagte hoffnungslos: »Gibt es ein Zurück?«

Was passierte da bei der Geburt? Die Schreie wurden immer intensiver und heftiger. Die Eso-Hebamme hatte uns damals beim MSDS noch erzählt, wenn Frauen Wehen bekämen, klinge das ein bisschen wie Walgesänge. Das hier waren aber keine entspannten Wale auf Planktonjagd. So musste sich das wirklich anhören, wenn japanische Walfänger ihre Arbeit im Dienste der Wissenschaft verrichten: »Aaaaaaaaah aaah aaaaaaah!«

Habt ihr schon mal einen Löwen in freier Wildbahn brüllen hören? Das war bis dahin das Lauteste, was ich je auf Gottes Erden von einem Lebewesen gehört habe. Wir saßen mal in Tansania in einem Safari-Jeep und hörten, wie ein Löwe neben uns sein Revier akustisch absteckte. Uns klappten die Ohren nach hinten weg, da gehst du echt einen Tag am Wasser und willst nachher nur noch Antilopen streicheln. Diese Erinnerung schien uns nur wie ein kleiner hörbarer Schatten von dem, was aus dem Nebenzimmer zu uns drang. Und da war ja sogar noch eine Wand dazwischen. Tagelang saßen wir immer für zwei Stunden in der Klinik und konnten unsere nahe Zukunft hören. Das ist auch der Moment, in dem man anfängt, über eine Vollnarkose nachzudenken. Wenn das wirklich so schlimme Schmerzen sind? Aber die Natur hat das gut eingerichtet, dass Frauen die Kinder bekommen. Wenn Männer die Kinder bekämen, würden sie sich wahrscheinlich ab dem Tag der Kenntnisnahme der Schwangerschaft krankschreiben lassen. Bei vollem Lohnausgleich. Ab der 20. Schwangerschaftswoche würden sich dann die Burschen eine PDA legen lassen. Mit einem Dauerkatheter bis zur Geburt. Oder gleich in ein künstliches Koma versetzen lassen. Nach ein paar Monaten aufwachen und bloß noch fragen: »Und? Ist es da?«

Und wieder taucht das Zauberwort PDA auf. Ein Tipp, das ist keine neue amerikanische Krimiserie wie »L. A. PDA – Los Angeles Police Department A«. Ich kann auch verraten, dass es kein Tauchverband ist.

»Aaaaaaaaah aaah aaaaaaah!«

Die Schreie der Geknechteten drangen wieder zu uns herüber. Nach drei Tagen wich die Angst einer Art Galgenhumor. Wir konnten mittlerweile die verschiedenen Schreitypen voneinander unterscheiden:

1. Christliches Leiden
2. Ehrliches Sauersein
3. Herr der Ringe Teil III, Entscheidungsschlacht

Nach etwa zehn akustischen Geburten konnten wir schon prognostizieren: »In einer halben Stunde ist die durch.«

»Nein, nie.«

»Doch, hörst du nicht die Höhen am Ende der Schreie?«

»Ich wette eine Kiste Champagner dagegen.«

Gudrun machte dann den Vorschlag: »Wir könnten uns jetzt bei ›Wetten, dass..?‹ bewerben: Wetten, dass wir es schaffen, die verschiedenen Schreiarten von zehn Geburten den diversen Geburtsphasen zuzuordnen?«

»Das könnte aber daran scheitern, dass die das nicht schaffen, gleichzeitig zehn gebärende Frauen ins Fernsehstudio zu bringen.«

»Hey, das wäre dann doch eine gute Saalwette!«

Der Humor diente uns zur Entspannung der Situation. Wir führten so manche surreale Unterhaltung. Und einmal, ich weiß gar nicht, bei welchem Thema wir waren, sagte Gudrun zu mir: »Michl, du bist ja ein Kaiserschnittkind.«

»Ja, und?«

»Ja, und bei einem Kaiserschnittkind, da weiß man ja ...«

»Was?«

»Die haben Schwierigkeiten mit emotionalen Bindungen.«

»Hä?«

Ich dachte mir, fang jetzt bloß keine Beziehungsdiskussion mit einer fast zwei Wochen überfälligen Schwangeren an. Einen schlechteren Zeitpunkt kann man nicht wählen. Das wäre, als ob man die Braut bei der Hochzeit am Altar fragen würde, ob man als Verheirateter auch noch andere Brüste anfassen dürfe. Schwierig. Ich hatte mir noch nie darüber Gedanken gemacht, ob man als Kaiserschnittkind anders ist. Eine der Hebammen erklärte: »Ja, Kaiserschnittkinder brauchen gewöhnlich immer Action im Leben, das sind mehr so Danger-Seeker und Bungee-Jumper.«

»Ich habe Höhenangst.«

Dann fiel mir aber ein, dass ich 2005 trotz meiner Höhenangst in Kambodscha auf den höchsten Turm des Angkor-Wat-Tempels geklettert bin, obwohl das eine steile Stufentreppe ohne Geländer war. Es hat etwas gedauert, aber ich bin hoch. Ich habe es für Angelina Jolie getan! In »Tomb Raider I« ist die da wie nichts diese Tempelmauern hoch. Und ich dachte mir, wenn die mich mal anruft, kann ich auch nicht sagen, ich hätte Höhenangst.

Unsere Gedankenwelt während dieser Tage in der Klinik, zwischen dem Geburts-Dolby-Surround-Soundtrack und der eigenen Wehenlosigkeit, ging langsam in so eine Art Twilight-Zone über. Vorfreude und Angst wechselten sich ständig ab. Täglich fuhren wir wieder nach Hause, und da saßen wir wieder und sprachen mit Lilly im Bauch. Warten auf Wehen. Das neue Jahr kam immer näher. Wir haben alle natürlichen von Hebammen empfohlenen Wege versucht, um richtige Wehen auszulösen. Unsere Favoriten: Sex und ein halbes Glas Rotwein. Das Schlimme daran war, dass ich dann immer mitgesoffen habe. Weil ich nicht fahren musste, oder sollte ich besser sagen, nicht gebären musste. Das wäre auch so eine Frage beim Abendessen: »Wer gebiert heute?«

»Du, Schatz, lass mich das machen, ich muss morgen eh aufstehen und nüchtern sein.«

Wir warteten und warteten auf Lilly wie kleine Kinder auf die Bescherung an Weihnachten. Wir waren so voller Vorfreude. Das Eigentlich-nicht-mehr-warten-Können ist ein flirrender Zustand und auch ein wunderschönes Gefühl. Man sieht sich noch den letzten Film zu zweit an (es war tatsächlich ein Weihnachtsfilm) ... Früher, als wir noch Kinder waren, hieß es an Weihnachten immer, die Bescherung gibt es erst, wenn wir vorher noch auf der Blockflöte zusammen Weihnachtslieder spielen. Ich hätte es am 28. Dezember wirklich versucht, wenn ich meine alte Blockflöte noch gefunden hätte.

Jetzt geht's los!

Nach zwei Fehlalarmen am 29. und 30. Dezember, inklusive Übernachtung und Frühstück, fuhren wir am 31. Dezember wieder in die Klinik, und es war klar: Heute wird die Geburt eingeleitet. Nach zwölf Tagen war es an der Zeit. Gudrun kam mittags an den Wehentropf. Das sind keine bösen Medikamente, die da einer Frau zugeführt werden, sondern ein körpereigenes Enzym, eine Art Liebeshormon, aber in höherer Dosierung. Die Hebamme erklärte, das sei ein Stoff, der beim Menschen sonst in der Hirnanhangsdrüse produziert werde. Das kannte ich aus dem Film »Predator«, in dem ein Alien-Jäger auf die Erde kam und neben Menschenhäuten auch Hirnanhangsdrüsenstoffe sammelte. Hatte nicht auch Hannibal Lecter so was als Spezialität in der Pfanne gebraten? Wir machten Entspannungswitze, weil wir wussten, jetzt geht's los. Wir kamen direkt ins Schnickschnack-Bett-Zimmer, es begann die »Eröffnungsphase«. Und ich war der Stand-by-

Comedian (der musste sein, auf den habe ich schon über 100 Seiten gewartet).

Unter Männern wird viel diskutiert, was man als Mann bei der Geburt so beitragen kann. Da hört man Sätze wie: »Als Mann kannst du da eh nicht wirklich was helfen.«

»Ja, das stimmt, man ist da bloß wie so eine lustige Sidekick-Figur in einem Actionfilm.«

Ich möchte da gepflegt widersprechen. Mann kann richtig helfen! Und zwar als begleitender Trainer und nicht bloß als anfeuernder Fußballfan. Ich kenne meine Frau am besten, und in manchen heftigen Momenten während der Geburt konnte ich am besten einschätzen, was noch geht oder wie viel meine Frau noch leisten kann. Da muss man auch mal die Initiative ergreifen. Nur Hilflose und Deppen fragen während einer harten Wehenphase die Hebamme laut: »Wie lange dauert es noch?«

Liebe Männer, das Gefühl zu eurer Partnerin wird euch leiten. Gut, Scheiße, wenn ihr sonst nicht so einen guten Draht zueinander habt. Bei einer Geburt kommen solche Defizite hoch. Das ist, als ob man mit Freunden in den Urlaub fährt. Danach weiß man wirklich, ob man miteinander kann. Ich habe mich auf meine Intuition verlassen. Das tun die Frauen auch. Meine Frau hat generell ein sehr gutes Gefühl zu sich und ihrem Körper und spürte, was sie in den verschiedenen Phasen benötigte. Von uns Männern erwarten die Hebammen nicht viel. Ich erinnere mich noch an die »Anrede-in-der-Dritten-Person-Phase«. Einmal sagte sie: »Der Mann hat jetzt Zeit.«

»Wie?«

Man kommt sich da schon vor wie so ein Anhang: »Hallo, *er* ist hier!«

»Der Mann sollte Ruhe ausstrahlen.«

»Er ist ruhig!!!«

Schön fand ich auch den Satz: »Die Männer knicken dann schon mal weg während der Geburt, weil die nicht so viel Adrenalin im Körper haben, das sie wach hält.«

So was hilft nicht wirklich weiter. Wenn die Geburt im Gange ist und man zu seiner Frau sagt: »Du Schatz, ich habe nicht so viel Adrenalin, ich muss mich mal hinsetzen und ein Wurstbrot essen«, träfe das vermutlich nicht auf viel Verständnis.

»Hallooo, weißt du, was da gerade in meinem Bauch los ist?«

Das sind so kluge Weisheiten wie: »Wenn ein Bär in der Wildnis auf dich zukommt, dann nicht weglaufen, sondern stehen bleiben und keine Angst ausstrahlen.« Das ist eine super Idee, ich stand da mal in einem kanadischen Wald mit meinem Wurstbrot in der Hand, danke. Natürlich bin ich ins

Auto geflitzt. Ein Bekannter von mir ist tatsächlich während der Geburt ohnmächtig geworden. Auch schön, die Frau macht die schwerste Zeit ihres Lebens durch, und der Jäger checkt aus. Die Hebammen kümmerten sich dann mehr um ihn, den »armen Mann«, als um sie; seine Frau schnaubte: »Lasst ihn liegen! Ich bin hier!«

Ich war nur eine kurze Zeit lang nicht bei meiner Frau – als sie nach vielen Stunden Geburtswehen die PDA bekam. So, nun ist es so weit. Die Unwissenden sind lange genug auf die Folter gespannt worden: PDA ist die Abkürzung von Periduralanästhesie. Das ist eine Methode der Schmerzlinderung bei sehr langen Geburten, bei der die Frau bei Bewusstsein bleibt. Es war eine Entscheidung der Ärzte. Die Hebamme sagte zu mir: »Der Mann geht jetzt kurz raus.«

Und ich sage: »Der Leser geht jetzt kurz raus.«

Die Momente bis zur Geburt bleiben privat und bei uns. Ich möchte darüber auch keine heiteren Formulierungen erfinden.

Leser:

Wir

müssen

draußen

bleiben!

Meine Frau war wie eine Löwin: laut, liebend und tapfer! Wir waren uns noch nie so nah ... Es war das unglaublichste Silvester, das wir erleben durften. Um Mitternacht begann das Silvesterfeuerwerk über München. Es war eine wundervoll-absurde Situation. In den Wehenpausen konnten wir uns vom siebten Stock aus immer wieder das Feuerwerk anschauen, dann wieder weiter, Feuerwerk ... Und am frühen Morgen des 1. 1. 2008 um 2.38 Uhr kam mit den letzten Böllerschüssen unser Neujahrskind zur Welt. Lilly war endlich angekommen. Ein Jahr später, zu ihrem ersten Geburtstag, haben wir sie um kurz vor Mitternacht aufgeweckt und mit ihr die umherfliegenden Silvesterraketen angeguckt. Sie liebt das. Wir müssen sie nur irgendwann darauf vorbereiten, dass das jährliche Spektakel nicht für sie veranstaltet wird.

Ich weiß, dass sich jetzt der ein oder andere Leser fragt, hat der Autor nun den Rat von Marcel Reif befolgt? Ich stand da im Kreißsaal mit einer großen Schere und der sich widerstrebenden Nabelschnur, und in dem Moment, in dem ich sie durchschnitt, dachte ich nicht: »Ein neues Leben beginnt«, sondern ich sagte laut den Satz: »Marcel, die ist für dich – schnipp!« So einfach ging es natürlich nicht. Schneid mal auf Glückshormonen einen Gartenschlauch durch!

So wäre es schön gewesen, in jeder Geschichte ein guter Running Gag, aber in der Realität war es dann doch ganz anders. Im Adrenalinrausch denkt man nicht an die Vergangenheit. Es gibt nur noch Gegenwart. Gudrun sagte später: »Eine Geburt ist der authentischste Moment im Leben. So nah kommt man nie wieder an seine Essenz.«

Sie hat recht, ich kann mich dem nur anschließen. Erst kam Lillys kleines Köpfchen, und dann plötzlich war sie da. Ein kompletter Mensch. Ich werde diesen Moment nie wieder vergessen. Wir erlebten das Wunder dieser Welt. Seit Jahrtausenden passiert es. Alle Menschen werden so geboren. Unsere Mütter und Väter haben das erlebt. Ein neues Wesen sagt »hallo«, und du weißt in dem Moment, du würdest dafür sterben, und du würdest bis ans Ende des Universums gehen, damit es glücklich wird. Wir waren überwältigt. Die Hebamme und die Ärztin verließen den Raum, und wir drei durften eine halbe Stunde für uns sein. 30 Minuten kamen uns vor wie ein ganzer Tag. Wir lernten unsere Tochter kennen, und wir hatten das Gefühl, sie fühlt sich wohl bei uns. Sie gehört hierher. Sie hat meinen Finger festgehalten. Und wir sie. Mein Bild für die Ewigkeit ist, wie die kleine Lilly friedlich zum ersten Mal in den Armen von Gudrun schlief. Die Sonne ging auf ...

IV. MITTERMEIER — THE NEXT GENERATION

Heimkommen

Jetzt war der ambulante Action-Mann gefragt. Etwa fünf Stunden nach der Geburt haben wir unsere Sachen zusammengepackt und uns auf den Weg nach Hause gemacht.

»Hiiiiiiilfe!«

In mir tönte ein verzweifelter Ruf. Ich fühlte mich wie in Filmen, wo Menschen gezwungen sind, eine gefährliche Landesgrenze zu überqueren, die vom Militär bewacht wird, und nun kommt die Stunde der Wahrheit. Die Chancen stehen höchstens 20 zu 80, aber es gibt keinen anderen Weg. Ich war wie Vin Diesel in »Babylon A. D.« der verantwortliche Schleuser, der sein menschliches »Paket« sicher an sein Ziel bringen muss.

»Schatz, ich werde euch sicher nach Hause bringen.«

Ich persönlich hätte mir in dem Moment nicht so ganz geglaubt, aber anscheinend strahlte ich noch eine gewisse Restzuversicht aus. Beziehungsweise

Gudrun war nach der Geburt so geschwächt, ich hätte ihr wohl auch erzählen können, wir werden von der GSG 9 mit dem Hubschrauber abgeholt und sicher in unser Wohnviertel gebracht. »Klar, Michl, wenn die Zeit und Lust haben.«

Aber es war auch ein Moment, den ich nie vergessen werde. Wir waren als Paar in die Klinik gekommen und verließen sie als Familie. Unfassbar positive Energie durchflutete uns auf unserem Gang nach draußen. Das Glück eben gewordener Eltern verleiht Flügel und weist den richtigen Weg. Erst mal in die Tiefgarage zum Auto. So, nun kam die Stunde der Wahrheit: das erste Mal die Maxi-Cosi-Babyschale auf dem Rücksitz festmachen. Ich hatte es mir zwar schon von meinem Schwager zeigen lassen, aber das war drei Wochen her, es kam mir vor wie in einem anderen Leben. Alle Informationen, die ich nicht unmittelbar für die Geburt gebraucht hatte, waren anscheinend gelöscht worden. Und nun stand ich da, ich, der große Handwerker, und nestelte am Gurt, um den Maxi Cosi zu befestigen. Ich hätte niemals jemanden zu Hilfe gerufen. Das macht Papa alleine! Nach dem zweiten Versuch fragte ich vorsichtig: »Gudrun, vielleicht wollt ihr ja doch noch einen Cappuccino trinken gehen in der Cafeteria?«

Aber sie blickte mich an und sagte vertrauensvoll: »Michl, ruhig. Du schaffst das schon, Papa.«

Danke für das Vertrauen. Und wie von Geisterhand beflügelt, war dann der dritte Versuch erfolgreich. Der Wagenführer blies ins Horn: »Alle festgeschnallt, es geht nach Hause!«

Der Auszug aus der Klinik begann. Mit gefühltem Vollgas führte ich den Treck in Richtung gelobtes Heim. Dramatische Musik setzte ein, das Orchester untermalte den Aufbruch der Gefährten in Richtung Minas Tirit. Epische Bilder zeigten die Reise durch Raum und Zeit. Gut, die Realität sah etwas anders aus. Ich fuhr wohl wie ein 86-jähriger alter Mann mit Hut und Wackeldackel, so langsam und vorsichtig, dass Gudrun vorschlug: »Ich kann sie auch heimtragen, und du kommst dann morgen mit dem Auto nach.«

Mein Gott, ich war etwas übervorsichtig. Aber das ist ganz natürlich. Das Baby ist da, und sofort hat man Angst, dass etwas passieren könnte. Das ist eine ganz normale Paranoia, die frische Mütter und Väter überfällt. Dagegen kannst du nichts machen. Du trägst und hältst das kleine Baby in den ersten Tagen wie ein rohes Ei, das statt einer Kalkhülle einen Pergamentüberzug hat. Bei jedem Geräusch des Babys zuckst du zusammen und schaltest auf Alarmstufe rot. Wenn wir unsere Nachsorge-Hebamme Annette nicht gehabt hätten, hätte ich mir wohl eine Saisonkarte für den medizinischen Notfalldienst besorgt. Es ist gut, wenn einem jemand die kleinen Dinge des neuen Lebens erklärt. Die verdächtigen Geräusche und äußeren Anzeichen für potenzielle schwere Epidemien haben meist banale Hintergründe. Unsere kleine Lilly lag da vor uns, ein kleines Bündel Leben, und da plötzlich:

»Wuääääääääääääääääääääääääääää!«

»Sie schreit!«

»Ja, das hat sie vorher auch schon.«

»Aber dieses Schreien ist anders.«

»Du hast recht.«

»Wuääääääääääääääääääääääääääää!«

»O mein Gott, sie will uns mit dieser Klang-Nuance der ausgestoßenen Dezibel etwas sagen.«

»Da stimmt was nicht.«

»Und schau, ihre Lippe zittert.«

»Wuääääääääääääääääääääääääääää!«

»Das kenn ich nur von Leuten, denen es ganz schlecht geht.«

»Oder sie erfriert gerade.«

Das war gar nicht mal so unrealistisch. Kleine Babys haben noch keinen eigenen Schutz gegen Kälte. Warum auch immer. Es ist halt so.

»Gut, dass wir noch die Wärmelampe aufgebaut haben.«

»Aber ihre Lippe zittert trotzdem.«

»Vielleicht hängt sie doch zu hoch?«

Lilly konnte schreien und zeitgleich die Lippen so vibrieren lassen – wie Leute, die vom Eiswasserschwimmen kommen und deren Klamotten geklaut wurden. Aber das hatte nichts mit Frieren zu tun, das ist mehr so ein eingebauter Babyeffekt: *das Schreien nicht nur hören, sondern auch sehen.* Wir nannten es die Drama-Zitter-Lippen. Also nichts Schlimmes. Aber da ...

»Sie rührt sich nicht mehr.«

»Stimmt.«

»Meinst du, sie ist tot, ohnmächtig oder eine unbekannte Macht hat ihre Bewegungen gelähmt?«

»Oder sie schläft?«

»Aber sie liegt so komisch da.«

»Du hast recht.«

»Stups mal an.«

»Waaaaooooooooo!«

»O mein Gott, sie will uns was sagen.«

Und das ist ein ewiger Kreislauf. Die ersten Tage zu Hause ohne fremde Menschen um uns herum waren trotz aller Schwierigkeiten toll. Man ist wie eine geschlossene Einheit, die nichts zu Fall bringen kann. *Three hearts beat as one!* Wenn Liebe und Zuneigung eine wiederverwertbare Energieform wären, dann hätten wir in diesen Tagen ganz München mit Strom versorgen können. Ich bin mir sicher, dass unsere Kleine das auch energetisch mitbekommen hat. Ich kann es nicht beweisen, aber man muss nicht alles messen, um zu wissen, dass es so ist. Wir saßen stundenlang vor unserer Kleinen und starrten sie an, stundenlang, tagelang. Alleine das Fingerspiel von kleinen Babys sieht so aus wie die Fingerbewegungen von thailändischen Tempeltänzerinnen. Mittlerweile habe ich ja die Theorie, dass Babys mit ihren eigenartigen Fingerbewegungen versuchen, die Eltern zu hypnotisieren.

»Glaub mir, hör auf mich!«

»Guck, jetzt bewegt sie auch den Daumen.«

Es gab in diesen ersten Tagen zu Hause keine Zeitrechnung mehr, nur noch uns drei. Das ist ein wunderschönes Gefühl, wenn man mal nur noch *ist*. Kein morgen, kein Termin, einfach *sein*.

Schon auf der Rückfahrt von der Klinik haben wir meine Eltern angerufen und gefragt, ob sie nicht sofort kommen wollen und die Kleine angucken. War ein guter Gedanke. An diesem Tag ist man eh noch verstrahlt, und man weiß ja nicht, was die nächste Zeit so bringt. Vielleicht ist man ja danach überfordert, überhaupt Leute zu empfangen. Und es war für mich wichtig, dass meine Eltern die Kleine sehen. Wir hatten alle lange auf sie gewartet, und nun schloss sich ein Kreis. Es war ein schräger und toller Moment, als ich meine Eltern mit den Worten »hallo Oma, hallo Opa« begrüßt habe. Ich dachte mir, ich bin jetzt nicht mehr nur euer Kind, sondern der Papa von eurem Enkel. Jetzt bin ich Papa, ich kann es bis heute manchmal kaum fassen, es gibt nichts, was mit dem Gefühl vergleichbar ist, und ich bin dankbar, dass ich es erleben darf. Ich weiß gar nicht, ob ich Gott oder dem Universum oder wem auch immer dankbar sein soll. Einfach danke an da draußen! Ich Papa. Vom ersten Moment, in dem ich meine Tochter gesehen habe, wusste ich, ich würde mein Leben für sie geben, wenn es sein müsste. Klar fragt man sich auch, würde die Kleine das auch für mich tun? Stell dir vor, du bist Jahre später mit deinem Kind im Wald unterwegs, du trittst aus Versehen in eine Bärenfalle, dein Bein ist gebrochen und eingequetscht. Trotz Abbinden blutet es unaufhörlich. Niemand hört euch rufen, ihr seid zu weit weg von allem. Du weißt, das wirst du nicht lange überleben.

»Kind, bitte geh los und hol Hilfe.«

»Aber ich will bei dir sein, Papa.«

»Nein, du musst Papa helfen. Und deswegen musst du jemanden zu Hilfe holen, sonst geht es Papa schlecht.«

»Okay.«

Dein Kind zieht los, und nach einiger Zeit kommt

es an eine Straße. Plötzlich fährt ein Spielzeug-
lieferwagen vorbei.

»Hallo, Spielzeugmann, hallo, Hilfe!«

»Wer bist du denn?«

»Ich habe mich verlaufen.«

»Was machst du denn hier? Bist du denn alleine
hier?«

»Klar. Kann ich die Matchbox-De-Luxe-Packung
haben?«

Ich will hier niemanden desillusionieren, aber
man kann doch wenigstens mal drüber nachdenken.
Denn du musst immer zu deinem Kind stehen. Immer und überall. Und das kann manchmal hart sein.
Gute Freunde von mir haben eine kleine Tochter. Als
der Vater mit ihr einmal an einer Fußgängerampel
stand, stellte sich ein Rockertyp neben sie. Lange,
Shampoo abweisende Haare, Totenkopflederkluft,
beide Arme voll tätowiert. Die Kleine blickte fasziniert auf die Tätowierungen und sagte laut: »Du, Papi,
schau mal, der Mann hat lauter Kritzikratzi am Arm.«

Das ist so der Moment, wo man für sein Kind
entweder einstehen muss – oder nach unten schaut
und verwundert sagt: »Oh, wo ist denn das Kind
hergekommen?«

»Aber Papi, du sagst doch immer, der David
Beckham mit so Kritzikratzi an den Armen, der ist
schwul.«

Gibt es Momente, in denen man auch mal bei Rot über die Straße gehen darf, obwohl Kinder zuschauen?

Der erste Tag ging vorüber mit Baby TV. Wir glotzten Baby, die gesamte erste Staffel. Etwas handlungsarm, aber sehr unterhaltsam. Wir schauten Lilly an, und sie schaute uns an. Immer wenn Lilly in unsere Richtung guckte, schmolzen wir dahin.

»Sie erkennt uns, schau doch mal, wie sie uns anschaut.«

»Wahnsinn.«

Unsere Nachsorgehebamme Annette holte uns immer wieder auf den Boden der Realität zurück: »Sie kann nicht wirklich was erkennen. Sie nimmt nur Licht und Umrisse wahr.«

»Aber sie hat mich gerade angeguckt.«

»Auch Stevie Wonder schaut in einem Musikvideo in Richtung Kamera.«

Wickel-Man

Nach fast 18 Jahren Beziehung wachten wir am zweiten Januar zum ersten Mal zu dritt auf. Wir fingen gerade erst an, die neue Situation zu verstehen. Unsere Dialoge hätten aus einem Tarzanfilm stammen können:

»Wir Eltern, ich Papa.«

»Du Papa, ich Mama.«

»Es war also kein langer Traum, es ist wahr.«

»Wir sind endlich eine ganze Familie.«

Wir hätten noch tagelang emotional weiterschwelgen können, aber da:

»Du, Gudrun, die Kleine ist doch total gelb.«

»Stimmt.«

»Die hat Gelbsucht.«

»Die Hebamme hat ja auch gesagt, dass das bei Neugeborenen oft vorkommt.«

»Und Lilly hat so was Gelbes in den Augen.«

»Eine Chinesin?«

»Wir rufen Annette an!«

Eine halbe Stunde später war unsere Nachsorge-hebamme da, und sie blickte Lilly an: »Die ist doch gar nicht gelb.«

»Doch, schau mal.«

»Wo denn?«

»Überall.«

»Hmm.«

»Besonders die Augen.«

In dem Moment färbten sich Annettes Augen gelb, und ich erschrak: »Das ist ansteckend.«

»Nein, ich hab Pippi in den Augen, weil ihr so süß aufgeregt seid.«

»Aber die Kleine?«

»Die hat gar nichts. Aber vielleicht solltet ihr mal den Vorhang waschen, der wirkt etwas gelblich.«

Wir entdeckten beim Baby alle paar Minuten etwas Neues. Man braucht eigentlich eine Hebammen-Flatrate. Man will zwar nicht wegen jedem Scheiß anrufen, hat aber immer Angst, dass man etwas falsch macht. Annette war toll, die hat uns immer zwischen Irrsinn, Paranoia und Glücksdroge auf-gefangen und geduldig alles erklärt, gezeigt und auch nur ab und zu gesagt: »Das solltet ihr besser euren Friseur fragen.«

Doch plötzlich tauchte wirklich ein sehr seltsa-mes Phänomen auf. Neugeborene Babys geben in den ersten Tagen Geräusche von sich, die sind irgendwie nicht von dieser Welt. Das ist so ein Glucksen und Schlatzen und Schmatzen. Es klingt etwas außerirdisch. So als ob ein ausgehungerter Dämon ohne Besteck das Gehirn seiner menschlichen Opfer verspeist: »Schlbbbchchffchchschbbbzzzz ...«

Hannibal Lecter hat im »Schweigen der Lämmer« ähnlich geklungen. Aber es gibt für dieses akustische Akte-X-Phänomen eine natürliche Erklärung: Im Babykörper befinden sich kurz nach der Geburt noch ein ganzer Haufen Östrogene (ist Haufen die richtige Maßeinheit?), da liegen die Schleimhäute gesättigt aufeinander, sodass die dann wunderliche Töne erzeugen. Habe ich nachgelesen. Auf so was musst du auch erst mal kommen. Und irgendwann stellt sich einer an das Mikrofon und verkündet: »Der Oscar für Geräusche, Ton, Spezialeffekte geht an: Baby!«

Es ist wohl müßig zu erwähnen, dass wir Eltern diese schrägen Geräusche allesamt supersüß und niedlich finden: »Mei, wie putzig das klingt.«

Es waren Dutzende verschiedene Tonansammlungen, die wir entdecken konnten. Und bei jedem Gluckser kommentierten Gudrun und ich wie Stettler und Waldorf in der Muppetshow:

»Das klingt ja wie eine Auster mit Schweinegrippe.«

»Hört sich eher an wie ein Schwein, das eine kranke Auster gefressen hat, höhöhöhö!«

Da fragt sich doch der ein oder andere kritische Leser angesichts der »kleinen süßen Geräusche«, das soll alles sein? Stimmt, Babys machen auch Geräusche, die die Grenzen der ursprünglichen Bedeutung des Wortes sprengen. Außerirdisch und mit normalen Dezibelmessgeräten oft nicht mehr darstellbar. Das hört sich dann eher so an, als ob man einem hungrigen Dämon seine Menschenhirnwurstsemmel weggenommen hätte. Aber dazu kommen wir später noch.

Ab dem zweiten Tag war ich ein Profi im Wickeln. Ich konnte ja auch schon auf eine lange Karriere als Baby-Chefentwickler zurückblicken. Ich war tatsächlich der Erste von uns beiden, der Lilly gewickelt hat. Nach der Geburt und dem folgenden Familienkuscheln nahm mich die Hebamme im Kreißsaal zur Seite: »So, Herr Mittermeier, jetzt wird gewickelt.«

Ich war darauf noch nicht vorbereitet und habe einfach mal typisch männlich reagiert: »Äääh, ich?«

»Ja, wer sonst? Ihre Frau hat gerade eine übermenschliche Leistung abgeliefert, und jetzt sind Sie dran, auch wenn das nur ein dürftiger Ersatz ist.«

»Aber das äh, da öh, ich habe Angst, dass ich da was kaputt mache. Soll nicht lieber ...?«

Wir Männer sind so. Wenn wir unsicher sind, lehnen wir lieber erst mal ab und schieben unsere Frau vor, mit dem männlichsten aller männlichen Argumente: »Schatz, du kannst das besser.«

Männer sagen diesen Satz zigmal im Repeat-Modus, bis die Frauen mit ihrem Standardsatz kontern: »Komm, ich mach's selbst, bis du das hinkriegst, hab ich das schon viermal getan.«

Die Dümmere gibt nach. Da kann der Mann natürlich nichts lernen.

Liebe Frauen, das ist ein Teufelskreis!

Liebe Männer, bis ihr das kapiert habt, was ich gerade gesagt habe, hat sie das schon dreimal gemacht!

Ich bin nicht die Wiedergeburt des Feministen-Dalai-Lama, aber ich finde es schade, dass sich viele Männer vor allen möglichen Tätigkeiten drücken, die eigentlich kein geschlechtsspezifisches Kennzeichen tragen. Manchmal kann man das nicht nachholen. Eine Freundin hat meiner Frau erzählt, dass ihr Kind nur bei ihr einschläft und nie beim Vater. Jedes Mal, wenn sie das Kind dabeihaben und es gerade gemütlich wird, muss sie das Kind ins Bett bringen. Weil er anfangs auch immer gesagt hat: »Schatz, du kannst das besser.«

Wehret den Anfängen. Ich bin nicht besser als

die anderen Männer, auch ich habe immer solche Anflüge von »lieber an die Frau abgeben«, aber ein Kind ist ein Zweierdeal. Jeder trägt seine Verantwortung oder sollte es zumindest versuchen, so gut er kann. Aber an dieser Stelle möchte ich auch mal sagen, dass es mir auf den Sack geht, dass in Baby-und-Papa-Ratgeberbüchern alle Männer so hingestellt werden, als ob sie unfähige nicht überlebensfähige Evolutions-Azubis seien. So Fußföhner. In einem solchen Buch (ich nenne keine Titel) werden Männer zum Beispiel aufgefordert, sich auch ein bisschen einzubringen bei der Geburt und nachher. Boah, wie knorke! Männer sollten auch den Spaß entdecken zu wickeln und, ich zitiere: »Wenn am Anfang die Windel nicht so perfekt sitzt, macht das gar nichts!« Das impliziert doch schon, dass wir Männer uns bei solchen Tätigkeiten ungeschickt und dämlich anstellen. Liebe Autoren dieses Werks: Ich hätte sogar MacGyver herausgefordert in der Disziplin »Wickeln mit Brotzeitpapier und Tesafilm«. Wir Männer mögen unsere Fehler haben, aber eine Grundunfähigkeit zur praktischen Babyhilfe sollte man uns nicht unterstellen. Das ist kontraproduktiv. Außerdem argumentieren diese Autoren völlig falsch. In der negativen Form zu schreiben, dass es irgendwann vielleicht besser wird, sagt uns Männern nichts. Das ist kein Ansporn. Da muss man uns schon eine Karotte vor die Linse hängen. Wickeln ist ja für Zweibeiner, die gerne Western gucken, eine überschaubare Aufgabe, und man sieht immer sofort, ob es geklappt hat. Also, Frauen, gebt uns unser kleines Erfolgserlebnis und lobt uns: »Du warst gut, Schatz!«

Viele von euch Mädels haben doch eine langjährige Erfahrung in Orgasmus-Mimikry, in diesem Fall ist das nichts anderes, nur mit ein bisschen weniger Geschrei. Wenn Männer in etwas gut sind oder es zumindest glauben, dann mutieren sie. Nach so mancher Entkernungsaktion drehte ich meine Runden durchs Haus: »Lasst mich durch! Ich bin es, der Retter der Beschissenen, der Beschützer von Windeln und Waschlappen: Wickel-Man!«

»Michl, komm mal wieder runter von deinem Trip.«

»Aber Gudrun, nur einer kann uns von dieser Scheiße erlösen!«

Okay, was ich aber gar nicht mache, das ist Fingernägel schneiden bei der Kleinen. Das kann ich nicht, das kann meine Frau besser! Ich hab's versucht. Gut, ich war kurz davor, es zu versuchen. Aber als ich diese Babyfingernagelschere in der einen Hand hielt, in der anderen Lillys Händchen, und als ich dann auf ihre Fingerchen blickte, bekam ich die totale Paranoia. In einer Tagesvision sah ich, dass ich Lilly aus Versehen einen ganzen Finger wegschneide: »Gudrun, mach du das besser, ich will der Kleinen nicht jetzt schon eine Zukunft als Handmodel verbauen.«

Dann lieber öfter mal wickeln. Und nicht nur weicheiiges Schönwetterwickeln mit ein bisschen Pippi drin. Sondern dann, wenn es wirklich weich auf weich kommt. Ich erinnere mich an einen Besuch im Café, Lilly war eineinhalb Monate alt. Das Essen kam gerade auf den Tisch, und wir konnten der Luft um uns rum entnehmen, dass sich die Windel füllte. Und es war offenriechtlich (oioioioioi) nicht nur ein bisschen Stinker, sondern ein böser Kacken-Scheißen-Stinker. Das ist der Fachbegriff, wenn es schon hinten oben beim Kragen rausläuft. Meine erste Reaktion war: »Gudrun, du kannst das besser.«

Sie blickte mich amüsiert an und schlug mich mit meinen eigenen Waffen: »Hilfe, Wickel-Man!«

Da gab es kein Zurück. Und Minuten später konnte ich eine kleine Pressekonferenz abhalten: Operation gelungen, Stinker tot! Wenn man dann so was unter erschwerten Bedingungen in seiner nicht natürlichen Umgebung hinkriegt, ist man sehr stolz und froh, dass man es nicht abgegeben hat: »Hahaa, Windel-Zorro reitet wieder.«

Mich hat mal ein männlicher Bekannter ein paar Monate nach der Geburt von Lilly gefragt: »Wickelst du?«

»Klar. Und du?«

»Ich wickle nicht.«

»Wie? Gar nicht?«

»Nein.«

»Warum denn nicht?«

»Ich kann das … oder bin dafür nicht … das ist irgendwie komisch … und das ist so … also ich weiß nicht … ich wickle nicht.«

Das ist halt mal ein Argument. Da könnte man den Jahresparteitag der CSU mit versorgen. Ich habe damals nicht weiter nachgefragt. Da schien wohl ein Scheißtrauma vorzuliegen. Aber da versäumt er was. Wickeln ist ja das Stillen der Väter. Mama gibt Nahrung – Papa macht die Scheiße weg. Beim Wickeln herrscht so eine schöne Zweisamkeit zwischen Baby und Papa. Das sind ganz innige Momente, vor allem in den ersten Wochen, wo man ja sonst nicht so viel mit den Kleinen anfangen kann, außer Anglotzen und Dahinschmelzen. Die liegen ja nur in der Gegend rum. Beim Wickeln stand ich immer vor Lilly und habe sie genau beobachtet, wie verändert sie sich optisch, aber auch in ihren Bewegungen. Sie greift nach meiner Hand oder lacht, wenn man sie an den Füßen kitzelt. Später imitiert sie dann Bewegungen, die man selber macht, oder versucht, sich irgendwann plötzlich die Windel selber anzuziehen. Auch heute ist der Wickelmoment für mich wichtig. Wenn ich zu Hause bin, stehe ich oft in der Früh auf und versorge die Kleine. Es ist so wundervoll (dieses Wort trifft es wirklich am besten!) am Morgen, wenn ich in Lillys Zimmer komme und sie mich freudig anlächelt und mittlerweile auch begrüßt. Das Schöne ist, Lilly ist am Morgen eigentlich immer gut drauf. Egal, wie hart die Nacht war, ob sie zahnt oder sonstige Wehwehchen hatte. Am Morgen scheint das alles immer wie vergessen. Wir genießen beide unser Morgenritual, erst das Guten-Morgen-Wickeln und nachher die Morgenflasche. Männer, wenn ihr das nicht macht, versäumt ihr was! Gott sei Dank war Lilly immer eine leicht zu Wickelnde. Vom ersten Mal an lag sie da auf der Wickelkommode und ließ das selbstverständlich freudig über sich ergehen. Und das ist bis zum heutigen Tag so geblieben. So sind nicht alle Kinder. Ich kenne Geschichten von Eltern, bei denen das Ganze mehr so ist wie ein Einfangen von Wildpferden nach der Einnahme von Red Bull. Lilly hatte nur einmal so eine schlimme zweiwöchige Phase, als sie zehn Monate alt war. Vielleicht wollte sie uns nur kurz mal ein bisschen Demut lehren. Da war Wickeln die Hölle. Kaum öffnete ich den

Dreierdruckverschluss beim Babybody, bewegte sie sich wie Joe Cocker, der sich beim Singen noch an eine Starkstromleitung angeschlossen hat. Das war der Moment, in dem ich zum ersten Mal evolutionsmäßig Spinnen und Kraken beneidet habe. Ein unwilliges Kind mit zwei Armen zu wickeln – keine Chance. Ich weiß noch, dass damals meine Mutter zu mir sagte: »Das ist wie bei dir als Baby.«

»Wie?«

»Ja, Wickeln bei dir war furchtbar.«

»Aber ihr habt doch immer gesagt, ich war eher ein stilles Kind.«

»Grundsätzlich ja, aber beim Wickeln mussten wir meistens zu zweit ran. Einer hat festgehalten, der andere konnte wickeln.«

Wenn man selbst mal ein Kind hat, erfährt man von seinen Eltern Dinge über sich, die vorher nie ausgesprochen wurden. Und das führt schon zu Fragen: »Aber ihr hattet mich damals trotzdem lieb?«

»Hinterher schon. Dein Bruder war da ganz anders. Den konnte man auf die Wickelkommode legen, und dann lag der da. Da hätte man in Urlaub fahren können, und der hätte sich nicht wegbewegt.«

»Hattet ihr ihn lieber?«

Natürlich interessiert einen das. Obwohl ich es

mir irgendwie immer noch nicht vorstellen kann, dass ich so ein kleiner Wickelterrorist war. Ich denke seit einiger Zeit darüber nach, warum Wickeln bei mir als Baby so Bewegungsanfälle ausgelöst hat. Ich habe mich als Katholik auch schon mal gefragt, wie das zum Beispiel bei Jesus war. Hat der beim Wickeln geschrien, oder war er damals schon ein kleiner Windelmessias: »Wenn dir jemand den Hintern wischt, dann halte ihm auch die andere Backe hin.«

PS:

Ich kann es fühlen, dass viele Männer da draußen nun gerne ihren Gefühlen freien Lauf lassen würden und das Unmännlichste tun würden: um Rat fragen! »Hilfe, Wickel-Man! Gibt es die perfekte Wickelmethode?«

Nein! Aber ein kleiner Tipp am Rande: Wenn man das Baby mit Feuchttüchern oder Waschlappen sauber gemacht hat, lasse ich den behandelten Bereich (nennt man das dann eigentlich Popiküre?) nicht einfach so an der Luft trocknen, sondern nehme den Föhn. Der liegt da eh immer griffbereit für meine Füße nach dem Duschen. Jaaaaaaa, ich gebe es wenigstens zu! Und ich föhne Lillys Popo nach dem Wickeln nicht, weil es schneller gehen muss. Es ist effektiv und macht zusätzlich Sauspaß. Sie hat das immer geliebt, angeföhnt zu werden. Auch wenn man ihre Haare mal mit einem nassen Lappen reinigt, dann leistet der Föhn das, wofür er von intelligenten Männern erfunden wurde. Und jedes Mal, wenn ich ihr mit dem Föhn ins Gesicht blase, erscheint immer das süßeste Lächeln der Welt.

»Ein Waschlappen: 80 Cent.«

»Ein Föhn: 20 Euro.«

»Ein Lächeln: unbezahlbar.«

Von wem hat sie's?

Trotz aller Anstrengung waren wir am zweiten Tag aufgedreht. Klar, Mama war ja immer noch in der Dopingabteilung. Mütter stehen auch noch einige Tage nach der Geburt unter Naturdrogen. Neun Monate Hormonüberproduktion und legale Adrenalinversorgung, da geht was. Also riefen wir doch die ganze Familie zusammen – guckt mal, wer da ist! Und dann begann das große »Wem-sieht-sie-ähnlich-Spiel«. Das ist übrigens ein Spiel, das nie aufhört. Egal, wo du hinkommst, alle Leute sprechen darüber, wem Babys ähnlich sehen und von wem sie was haben. Ich war mal beim Bäcker mit der Kleinen, da meinte die Bäckersfraufachbrotgehilfin: »Mei, die schaut ja runtergerissen aus wie der Papa.«

Da ich das mittlerweile schon häufiger gehört hatte, gab ich meine Standardantwort: »Ja, ich habe keinen Vaterschaftstest gemacht.«

Ich ernte damit oft ein anerkennendes Lächeln: »Das glaub ich Ihnen.«

Neben uns in der Bäckerei stand eine ältere Frau, die unserem Dialog akustisch sehr zugetan war, und die konnte sich gar nicht mehr einkriegen: »Mei so wos. De junga Leit heitzudog.«

(Für Nichtbayern: »heitzudog« hat nichts mit einem Hund an der Heizung zu tun, sondern bedeutet schlichtweg »heutzutage«.)

Ich habe mich noch herzlich bedankt für ihre Einschätzung meiner selbst als »jungen« Vater. Das kommt in den Vierzigern ja nicht mehr so oft vor.

Wer wem ähnlich sieht, hängt vom Blickwinkel des jeweiligen Betrachters ab. Ich hatte schon alles dabei.

Person 1: »Die schaut total aus wie Sie, Herr Mittermeier.«

»Danke.«

Person 2: »Die ist ja ganz Ihre Frau.«

»Ja, ich weiß.«

Person 3: »Ich wüsst jetzt nicht, wem von Ihnen beiden sie ähnlich schaut.«

»Ich auch nicht. Aber das ist mir auch egal. Ich habe zu denen im rumänischen Waisenhaus gesagt: ›Hauptsache, die Kleine spricht Deutsch.‹«

Aber wem schaut sie wirklich ähnlich? Meiner Frau oder mir? Als Lilly geboren wurde, hatte sie auf dem Kopf richtig viele schwarze Haare und dunkle Augen. Ich atmete auf. Sie sah aus wie Gudrun, auch wenn da einige Gesichtszüge waren, die ich aus diversen Spiegeln kannte. Ich wollte immer, dass die Kleine meiner Frau ähnlich sieht. Da bin ich etwas unmännlich. Es ist ja tatsächlich so, dass die meisten Neugeborenen den Vätern ähnlicher sehen als den Müttern. Das ist wissenschaftlich belegt! Die Natur hat das so eingerichtet, damit die Väter sich wiedererkennen und sich bereitwilliger um ihren Nachwuchs kümmern. Schon eine coole Idee der Natur. Ob es was bewirkt, wurde noch nicht erforscht. Ich habe mir während der Schwangerschaft immer gewünscht, dass die kleine Lilly nach der Mama kommt. Zum einen finde ich meine Frau hübscher als mich, und es passt so auch besser zu einem Mädchen. Zum Zweiten wollte ich einfach nicht, dass mir meine Tochter zu ähnlich schaut, weil doch viele Leute mein Gesicht aus dem Fernsehen kennen. Und ich dachte, dass es seltsam sein könnte, wenn meine Tochter später mal aussieht wie ein Komiker. Das ist der Boris-Becker-Effekt. Dessen Tochter wird es später auch mal schwer haben. Stell dir vor, die ist 18, schleppt nachts in der Disco einen Typen ab und muss dann am nächsten Morgen, wenn er sie das erste Mal bei Licht sieht, hören: »Uaaaah! Scheiße, ich habe Boris Becker gepoppt.«

Auf der anderen Seite könnte es für meine Tochter später auch mal ein Schutz gegen aufdringliche Typen sein. Denen könnte sie ganz leicht drohen: »Schau mir ins Gesicht. Erkennst du was? Möchtest du, dass mein Vater dich vor allen verarscht?«

»Öh, nein.«

»Dann zieh Leine.«

Mittags um eins kamen sie alle, und das Spiel begann. Die Großeltern und Geschwister verglichen und verglichen, und dann verglichen sie den ersten Vergleich mit einem zweiten Vergleich: »Der Mund ist vom Michl ... der Haaransatz von der Gudrun ... die Augen auch Mama ... die Ohren müssen erst noch etwas wachsen ... die Nase hat sie auch von der Mama ... aber die Augenbrauen wiederum ...«

Man steht als Eltern daneben und kommt sich vor wie ein Ersatzteillager, aus dem sich jeder was aussuchen darf. Aber einen Spaß hatte ich. Bevor alle kamen, hatte ich Lilly noch mit einem Stift ein Muttermal auf den Hals gemalt. Es herrschte ein großes Rätseln. Tagelang währten die Diskussionen, von wem sie das wohl hätte. Ich kann das nur empfehlen.

Schön ist auch, dass immer der Eltern- und Geschwisterteil des jeweiligen Clans die größere Ähnlichkeit bei sich in der Verwandtschaft sieht. Einer

Freundin von mir erging es ganz krass. Die Schwiegereltern mutmaßten an ihrem Wochenbett: »Die Augen hat sie vom Papa. Den Mund auch. Auch die Nase. Die Haare auch. Das Gesicht ganz der Vater. Und wie es sich bewegt, wie unser Sohn.«

Sie lag da und sagte noch: »Schön, dass ich auch da bin.«

Aber da muss man ruhig bleiben, das kann sonst zur Katastrophe führen. Nachdem die Schwiegereltern eine halbe Stunde die eigenen Familienähnlichkeiten durchgegangen sind, kam die Frage an die frische Mutter: »Wie war denn die Geburt für dich?«

»Ich weiß es nicht, ich war nicht daran beteiligt, das sieht man doch am Endergebnis.«

Liebe neue Mütter, tut das nicht! Sagt eher so Sachen wie: »Es war schon schwer für euren Sohn. Er war so tapfer. Er hat mir ja so geholfen.«

Dafür kommt ihr in den Schwiegerelternhimmel.

Manchmal kam mir in den ersten Tagen alles an unserer Kleinen vertraut vor, aber in manchen Momenten völlig fremd. Ich dachte dann, so guckt doch keiner von uns. Woher hat die das? Ich war vor einiger Zeit in einer Talkshow, wo ein Elternpaar war, deren Tochter kurz nach der Geburt vertauscht wurde, und erst ein Jahr später wurde das bemerkt.

Meine Paranoia wurde durch einen eigentlich lustigen, aber doch schwerwiegenden Kommentar von unserer Nachsorgehebamme etwas gefördert. Nachdem Lilly wieder unkontrolliert ihre Gesichts- und Mundwinkel in diverse Richtungen verzogen hatte, sagte sie trocken: »Der Merkel-Mund geht schon.«

Ich war wahnsinnig erschrocken. Und wenn ich ehrlich bin, habe ich immer noch ein wenig Angst. Denn es sah wirklich so aus wie der Merkel-Mund, also Mundwinkel nach unten gezogen, bis der Unterkiefer im Weg ist – und dann doch noch ein bisschen weiter. Was wäre, wenn das die energetische Rache der Natur ist? Ich habe auf der Bühne oft Gags über Angies Gesicht gemacht, dass ich nun bestraft werde und mein Kind dieses Mahnmal tragen muss. Aber meine Tochter ist das hübscheste Baby auf der ganzen Welt! Basta! Klar, ich kann das eigentlich nicht beurteilen, der rosa Eraser lässt Eltern in der eigenen Wiege immer eine kleine Prinzessin sehen – zipp –, auch wenn da eine hässliche Kröte liegt. Und es gibt wirklich hässliche Babys. Jeder von uns hat schon solche Augenvernichter gesehen, man darf es nur nicht offen sagen. An dieser Stelle beginnen die Lügen den Eltern gegenüber. Eltern zeigen dir ihr Neugeborenes immer mit so Sätzen wie: »Ist es nicht süß?«

Öh, nein – würde man gerne sagen –, aber tut

man nicht und murmelt ein leises »Ja«. Aber Eltern geben sich mit so einer einfachen Reaktion nicht zufrieden, da wird nachgebohrt: »Ist es nicht das hübscheste Baby, das du je gesehen hast?«

Ein schwerer Moment für dich. Du blickst auf irgendetwas zwischen Rosemaries Baby und Karlsson vom Dach, du bist eigentlich ein ehrlicher Mensch, aber du bringst es nicht übers Herz, die Wahrheit auch nur leicht zu berühren: »O ja, euer Baby sieht aus wie ein kleines Engelchen.«

Dann muss ich halt mal wieder zur Beichte gehen. Ich habe mal bei Freunden ein extrem hässliches, furchtbar verschrumpeltes und rotfaltenhäutiges Baby gesehen, und auf die Frage hin, wie ich es denn finden würde, da konnte ich nur sagen: »Mei, wie die Mama.«

Tote Schnecken leben länger

Der dritte Tag ist ein Einschnitt in die Beziehung von Baby und Eltern. An diesem Tag begannen auch meine Tagebucheintragungen. Er fing an mit der üblichen Routineuntersuchung nach körperlichen Anomalien und unheilbaren Krankheiten. Mittlerweile waren wir auch gelassener: »Du, Lilly hat so kleine rote Pickel mit weißen Pünktchen im Gesicht.«

»O Gott, sind das die Pocken?«

»Oder irgend so eine gemeine Pustelseuche, die dann später die ganze Menschheit dahinrafft?«

Annette klärte uns wieder auf: »Das ist keine Seuche. Das ist Neugeborenenakne. Die wird durch die mütterlichen Hormone im kindlichen Organismus ausgelöst. Das sind nur Mitesser.«

Wie, Mitesser? Ich hatte gedacht, Babys haben die reinste Haut des Planeten. Mit solchen Superlativen wird oft für Cremes geworben. »Sie kriegen mit dieser Schmiere eine Haut wie ein Baby.« Und dann hat unsere Kleine im zarten Alter von drei Tagen schon Mitesser? Da konnte ich schon mal gleich Clerasil-Vorräte anlegen. Liebe paranoid werdende Eltern: Diese Babymitesser gehen wieder weg, einfach so. Das Baby bleibt zum Essen. Ich finde, Mitesser ist ein saublödes Wort für eine Pickelart. Bei Mitessern denkt man eher an so kleine großporige Kreaturen, mit denen man sprechen kann: »Servus, wollt ihr zum Abendessen bleiben? Kein Problem, wir haben genügend eingekauft.«

Babys haben nicht nur weiche, glatte Babyhaut, Babys riechen auch extrem gut. Den Satz hat jeder schon mal von babysüchtigen Eltern gehört. Es gibt Storys von Langzeitabhängigen, die sich in Babyfixstuben eine Line Babyhaut reinziehen. Ich hatte noch nie an Kindern von anderen geschnüffelt. Für mich war das immer ein unzulässiger Eingriff in die Privatsphäre eines Menschen und ein Angriff auf Artikel 1 des Grundgesetzes: »Die Würde des Menschen ist unantastbar.« Vielleicht sollte man da noch in Klammern dahinterschreiben: (Auch anriechen ist unerwünscht.) Ich habe nie Eltern verstanden, die ihr Kind wie einen Joint in die Runde gereicht haben: »Riecht doch mal, zieht es rein, es duftet so gut.«

Falls so kleine Babys schon so früh etwas mitbekommen, beeinträchtigt das sicher die Entwicklung. Da kommt man sich doch vor wie ein Stück Käse.

»Der ist aber lecker, riech mal. Willst du auch ein Stück?«

Ich hatte mir fest vorgenommen, meine Tochter nie als Schnüffelprobe anzubieten. Und dann roch ich unser Baby zum ersten Mal: »Sniiifffffffffff. Wooaaah!«

Wie nach einem ersten Schuss Heroin wurde ich sofort süchtig nach dem überwältigenden Geruch. Es benebelte meine Sinne und berührte mein Herz. So roch mein Baby, mein Fleisch und Blut. Lilly duftete nach leckeren Erdbeersahnebonbons, so süßlich milchig. Es ist mit nichts zu vergleichen. Ich habe versucht, den Geruch in Plastiktüten abzufüllen, um für uns einen Vorrat für später anzulegen, aber es hat nicht funktioniert. Das könnte eine Idee sein für eine Baby-Splatter-Version von »Das Parfum«: Ein wahnsinniger Vater sammelt Düfte unschuldiger Babys und – nein, so was geht gar nicht. Und natürlich war der Geruch stärker als die Moral. Ich konnte es nicht verhindern, obwohl ich mich tief in mir drinnen gewehrt habe. Jeder, der bei uns zur Tür reinkam, wurde überfallen: »Willst du mal an ihr riechen? Zieh doch mal rein.«

Aber dann begann bei Lilly etwas zu stinken. Der Nabel. Wenn die Nabelschnur durchgeschnitten wird, bleibt erst mal ein kleiner Rest an der Bauchnabelstelle dran. Einen richtigen Bauchnabel bekommen Babys erst, wenn dieses Stück abfällt und die offene Stelle zuwächst. Und dieses Stück totes Gewebe verhält sich wie liegen gelassenes Grillfleisch. Es verwest. Ich kam mir ein bisschen vor wie in einer Handlung vom Verwesungskrimischreiber Simon Beckett.

Nach »Die Chemie des Todes« und »Leichenblässe« kommt jetzt »Nabelfäule«. In einer unschuldigen Kleinstadt verschwinden nach und nach Dutzende Nabel und tauchen dann tot an ausgefallenen Orten auf. Nur der Papa-Forensiker Mike Hunter kann die verwesenden Zusammenhänge erkennen und kommt einem Serienentnabler auf die Spur.

Während der Nabel so langsam wegwuselt (ich mag das Wort lieber als wegfault), kann man wenig machen. Man gibt Babypuder drauf, damit er sich nicht entzündet oder eitert. Erst wenn er abfällt, ist er weg. Und die offene Stelle, die riecht, nein, das reicht nicht, die stinkt nach verfaulter Schnecke. Beim Wickeln dringt dieser Modergeruch in deine Nase – oooh, sofort eine Dosis Babyhals: »Sniiifffffffffff.«

Ich kann Schnecken eh nicht abhaben. Auch unverfault gehören sie nicht zu meinen Lieblingshaustieren. Ich musste mal als 19-Jähriger am Neujahrsmorgen, oder sagen wir lieber Mittag, Bekanntschaft mit Schnecken als Nahrungsmittel machen. Meine Mutter dachte, es sei eine super Idee, als Familie am Neujahrsmittag zusammen zu essen, und hatte dafür etwas ganz Besonderes besorgt: Schnecken. So kleine Schnecken in Förmchen mit einer Art Provence-Soße, und dann überbacken. Vielleicht war es der Gedanke, mal etwas Esskultur in unsere bayrische Kleinstadtstube zu bringen. Der Satz »Perlen vor die Säue werfen« traf nicht ganz zu. Du könntest auch deiner Perle vorwerfen, eine Sau zu sein, und trotzdem glauben, dass sie dich gern hat. Bitte, liebe Mütter, versucht das mit den Schnecken nicht! Es funktioniert nicht. Allein der Anblick läutete die nächste Aufwärmphase meines Silvesterrauschs ein. Ich habe mich sofort geweigert, auch nur zu kosten: »Das schmeckt mir nicht.«

Aber Mütter vertreten immer den positiven Approach: »Probier doch wenigstens mal.«

»Da brauche ich nicht zu probieren.«

»Dann weißt du gar nicht, ob es dir schmeckt.«

Ich wollte es auch nicht wirklich wissen. Manche Dinge weiß man einfach, da braucht man keinen Beweis. Augen und einige Synapsenverbindungen im Gehirn können manchmal ein guter Ratgeber sein. Als ich mal mit meinem guten Freund Sven in New York beim Chinesen saß, bestellte er Qualle.

»Qualle?! Hast du sie noch alle?«

»Das steht hier auf der Karte.«

»Ich hab's auch gelesen. Aber bei mir hat das nichts ausgelöst.«

»Da heißt es ›Special of the Day‹.«

»Das glaub ich sogar.«

»Ich habe noch nie Qualle gegessen.«

»Wahrscheinlich aus gutem Grund.«

»Mir ist heute mal nach was Neuem.«

»Aber Qualle ist doch eher was ganz Altes. Als wir Menschen noch im Meer gelebt haben, da haben wir mit Quallen Karten gespielt, aber wir haben uns nicht gegenseitig gegessen.«

Es ging hier nicht um gekochte oder gegrillte Qualle. Roh. Ja, roh! Und dann brachte der nette Ober die Qualle. Ich denke, es war nicht nur eine. Auf dem Teller befand sich anscheinend eine Quallenfamilie. Es war ein glibbernder Berg, der sich Minuten nach dem Servieren noch bewegte.

»Sven, ich würde das nicht essen.«

»Ich will es mal probieren.«

»Und, schmeckt's?«

Ich gebe zu, dass ich die Qualle auch probiert habe. Sven hat mich dazu nicht mal aufgefordert, aber geteiltes Leid ist halbes Leid. Wir haben danach nie wieder darüber gesprochen. Und was ist jetzt die Lehre aus diesen Geschichten? Tote Schnecken sind nichts gegen Kater, und Quallen sollte man nicht mal an Katzen verfüttern.

Der Geruch des sich absetzenden Nabels meiner kleinen Tochter holte mir diese Erinnerungen wieder zurück. Es dauerte dann noch zwei Wochen, bis sich der Nabelschnurrest verabschiedete: »Servus!«

Schwamm drüber und Puder drauf.

So einfach geht es leider nicht immer. Ab dem dritten Tag schienen die Drogen aufzuhören zu wirken. Der Baby-Blues kam. Und das war nicht so ein schlechter weißer Bluessänger oder Michael Bolton, der einmal in einem Wochenend-Workshop die Bluestonleiter gelernt hat. Das war die Mother of all Blues (eigentlich ein schönes Wortspiel). Beim echten Baby-Blues sitzt ein alter Schwarzer mit Dobro-Gitarre auf einem Barhocker in der Ecke des Schlafzimmers und jammert in A-Dur. John Lee Hooker sagt Guten Tag. Der Baby-Blues ist ein wissenschaftlich belegtes Phänomen. Es heißt »postpartales Stimmungstief« und beschreibt hormonell bedingte depressive Verstimmungen und extreme Stimmungsschwankungen zwischen dem dritten und zehnten Tag nach der Geburt. Die sogenannten Heultage. Es bringt nichts, Frauen mit Sätzen zu kommen wie: »Es ist doch alles gut. Das Baby ist da, ihr seid gesund, du musst doch glücklich sein!«

Glücklich sein müssen ist eh ein Widerspruch in sich. Es ist ja eigentlich natürlich, dass eine Frau nach neun Monaten hormonellen Wahnsinns und extremen körperlichen Veränderungen nicht einfach so düdeldü weiter durchs Leben geht, als ob nichts gewesen wäre. Dem Heul-Blues kann man nur mit viel Zuwendung und vor allem Verständnis begegnen. Auch wenn ich natürlich nicht ansatzweise so betroffen war wie meine Frau, sang ich auch den Baby-Blues. Es ist eben auch nicht alles toll nach der Geburt. Das darf man auch mal zugeben. Natürlich nicht offen, weil dann sofort die Gscheiderle- und Übereltern kommen und dir ein schlechtes Gewissen einreden: »Wie kannst du nur so was sagen?!!«

Ich kann euch auch was singen. Und ich sang den Blues, meine hellblaue Fender Strat heulte dazu:

»Da da da dam, ich sitz' hier nachts um drei,
da da da dam, mein Leben ist vorbei,
da da da dam, mein Körper ist müd' von Kopf bis Fuß,
da da da dam, das ist der Baby-Blues.«

Eines der Symptome beim Baby-Blues ist Schlaflosigkeit. Das habe ich nachgegoogelt. Schlaflosigkeit, das traf sich schlecht, da wir sowieso nicht viel schliefen. Ich hatte am dritten Tag in mein Tagebuch geschrieben:

»Ich kann kaum noch meine Augen offen halten, und doch wollen die Augenlider sich nicht schließen. Ich schlafe nicht, weil ich nicht schlafen kann, und deswegen schlafe ich dann wieder nicht etc. Wenn irgendjemand dieses Tagebuch findet, möge er es an die richtigen Stellen weiterleiten ...«

So erschallte der Baby-Blues weiter in vielen Variationen und Stimmlagen. Zwei Stunden später habe ich notiert:

»Ich kriege Visionen. Ich habe Angst, dass aus schlaflosen Nächten Wochen werden. Ich sehe Gudrun und mich im Bett sitzen wie damals Yoko Ono und John Lennon. Nackt, ausgemergelt und ungewaschen (Yoko sogar unrasiert), aber mit einem letzten Funken Hoffnung singen wir ›All we are saying, is give sleep a chance‹.«

Ich dachte mir an einem Punkt, Friedensverhandlungen mit der Kleinen, das wäre vielleicht eine gute Idee. Das Problem dabei ist: Babys sind in ihrer Grundstruktur autokratisch. Wieso sollten die auch? Wenn ich der König wäre, dann müsste ich nicht mit dem Gesinde über humanere Arbeitszeiten verhandeln. Die gehen weiterhin in die Wickelstillfabrik und fahren ihre Tages- und Nachtschichten. Tja, liebe vegetarische, basisdemokratische Grünkerneltern: Baby zu Hause, das heißt die Minderheit an die Macht. Mit Demokratie hat das nichts mehr zu tun. Die Mehrheit der häuslichen Wählerinnen und Wähler, sprich Eltern, sind nicht der Souverän im Wickelstaat. Babys sind ja irgendwie Wahlvolk, Bundeskanzler und Bundespräsident in einem. So eine Mischung aus Putin, König Ludwig und Schröder. Mit einer Prise George W. Bush: »Hoppla, ich bin jetzt da und habe ein paar neue Vorschläge. Ihr zieht da besser mal mit. Meine Feinde sind auch eure Feinde.«

Und wir Eltern marschieren als Koalition der Willigen ein ins Babyland. Eigentlich muss man den Kleinen früh klarmachen, dass wir Eltern der Chef im Ring sind. Wir bestimmen, und wir setzen die Grenzen. Anfangs kann man das nur ausstrahlen. Und man hofft, dass das eigene Kind nicht doch noch zum Tyrannen mutiert. Es soll ja auch Quereinsteiger ins Arschlochkind-Business geben. Und so sangen wir voller Hoffnung weiter den Baby-Blues:

»Da da da dam, wir sind die Eltern hier,
da da da dam, auch jetzt nachts um vier,
da da da dam, bitte tu uns nicht mehr wecken,
da da da dam, sonst gibt's statt Mutterbrust nur
*   noch Schnecken.«*

Kleine Stinker, große Stinker

Der vierte Tag ging ganz entspannt für mich los. Ich sollte in einem Babyladen eine Badewanne für die Kleine kaufen. Ich weiß noch, wie ich früher immer gesagt habe, dass ich dieses rosa Ecstasy, was Mädelbabys umgibt, übertrieben finde. Das war davor. Seit der Geburt war ich auf dem Rosatrip. Kein Pink war *zu* pink, kein Rosa zu tuffig. Und das verband sich wunderbar mit meinem Carrera-Herz. Natürlich wollte ich nicht bloß eine profane Wanne, in die man einfach Wasser reinlaufen lässt. Ich stand im Babygeschäft vor einer rosa Schnörkelwanne mit eigenem Gestell und integrierten Lotion- und Badegel-Spendern und Thermometer. Pink, wie Gott es schuf. Ich rief noch Gudrun an, ob ich diesen König-Ludwig-Traum einer Babywanne kaufen sollte. Aber sie meinte: »Wir wollen die Kleine nur darin baden und uns nicht für ein Badezimmer auf Neuschwanstein bewerben.«

Ich habe dann auf dem Rückweg im Großmarkt

eine Wäschewanne gekauft, für zehn Euro. In Blau, die gab es leider nicht anders. Und Blau passt zu gar nichts. Dann haben wir die Kleine das erste Mal in der Wanne gebadet. Ganz vorsichtig, man hat ja immer das Gefühl, dass man da sofort was ausreißen oder eindrücken könnte. Beim Kopfwaschen spürten wir dann auf der Schädeldecke komische Unebenheiten. Wie wir von Annette erfuhren, handelte es sich dabei um die große Fontanelle und die kleine Fontanelle. Das sind Stellen, wo die Schädeldecken noch nicht ganz zusammengewachsen sind. Fontanelle, hört sich an wie so eine Süßigkeiten-Spezialität: die Linzer Fontanelle mit Schädelsahne. Es ist ein bisschen gruselig, aber bei Babys kann man so die Schädeldeckennähte spüren. Man kann das manchmal auch noch bei erwachsenen Männern beobachten, die eine Glatze haben oder sich den Kopf kahl rasieren. Hebammen schauen da oft so hin und kommentieren: »Oh, interessant, das war eine Beckenendlage.«

Also, glatzköpfige Männer, wenn euch mal eine Frau in einer Bar anstarrt, ist sie entweder geil oder Hebamme.

Am selben Tag kam auch der erste Kacka. Das ist jetzt vielleicht kein appetitliches Thema, aber wenn es um Babys geht, kommt man um Kack-

und Pupsthemen nicht herum. Man kommt sich manchmal vor wie nach einer Umschulung zum Kanalisationsarbeiter. Ich würde es zarten Gemütern gerne ersparen, aber die ganze Wahrheit muss auf den Tisch. Wir haben den Kacka in Stinker umbenannt, wie die vielen anderen Millionen Eltern vor uns (auf Platz zwei der euphemistischen Bezeichnungshitparade lag »Tote Schnecke«). Das wird später wichtig, wenn die Kleinen Ansprache verstehen und selbst reagieren können. Die meistgestellte Frage an Kleinkinder ab anderthalb Jahren ist: »Hast du Stinker macht?«

Man beachte die degenerative Sprachauswahl, die sich Eltern im Kommunikationsverhalten mit ihren Kindern angewöhnen. Man sagt sich vorher, nein, so werde ich nicht enden. Ich werde keine dämliche Kindersprache über meine Lippen kommen lassen, und dann erwischt man sich mit so Sätzen wie: »Hattu den Wauwau guckilucki gemacht?«

Zurück zum Stinker. In den ersten Tagen kommt da zuerst nur so eine schwarze, zähe Nichtflüssigkeit raus. Es hatte was von heißem Teer. Unnötig zu erwähnen, dass Gudrun und ich natürlich sofort dachten, das sind die Reste einer dunklen außerirdischen Lebensform, die in unsere Tochter eingedrungen war. Nein, es ist Kacka, der aber doch keiner ist. Die Profis und Nachsorgehebammen nennen das »Kindspech«. Da kommt in den ersten Tagen noch raus, was vorher vom Fötus durch Trinken von Fruchtwasser und Darmschleim (lecker) im Mutterbauch aufgenommen wurde. Ich sehe mittlerweile Filmtitel wie »Zwei wie Pech und Schwefel« etwas kritischer. Richtig kacken tun die Babys am Anfang eh nicht. Das ist Stillstuhl. Auch hier gibt es wieder so eine Bauernhebammenregel: »Gesunder Stuhl – gesundes Kind«. Ja, zu gewissen Zeiten war die Welt noch in Ordnung. Der Stillstuhl stinkt auch nicht wirklich, das riecht mehr nach altem Joghurt. Ich würde mir das jetzt nicht direkt aufs Nachtkästchen stellen als Duftkerzenersatz, aber es riecht ganz human. Das hat Gott ganz gut eingerichtet. Stellt euch mal vor, die Babys würden ab dem ersten Tag wie im Kuhstall stinken, würde man doch gleich eher eine kleine geschmackliche Antipathie gegen das Wickeln entwickeln. So ist das Ganze in den ersten Monaten geruchsmäßig entspannt. Als Eltern findet man das auch am Anfang total süß, wenn die Babys kackern (ja, so nannten wir das). Beide standen wir oft da und guckten zu, wenn sie auf der Wickelkommode offenen Vollzug meldete: »Das ist so putzig, wie sie Pu macht.«

Auch ein Satz, auf den ich nicht wirklich stolz bin. Und Pu traf oft auch nicht den Punkt. Unsere Tochter konnte Pupupu machen, Mörder-Pu, Joghurtlawinen. Ich dachte manchmal an den alten James-Brown-Song »My daughter is a shitmachine«.

Da hörte man schon mal den Verzweiflungsruf der wickelnden Person: »Hilf mir mal beim Wickeln!«

»Soll ich eine Schüssel mit Wasser bringen?«

»Bring lieber einen Eimer und schließ den Kärcher an!«

Das sind Dialoge in einer Beziehung, auf die einen niemand vorbereitet hat. Ohne Humor übersteht man das Ganze nicht. Wenn man zum Beispiel gerade wickelt und die Kleine niest, und durch das plötzliche Zusammenziehen ihres Körpers wird ein Überdruck unten an der Auslaufstelle ausgelöst: »Splatsch!«

Und selbst in so einem Moment liebt man sein Kind: »Schaut mal alle her, was meine Tochter kann: weitkacken!«

Wenn es mal bei Olympia die Disziplin Stinkerstoßen gibt, weiß ich, wen ich da anmelden werde ... Das Problem war, man wusste nie genau, wann Lilly zum Stinkerweitwurf antrat. Es gab keine festen Zeiten, ohne das hier näher erörtern zu wollen. Einmal an einem Sonntagvormittag saß ich neben Lilly, die gerade in der Babywippe lag und so vor sich hin wippte, da fing ich an, im Wipptakt Beatles-Lieder zu singen. Eigentlich nur eines: »We all live in a yellow submarine ...«

Der Text beschreibt eigentlich ganz gut die Situation neuer Eltern. Ein bunter Drogen-Wahnsinn um einen herum, der aber doch irgendwie Sinn ergibt: »We all live in a yellow submarine ...«

Ich blickte Lilly an, und plötzlich erschien in ihrem Gesicht ein kleines verspanntes Pressen – und dann hörte ich einen Ton, als ob ein Klempner ein uraltes Rohr durchpustet, das vorher seit Jahren völlig verstopft war: »Wosch!«

»We all live in a yellow submarine ...«

»Wosch!«

»Yellow submarine.«

»Wosch!«

Es roch nach einer ganzen Joghurtfabrik im Sommer, bei der die Klimaanlage ausgefallen ist. Das war auch so ein Punkt: Ich stellte mir sehr schnell die Frage: Kann ich je wieder unschuldig Joghurt essen? Ohne dabei an ein kackendes Kind zu denken? Schlimmer fand ich noch, dass ich gewisse Beatles-Songs nicht mehr zur Entspannung anhören konnte.

In der dritten Woche hörte Lilly plötzlich auf zu kacken. Das sagt jetzt den Kinderlosen nicht viel. Die werden sich denken, mei, dann kackt sie halt mal nicht mehr. Am ersten Tag ist man auch als Eltern noch relativ entspannt. Erst gab Beatle-Mike spontan ein Livekonzert: »We all live ...«

Aber kein U-Boot der Welt konnte meine Tochter erweichen. Es kam nichts mehr. Beim Wickeln war nichts mehr drin – am zweiten Tag kommt es einem schon komisch vor. Es war Samstag. Unsere Nachsorgehebamme hatte am Wochenende frei, und ich wollte nicht mit so was Banalem anrufen wie: »Lilly is out of stinker.«

Gudrun vermutete, das sei ja vielleicht nicht unnormal, wenn sich der Stuhlgang bei der Kleinen etwas umstellt. In der Nacht von Sonntag auf Montag bekam ich ein bisschen Panik: »Ach du Scheiße, vier Tage ohne.«

Ich habe sie nachts dreimal gewickelt, nichts war drin. Ich lag dann im Bett und bekam Angst. Da kam nichts mehr raus, das hieß aber, es blieb irgendwo da drin. Aber ich wusste ja, was sie sonst in ein paar Tagen so herausließ. Wenn man das zusammenzählen würde, musste das effektiv ein Riesenhaufen Stinker sein, der da noch drin war. Aber wo? Ich habe vorsichtig den Bauch abgetastet. Der sah ein bisschen aus wie ein aufgeblasener Froschbauch. Nachts träumte ich diese Szene aus dem Monty-Python-Film »Der Sinn des Lebens«, in der dieser überfette Typ in einem Restaurant sitzt und bis zum Aufblähen gemästet wird. Dann sagt der Kellner: »Nur noch ein Pfefferminzplätzchen.«

»Pofffff!«

Schweißgebadet wachte ich auf. Abstruse Gedanken gingen mir durch den Kopf: »Vielleicht ist da ja was am Darmausgang verstopft, und dann läuft das alles woandershin, die Scheiße geht in die Niere, Lunge oder Leber, und dann zerreißt es die einzelnen ...«

Am nächsten Tag beruhigte Annette uns mit den Worten, dass der Stuhlgang bei Babys auch mal ein paar Tage Pause einlege.

Wir befanden uns am siebten Tag der Stinkerflaute, meine Frau war gerade oben und wickelte Lilly, da hörte ich im Wohnzimmer ihren Ruf: »Michl, kommst du mal, ich brauche dringend deine Hilfe!«

Ich rannte hoch, stürmte ins Babyzimmer und sah meine Frau mit Lachanfall am Wickeltisch: »Dein Vorschlag mit dem Kärcher, so schlecht war der gar nicht.«

Und dann sah ich die Ausmaße. Es hatte eine Kackexplosion gegeben. Meine Frau hatte den Thermometertrick angewendet. Das war ein alter Hebammentipp. Wenn mal nichts geht, ganz leicht mit dem Thermometer am Ausgang – nennen wir es mal – etwas stimulieren. Und das hatte funktioniert. Ich dachte, der »Blob« aus dem Weltall kam zurück. Lilly machte Stinker am Fließband. Sie hatte schon drei Windeln vollgemacht, und es hörte nicht mehr auf, wie bei so einer Mettwurstmaschine. Ich wusste, was ich zu tun hatte: »Haha, Gudrun, lass Wickel-Man ran.«

»Michl, hilf mir lieber, sie zur Badewanne zu tragen. Feuchttücher oder Waschlappen sind hier nutzlos. Da könnte auch eine Amöbe einen Gorilla zum Wrestling herausfordern.«

»Aber wenn die Amöbe eine Steinschleuder hat?«

»Michl!«

Wir trugen Lilly ins Badezimmer und spritzten sie dort in der Wanne ab. Meine Frau voller Stinker, ich voller Stinker. Aber wir mussten viel lachen; ich rief: »Ich weiß jetzt wirklich, woher dieser Ausdruck kommt: ›Ach du Scheiße!‹« Auch dieses Wortspiel löste bei uns Lachanfälle aus. Zwei Eltern auf Lachgas versuchten eine Babygrundreinigung. Lilly genoss die Körperdusche mit wohligem Glucksen und großen Augen. Was lernen wir daraus? Auch wenn man ab und zu in der größten Scheiße steckt, gibt es doch ein Happy End. Und wenn sie nicht gestorben sind, dann singen sie alle zusammen: »We all live in a yellow submarine.«

Bald hieß es für uns aber auch »We all live in a smelly submarine«, denn irgendwann ist die Joghurt-Saison vorbei, und Stinker tun, was das Wort in seiner Urbedeutung schon sagt: stinken. Baby-Kacka ist dann echter Kacka. Ein paar Monate später saßen wir mit Lilly beim Italiener, plötzlich fragte ich meine Frau: »Schatz, glaubst du, dass sie ... riechst du was?« It's Shit-Check-Time! Völlig unauffällig näherte sich meine Nase Lillys Hintern – eine Backpacker-Kakerlake verließ gerade naserümpfend den Raum und winkte mir mit tränenden Augen noch zu – ich war endgültig in Caprona angekommen.

Meine Frau, ihr Stillkissen und ich

Wooosch! Milcheinschuss! Wie eine innere Flut-
welle schießt ein paar Tage nach der Geburt die
Milch in die mütterlichen Brüste ein. Davor gibt es
an der Mama-Tanke nur so eine Art Vormilch. Der
Milcheinschuss lässt dem Wort Volumen eine ganz
neue Bedeutung zukommen. Ich lag neben meiner
Frau im Bett und starrte auf ihre Brüste: »Hello Dol-
ly, äh, Gudrun.«

Die Brüste hatten schon während der Schwangerschaft größere Formen angenommen, aber nun:
Doppelbingo. Das sind die Bist-du-deppert-Brüste,
da kann jedes frisch aufsilikonierte Seite-Eins-
Mädchen weinen gehen. Ich beobachtete fasziniert,
was sich da tat. Und dabei konnte ich den Milcheinschuss sehen. Wosch! Etwas überrascht sagte ich
noch: »Baby, du leckst!«

»Das ist nicht mein Job.«

Vorher dachte ich, dass ich meine Frau für ein
Playboy-Fotoshooting anmelden könnte. Aber es

sieht dann wohl nicht ganz so sexy aus, wenn Milch aus den Brüsten rausläuft. Oder man müsste das im Computer wegretuschieren.

Der Milcheinschuss hat auch Gudrun überrascht. Sie lag da und konnte nur feststellen: »Mein Kind schreit, und ich tropfe!«

Und das auch zwischen den Stillzeiten. Meine Frau hinterließ oft eine kleine Milchtropfspur. Das hatte auch sein Gutes. Ich wusste immer, wo sie war, musste nur der Spur folgen. Oder unserem Kater Neo, der wiederum der Spur folgte. Das alles ist der Grund, warum es während der Stillzeit für Väter oft einfacher ist als für Mütter, die Babys zu beruhigen. Weil sie nicht nach Milch riechen. Klingt auch logisch. Wenn man zum Vergleich einem Alkoholiker beim Entzug einen Beruhiger zur Seite stellen würde, wäre es sicher kontraproduktiv, wenn die Klamotten des Beruhigers nach Wodka und Bier riechen würden.

Nach dem Milcheinschuss werden die Brüste so prall, als ob man ein Kondom über eine Melone gezogen hätte. Aber nur wenn das Kind trinkt, wird im Milchdrüsenbrüstemaschinenraum weiterproduziert. Das unterscheidet stillende Mütter von der EU. Es gibt keine Milchüberproduktion. Es fließen keine Milchsubventionen. Brüste funktionieren nach dem Prinzip der freien Marktwirtschaft: Brust groß – Nachfrage groß – Brust wieder groß, und so weiter. Das ist echte soziale Marktwirtschaft: Flatrate-Saufen ohne Bezahlen. Eines Abends im Bett untersuchte Gudrun interessiert ihre beiden Milchlieferanten und meinte zu dem Thema: »Bisher waren ja meine Brüste nur schönes Beiwerk, so sexy Teile. Aber jetzt hab ich da eine Babykantine. Tag und Nacht geöffnet.«

»Ich bin ja auch ein großer Beiwerk-Fan von dir.«

Und noch ein Satz, den Gudrun irgendwann nach einer ausgiebigen Stillsession von sich gab: »So müssen sich Kühe fühlen.«

Nur, dass Kälber höchstens halb so stark saugen wie Babys. Das ist kein entspanntes Snack-Nuckeln. Das ist ein Staubsauger-Saugen. Ich habe alle Dracula- und sonstigen Vampirfilme gesehen, selbst so wirklich harte wie »30 Days Of Night«, aber gegen die kleinen Babysauger ist ein Vampir ein Ameisenbär mit verstopftem Einsaugstutzen oder ein 80-jähriger Soßenschlürfer mit Nebenhöhlenasthma.

Und egal, wie heftig vorher das Schreien war, kaum hatte Lilly an der Mutterbrust angedockt – dunk –, sofort verfiel sie in einen verzückt entspannten Körper- und Geisteszustand. Wenn Babys an der Mutterbrust Milch trinken, schauen sie total »stoned«, wie ein Kiffer, dem von Cheech und

Chong persönlich ein Mörderjoint in Tobleronegröße gerollt wurde. Die Augen blicken erst ins Nichts, dann fallen sie sanft zu: Ankunft in der Milchstraße. Anfangs ist das Stillen bei den meisten Frauen noch etwas unbeholfen. Man hat ja immer dieses Klischeebild von so Offensiv-Stillweibern im Kopf, die ihre Brüste schon auspacken, wenn im Restaurant am Nebentisch ein kleines Kind schreit. So überengagierte Milchdealerinnen, die einen im Lokal fragen: »Brauchst du noch Milch in den Kaffee?«

»Ach nö, ich habe eine Laktoseallergie!«

Aber in den ersten Tagen nach der Geburt wird dem Baby von den Müttern ganz vorsichtig die Brust dargeboten. Man beneidet die Mütter ein wenig, dass sie so innige Momente mit dem Baby verbringen können. Gut, bei den Folgen vom Milcheinschuss würden wir Männer wohl wieder aussteigen. Einmal wachte ich nachts auf, ich schaute zu Gudrun, sie saß im Bett und sagte leise zur schlafenden Lilly: »Wach auf, meine Brüste explodieren!«

Das sind Sätze, die würde man als Mann auch gerne mal hören.

»Kein Problem, Baby, der Papa macht das schon!«

Man fühlt sich als Ehemann etwas gedemütigt, wenn man von seiner Frau noch hört: »So hart wie beim Stillen waren meine Brustwarzen noch nie!«

Okay. Danke. Was hab ich bisher falsch gemacht?

Wenn ich während dieser Zeit auf Gudruns Brüste guckte, war sie für mich nicht die »Mama«, sondern mehr »Mamasita«. Aber ihre Brüste schienen wirklich bald zu platzen. Ich merkte, wie ich mich manchmal, wenn meine Frau eine zackige Bewegung machte, instinktiv zur Seite duckte. Nur für den Fall. Gut, dass es so was wie Stillen für uns Männer nicht gibt. Einen Eiereinschuss. Stell dir vor, als Mann ist man bereit zur Paarung, und man muss die mit zwei melonenartigen Gebilden zwischen den Beinen praktizieren.

Die Arbeitsteilung ist bewährt: Die Frau stillt, und der Mann ist zuständig für das Wickeln und das Bäuerchenmachen. Eigentlich auch ein schräger Satz. Was ist »Bäuerchen machen«? Hört sich schon so an wie eine Sexposition, vergleichbar mit der Missionarsstellung: Beim Bäuerchenmachen schlägt man von hinten auf den Rücken, bis das Bäuerchen kommt. Also doch ... Manchmal hat Lilly von der Intensität her nicht nur Bäuerchen gemacht, sondern einen gestandenen Landwirt mit Gummistiefeln, mehr so einen russischen Saubauern. Ich hätte mit ihr in einer albanischen Fernfahrerkneipe jeden Rülpswettbewerb gewinnen können. Viel machen ja so kleine Babys nicht in den ersten Tagen: essen, burpsen, pupsen, schlafen. Heißt für uns Männer: back to the roots.

Eines konnte ich aber zum Stillen beitragen: Ich bin am zweiten Tag in die Apotheke gegangen, um Stillhütchen zu besorgen. Das hört sich schon sehr cool an, wenn ein Mann in eine Apotheke kommt und selbstbewusst sagt: »Guten Tag, ich bräuchte bitte Stillhütchen.«

»Wie bitte?«

»Für meine Frau.«

»Ach so. Für Flach- oder Hohlwarzen?«

»Chef, wenn du noch einmal die Brüste meiner Frau beleidigst, dann ...«

Ja, keiner hatte mich auf diesen Still-Wortschatz vorbereitet.

»Guter Mann, so bezeichnet man diverse Brustwarzentypen.«

»Ich bin auch ein Brustwarzentyp. Aber ich bin auch nicht hohl oder flach.«

Liebe Stillhütchenindustrie: Kann man da nicht anatomisch schönere Bezeichnungen für Brustwarzen finden? So was wie Knubbel- oder Horizontalnippel? Vielleicht ist es ja auch nur, weil ich ein Mann bin. Aber wir Männer sind im Still-Business scheinbar gar nicht vorgesehen. Als Zaungast akzeptiert, als Mitarbeiter nur peripher von Bedeutung. Da war ich schon froh, als ich einmal von Gudrun losgeschickt wurde, einen Still-BH zu kaufen. Für die Unwissenden: Bei Still-BHs kann man in der Mitte einen Teil runterklappen, damit man den BH beim Stillen nicht ausziehen muss. Der eine oder andere kennt das vielleicht aus Pornofilmen. Beim Still-BH-Kauf wurde ich als Mann nicht wirklich ernst genommen. Ich erklärte der Verkäuferin, dass ich für meine Frau einen Still-BH bräuchte in Größe 80 D. Sie nahm diese Information gar nicht auf, sondern begann mich zu belehren: »Bei einem Still-BH kommt es auf die genaue Größe an, das ist ganz wichtig. Der darf ja auch nicht zu eng sein.«

»Ich bräuchte den bitte in Größe 80 D.«

»Natürlich, wenn er dann zu groß ist, ist das auch nicht gut.«

Sie hat mir nicht wirklich zugehört!

»Hallo, bitte Still-BH in Größe 80 D!«

»Sind Sie sich da ganz sicher?«

»Ich habe noch vor etwa zwei Stunden die Titten meiner Frau in den Händen gehabt. Außerdem hat mir meine Frau einen Einkaufszettel geschrieben.«

In der Babyabteilung sollte ich dann noch Stilleinlagen kaufen. Die werden in BHs eingelegt, um etwaige tropfende Milch aufzusaugen. Die Verkäuferin riet mir zu Stilleinlagen aus Schafwolle. Die seien super ökologisch, denn man könnte sie waschen und sie seien so mehrfach verwendbar. Als umweltbewusster Konsument habe ich mich dafür entschieden. Zu Hause ergab sich dann ein Problem: Die Ökologie der Schafwolle ist unbestritten, aber wenn sie feucht wird, riecht sie, als ob Schafe im Schlafzimmer grasen. Gudrun roch es sofort: »Du, Michl, da stinkt's nach Lamm!«

»Ich weiß nicht, wovon du sprichst.«

»Du weißt, ich mag kein Lamm.«

Bei Brüsten bin ich ja ökologisch drauf. Ich bin ein Ablehner von Plastikbrüsten, quasi ein Brustvegetarier. So habe ich mich in dieser Zeit mal gefragt, ob man mit Silikonbrüsten überhaupt stillen kann? Drückt das ganze Material da drin nicht die Zulaufwege ab? Und wie ist das für das Baby? Das will sich an die weiche Lenor-Mutterbrust kuscheln und hat aber das Gefühl, sein Gesicht prallt auf eine Hartplastikschale. Es mag ab einer gewissen Größe einen Vorteil haben: Viele Pornodarstellerinnen können ihr Kind auf ihre Brüste legen und so während des Stillens mit dem Kleinen umhergehen, ohne es dabei mit den Händen festhalten zu müssen.

Ich finde es schön, dass heutzutage das Stillen wieder »in« ist. Als vor etwa 40 Jahren die künstliche Babynahrung auf den Markt kam, hörten viele Mütter auf zu stillen. Das galt als unmodern und veraltet. Die Babynahrungsindustrie verstand es auch sehr gut, der Gesellschaft und vor allem den Frauen zu suggerieren, dass die künstliche Säuglingsnahrung ein gleichwertiger Ersatz sei für Muttermilch. Dabei gibt es für Babys nichts Besseres als Muttermilch. Laut Wissenschaft enthält diese alle notwendigen Nährstoffe in der perfekten Zusammensetzung, immer frisch, keimfrei und richtig temperiert. Quasi wie ein perfekter Weinkühlschrank für Nichtalkoholiker. Stillen stärkt das Immunsystem der Babys und schützt sie vor Allergien und Krankheiten. Man sollte aber an das Ganze nicht zu dogmatisch rangehen. Keine Mutter ist eine schlechte Mutter, weil sie sich entschieden hat, nicht zu stillen.

Ich möchte noch einen Aspekt ansprechen, der mir wichtig erscheint. Große Säuglingsnahrungskonzerne verschiffen alljährlich Hunderte Tonnen von Babymilchpulver in Dritte-Welt-Länder wie Afrika. Als humanitäre Hilfe. Aber wenn man bedenkt, dass dann Millionen Mütter, die keinen Zugang zu sauberem Wasser haben, diese Babynahrung mit verunreinigtem Wasser zubereiten müssen, verliert der Charity-Gedanke an Wert. Die Industrie kennt das Wasserproblem, aber trotzdem wird weiterhin fleißig oft nur das Pulver geliefert, denn es geht auch darum, zukünftige Märkte zu erobern. Da sage ich doch, ernährt die Eltern, dann können die auch ihre Kinder ernähren!

Leider gibt es beim Stillvorgang zwischen Mutter und Kind nicht nur Schönes zu berichten. Viele Mütter bekommen Milchstau, und das kann schnell zu einer Brustentzündung führen. Gudrun sagte mal: »Die Brüste werden zum Seismografen, ob es einem gut geht oder nicht.« Wie so eine Art Frühwarnsystem, bevor der Bazillen-Sepp zuschlägt. Ich erinnere mich noch an ein schräges Bild aus den ersten Wochen. Wir saßen im Wohnzimmer auf der Couch am Fenster, und Annette, unsere Nachsorgehebamme, betastete die Brüste meiner Frau. Ich dachte mir, wenn das unsere Nachbarn beobachten, denken die wahrscheinlich, bei uns läuft ein Porno-Casting ab, bei dem die Regisseurin vor dem Dreh noch die Knetkonsistenz der Hauptdarstellerinnenbrüste prüft. Das beste Mittel gegen Brustentzündung sind laut alten Hebammenüberlieferungen Quarkumschläge auf die Brüste. Ich muss zugeben, das sah schon etwas gewöhnungsbedürftig aus. Das ist so »9 ½ Wochen« für frisch gewordene Eltern: »Baby, schmier die Brüste mit Quark ein, und dann wird abgeleckt.«

Ob Mickey Rourke damals bei so was mitgemacht hätte?

Ein weiterer kniffliger Aspekt ist das Thema Milch abpumpen. Die Milchpumpe wird oft als großes Freiheitsinstrument hingestellt. Frauen, die ihr

Kind stillen, aber auch gleichzeitig wieder in ihrem alten Job weiterarbeiten wollen, haben die Möglichkeit, zwischen den Meetings Milch abzupumpen. Diese wird dann in Portionen eingefroren, und daheim kann dann der Ehemann das Baby mit der wieder aufgetauten Pumpmilch füttern. Es gibt tatsächlich Fake-Brustkonstrukte, die sich Männer umhängen können, und dann soll man ein bisschen Stillfeeling bekommen. Das ist Blödsinn. Ich hab mich gefühlt wie eine Transe.

Man pumpt Milch nicht nur für die Karriere ab. Auch wenn die Kleinen mal nicht an der Brust trinken wollen, kann man das machen und die Muttermilch per Fläschchen geben. Das hört sich alles so locker-flockig an, aber ich kann allen Unwissenden da draußen sagen: Stillen ist zehrend und anstrengend, ob die Milch abgepumpt wird oder nicht. Was Gudrun da über Monate geleistet hat, war schon fast eine zweite kleine Geburt. Ich finde das Stillen faszinierend, die Tatsache, dass eine Mutter ihr Kind selbst ernähren kann. Aber ich habe auch den Druck gesehen, der dabei auf meiner Frau lastete. Sie hatte oft Angst, krank zu werden, weil dadurch die Nahrungskette abreißen würde. Und das Milchabpumpen, das dazu dient, für Notfälle einen kleinen Vorrat anzulegen, ist eine weitere Herausforderung für Frauen. Da ich nicht die Fachfrau im

Milch-Business bin, möchte ich an dieser Stelle die Betroffene offen zum Thema sprechen lassen, wie sie das damals empfand. Dies sind die Worte meiner Frau:

»Das Milchabpumpen mit einer Milchpumpe ist das Entwürdigendste, was ich als Frau je erlebt habe. Wenn ich nicht gewusst hätte, dass das für meine Tochter so wichtig ist, hätte ich das sicher sein lassen. Und ich weiß auch nicht, ob Lilly das je zu schätzen wissen wird, was ich da für sie getan habe. Wenn ich ihr das in vielen Jahren mal erzählen werde, sitzt sie wahrscheinlich nur da und zuckt leicht mit der Schulter: ›Okay, danke.‹ Die Milchpumpe hatte etwas Surreales für mich. Vor der Schwangerschaft dachte ich, ich habe die schönsten Brüste des Universums (ich kann das bestätigen, der Autor). Und dann sind die zu Pornoformaten gewachsen, das sah absurd aus. Stillen ist ein wunderschöner, inniger Moment, aber beim Milchabpumpen lässt man sich noch freiwillig mit Vakuum-Saugglocken seine Brüste langziehen. Das ist wie so eine Melkmaschine. Da kann man noch so verliebt sein, das geht nicht spurlos an einem Partner oder dem Sexualleben vorbei.«

So hat Gudrun immer verweigert, dass ich ihr dabei zugucke, wenn sie die »Pump 800« angeworfen hat. Sie hatte Angst, dass wir nie wieder ein gescheites Sexualleben haben werden. Da ich früher in den Sommerferien auf dem Bauernhof meines Onkels auch mal im Kuhstall mitgeholfen habe und mit so großen Melkmaschinen hantieren musste, war es wahrscheinlich eine gute Entscheidung. Da könnte man ja auch ein Trauma kriegen: »Jedes Mal, wenn ich ein Muhen höre, denke ich an meine Frau.«

Vielleicht zum Ende des Kapitels noch was Positives. Viele Paare empfinden den Einzug des Stillkissens ins Ehebett als einen Einschnitt ins romantische Eheleben. Manche Männer machen sich auch darüber lustig. Ich kann nur sagen, ein Stillkissen kann mit etwas Fantasie auch anders verwendet werden.

Das böse Pupsmonster

»Blähungen!«

Das ist so ein Ausruf wie früher: »Die Hunnen!«

Man weiß nicht genau was, aber da kommt nichts Gutes. Ich muss es gleich am Anfang des Kapitels loswerden: Meine Tochter war in den ersten Monaten eine Pupserin. Ich hoffe, dass sie mich nicht ins Heim abschiebt, wenn sie das irgendwann liest. Aber ich kann es nicht beschönigen. Sie konnte so brutal pupsen wie ein niederbayrischer Kuhfladenstapler nach einer Kohlmahlzeit. In den ersten Monaten hätte sie mühelos eine Fernfahrerkneipe leer machen können. Oft warf ich mich in Restaurants in letzter Sekunde in den Schützenthekengraben und schrie mit dem letzten geruchsfreien Atemzug: »Gas!«

Mütter brachten ihre Kinder in Wickeltaschen in Sicherheit, erwachsene Männer stolperten mit Tränen in den Augen ziellos umher, Kellner konnten sich gerade noch nasse Abspültücher vors Gesicht binden, und wir kamen billig davon. Blähungen sind eigentlich ein gesellschaftliches Tabuthema. Aber in den vergangenen zwei Jahren scheint sich da was getan zu haben. Im Fernsehen läuft seit einiger Zeit ein Werbespot, den ich nicht ganz verstehe: Zwei biedere, geschmacklos gekleidete Mittevierzighausfrauen (nennen wir sie Jutta und Gabi. Dörte hab ich leider schon verbraucht in diesem Buch) treffen sich in einem Café. Jutta will Gabi was bestellen, aber die lehnt ab mit den Worten: »Ich kann nicht. Ich fühle mich oft so aufgebläht.«

Was ist denn das für eine neue Werbezielgruppe im Fernsehen? Blähweiber? Gibt es wirklich Frauen, die sich mit anderen Frauen in Cafés treffen und dann mit ernster Miene dieses Problem schildern?

(Ich habe den weiteren Dialog nur geringfügig verändert:)

»Was soll ich gegen mein Blähbauchproblem tun?«

Jutta zieht einen Joghurt aus der Tasche: »Gut, dass du das sagst, ich mache gerade Werbung für einen tollen Joghurt. Der schafft Abhilfe.«

Und dieser Joghurt wird dann damit beworben, dass er ganz spezielle Kulturen beinhaltet, die alles wieder gutmachen. Ich würde da mal einen Joghurt mit ganz alten Kulturen machen. Aztekenkulturen

264

vielleicht, wo sie früher aufgeblähte Frauen dem Sonnengott geopfert haben. Aber Gabi ist verwirrt, ein Joghurt für meine Blähprobleme?

»Soll ich mir damit einen Einlauf machen?«

»Ha ha, nein, du Dummchen. Du kannst die Pampe auch nur so über den Mund zu dir nehmen. Und das Supertolle zusätzlich ist, mit dieser Low-fat-Schmiere wirst du auch noch schlank.«

»Echt? Darf ich den aufessen?«

Die sind doch nur so aufgebläht, weil sie nicht pupsen, ist doch wahr. Wenn sich eine Frau mit der besten Freundin im Café trifft und da nichts anderes zu erzählen hat, als dass sie aufgebläht ist, stimmt doch was nicht. Und dann soll irgend so ein Aktiv-links-und-rechts-drehender-Joghurt Abhilfe schaffen? Lasst es so raus, Mädels! Schämt euch nicht. Stellt euch ins Restaurant und lasst euren Bauchgefühlen freien Lauf. Dann findet ihr auch echte Freundinnen und braucht keine Kaffee-Hag-Tussen, die ihr Leben am Traualtar abgegeben haben. Als Papa würde ich solchen Blähweibern heiß gemachte Kirschkernkissen und Fenchel-Tee empfehlen.

Über Pupsen sollte man öffentlich mehr sprechen. Das ist die natürliche Form von Dampf ablassen. Wenn man Kinder hat, tut man das sowieso. Eltern von blähungsgeplagten Babys, ihr seid nicht allein! Wenn man auf andere Eltern trifft, deren Kinder schon älter sind, und denen erzählt, dass die eigene Tochter pupst wie die blöde Höllensau (das trifft es ganz gut), lächeln sie alle weise und erklären dir: »Ja, das hatten wir auch. Das gehört dazu, das sind die Dreimonatskoliken.«

»Wie?«

»Der Spuk hört nach dem dritten Monat auf, da kannst du die Uhr nach stellen.«

Wie sollte ich mir das denn vorstellen? Am Stichtag sitzt Peter Maffay im Schlafzimmer und singt das Blähende herbei: »Über drei Monate Blähungen musst du gehen, drei dunkle Fürze überstehen. In drei Monaten wird alles in Schutt und Asche sein, aber einmal auch in hellem Schein.«

Bis dahin stand ich nachtein und nachtaus vor meiner Tochter und massierte ihr den Bauch. Um die Winde aus dem Körper auszutreiben. Ich kam mir ein bisschen vor wie ein Furz-Exorzist. Kreisend drückende Bewegungen und die Gebete: »Wir haben Blähungen, und wir machen so lange reibe-reibe, bis die ganzen Pupsmonster besiegt sind. Fahr aus, Satanspups. Weiche ... Reibe-reibe ...«

Bei den beschwörerischen Kreiseldrückbewegungen ist ganz wichtig: immer im Uhrzeigersinn, wegen der Darmrichtung! Ich wusste früher gar nicht,

266

dass der Darm auch eine spezielle Richtung hat. Ich dachte, der verrichtet seinen Dienst, ohne seiner Tätigkeit ein Ziel vorzugeben. Wenn man aber gegen den Uhrzeigersinn massiert, wäre das kontraproduktiv. Ich kann mir sogar vorstellen, dass das in Folterfilmen wie »Hostel« als neue Methode eingesetzt wird. Die Handlung von »Hostel VII«: In einem Hostel in Budapest werden lauter Frauen entführt, die vorher laut im Café über ihre Blähbauchprobleme gesprochen hatten. Als sie später aus ihrer Betäubung aufwachen, festgeschnallt auf eine Liege, steht ein muskulöser russischer Masseur vor ihnen, der seine Hände gegen den Uhrzeigersinn einzusetzen weiß: ... »Poff!«

Ich war bei Lilly natürlich im Auftrag des Guten unterwegs, das böse Pupsmonster zu bekämpfen. Man wird quasi zum Magier der Winde. Ein guter Trick ist, wenn das Baby auf dem Rücken liegt, seine Beine anzuwinkeln und sanft zum Bauch zu drücken. Man mag es nicht glauben, aber da geht was, stundenlang. Ich dachte mir oft, das ist doch physiognomisch gar nicht möglich, so viel heiße Luft in diesem kleinen Körper! Wenn das alles da drin war, müsste die aufgebläht sein wie Rainer Calmund nach einem Zehn-Gänge-Menü. Ich fragte mich, ob man so eine zerstörerische Blähgeruchskraft (dieses Wort wird im Word-Rechtschreibprogramm nicht rot unterkringelt, das heißt, es ist ein bestehendes Wort, und das schreibt man wirklich so) nicht auch positiv nutzen könnte. Zum Beispiel für ökologisch unbedenkliche Ballonfahrten oder als Biopupsgas fürs Auto. Ich setze Lilly hinten rein, zünde das Feuerzeug an und – wwwrrroommmm. Vielleicht könnte ich sie als revolutionäre Energiequelle zum Patent anmelden. Oder sie würde mit ihrer speziellen Fähigkeit eine Superheldin. Wie in der Serie »Heroes«. Es gibt dort viele normale Menschen mit außergewöhnlichen Begabungen, die sie für das Gute einsetzen. Was wäre die Folge? Meine Tochter wird Pups-Woman. Die Menschen erstarren und schnuppern nach oben: »Ist es ein Busfahrer im Sommer? Ist es ein Fußballer nach dem Elfmeterschießen? Ist es ein Discofoxtänzer in der Sauna?«

»Nein, es ist Pups-Woman!«

»Ffffffffffrrrzzzzzzz!«

»Pups-Woman, hilf uns gegen den bösen Wickel-Man.«

Das hört sich zwar alles amüsant an, aber diese Blähungen sind eine schlimme Quälerei. Babys leiden sehr darunter, denn bis die Blähungen in umgewandelter Form als Pupse das Licht der Welt erblicken, machen sie das, wofür sie bezahlt werden. Sie blähen. Und das tut weh. Erst denken sich die Mütter: Habe ich was Falsches gegessen und es durch meine Muttermilch weitergegeben? So was kann schon mal vorkommen, aber die Blähungen verrichten auch so ihren Job. Die sind einfach da, drei Monate lang. Und dann waren sie irgendwann wieder weg. Wie die Hunnen.

Das Schreien der Inkas

»Wuäääääääääääääööö!«

Du erwachst mitten in der Nacht mit Panik. Fliegeralarm! Ach so, nein, Baby in der Luft. Habe ich vorher schon mal erwähnt, wie laut Babys schreien können? Ich meine damit wirklich laut. Laut laut. Nicht so, dass es bloß wehtut, sondern dass sich im Gehörgang die Härchen aufstellen wie die Haare auf dem Rücken einer Katze, die ihr Revier verteidigt. Gehörknöchelchen zerbröseln, und die Mauern von Jericho zerfallen zu Staub.

»Wuäääääääääääääööö!«

Babys sind kleine Drama Queens. Sie leben im Moment. Haben sie Hunger, wollen sie *jetzt* was (das kenn ich doch von irgendwoher). Es gibt kein »oh, Papa macht gerade die Flasche, in ein paar Minuten wird es mir besser gehen«. Nein, jetzt, sonst schreie ich die Bude zusammen. Vom Spirit her finde ich das eigentlich gut, Babys sind menschliches Leben in Reinkultur – unversaut, noch formbar, aber in ihren Instinkten und Fähigkeiten dem Tier sehr ähnlich. Ein Hängebauchschwein ist nach drei Monaten selbstständiger als ein Menschensäugling. Das gibt einem doch ein bisschen zu denken. So ein Hängebauchschweinchen kann mit drei Monaten alles, was es im Leben braucht und was seine Bestimmung ist: im Dreck rumwühlen, fressen und saufen, wie ein BILD-Zeitungs-Reporter. Babys können nur: schreien. Das habe ich als Vater mittlerweile verstanden. Als Kinderloser hatte ich mich gefragt, warum werden Kinder eigentlich mit Stimmbändern geboren? Heute frage ich mich, warum sind bei Babys die Stimmbänder eigentlich so perfekt ausgebildet? So ein Baby kommt auf die Welt, alles an ihm ist ganz klein, zart, filigran und zerbrechlich, aber die Stimmbänder haben eine Konsistenz wie Schiffstaue. Die Lautstärke kriegst du als Erwachsener gar nicht hin. So ein kleiner Wurm kann so laut schreien, wie ein Elefant tröten kann. Gut, dass uns der Nestbautrieb zum Umzug angetrieben hat. Das neue Haus hat hohe Decken, und alles ist offen zur Galerie, sodass im Wohnzimmer die neue Stereoanlage und die neuen Mörderboxen genutzt werden und klangtechnisch voll zur Geltung kommen können. Leider auch das Kind! Warum haben Babys überentwickelte Stimmbänder? Die können ja eh noch nicht sprechen. Eigentlich wäre es viel besser, wenn Babys in der ersten Zeit nur ganz leise Laute von sich geben könnten, »quäk quäk quäk«. Und mit zwei Jahren dann irgendwann »meep«. Würde reichen. Oder gleich ab Geburt sprechen können, damit sie sofort in den Dialog mit ihren Eltern treten können. Das Baby kommt raus: »Hallo, servus beieinander!«

»Och, guck mal, da ist sie!«

»Was habt ihr denn erwartet? Jesus? Den Milchmann?«

»Unvorstellbar, dass sie gerade eben noch im Bauch war.«

»War ich gar nicht. Die ganze Aktion hier: ein Fake!«

»Aber wir waren doch schwanger mit dir.«

»Das waren Aufblähmedikamente, über Monate vom Frauenarzt verabreicht.«

»Wie?«

»Ihr lebt in einer Baby-Matrix. Das ist eine große Verschwörung. Kinder werden nicht von der dicken Frau gebracht, sondern in Labors gezüchtet und dann bei der sogenannten Geburt in einem unachtsamen Moment – zack – auf den Bauch der Mutter gelegt. Das nennt man auch die Copperfield-Methode.«

Wenn Babys sprechen könnten, würde das sicher in den ersten Wochen nerven: »Scheiße, ist das kalt hier ... Oh, habe ich einen Hunger, kann mir jemand was zu essen machen? ... Wer wischt mir den Hintern? ... Was lächelst du mich so dämlich an? ... Die Tante riecht so komisch!«

Lillys extreme Schreiphasen dauerten von der dritten Woche bis zum dritten Monat. Wir wussten oft nicht, warum sie gerade schreit. Du checkst die Basics: Hunger, Durst, kalt, müde, nasse Windel, Pupsbauch, Schmerzeinwirkung von außen? Wenn du nichts findest, beginnt das Beruhigungsrumtragen in der Wohnung. Hat ja bei den Naturvölkern auch seit Jahrtausenden funktioniert. Die Babys eng am Körper herumtragen, um Geborgenheit und Sicherheit zu vermitteln. Natürlich kann man die Kleinen auf Dauer nicht nur selbst auf Händen tragen. Auch vier oder fünf Kilo werden mit der Zeit schwer, und außerdem braucht man ja die eine oder andere Hand für die eine oder andere Tätigkeit, zum Beispiel Essen machen und aufessen, aufräumen etc. Dafür hat der Gott der Naturvölker die Tragehilfe erfunden. Und genau da scheiden sich die weiblichen und männlichen Geister: Tragetuch oder Babybjörn (ausgeklügelte Tragevorrichtung, vorne und hinten zu verwenden)? Das ist wie die Wahl der Waffen: Steinschleuder oder eine 48er-Magnum. Und Dirty Harry hätte sich nicht für einen Kieselwerfer entschieden. Also hat Dirty Michl einen Babybjörn besorgt. Gudrun sagte, mit dem Tragetuch, das wäre viel schöner und einfacher. Nein. Gut, ich ließ mir die prähistorische Variante zumindest erklären und zeigen. Ich stand da mit diesem in bunten Inkafarben gehaltenen Peru-Poncho-Ersatz und überlegte mir, wenn ich mir jetzt eine Panflöte zulege, könnte ich in der Fußgängerzone gutes Geld verdienen. Aber Lilly war kurz davor zu ersticken, weil ich das Tuch zum wiederholten Male zu eng geschlungen hatte. Ich bin beim Babybjörn geblieben. A man has to do what a man has got to do!

Aber auch das half nicht immer. Auf Empfehlung unserer Stillberaterin haben wir dann über zwei Wochen ein Schreitagebuch geführt. Einfach mal konkret schauen, ob sie mehr als andere Kinder schreit. Wir kamen an manchen Tagen auf Spitzen von fast sieben Stunden Schreien – und zwar pures Schreien, das Jammern oder Rumnölen nicht mitgezählt. Ja, das war eine Schreizeit, die so manchen von der Konkurrenz blass hinten ließ.

Schlimm ist, dass man als Vater oder Mutter sofort denkt, man hat was falsch gemacht, aber es liegt wohl an etwas ganz anderem: Babys können sehr viel von dem wahrnehmen, was um sie herum passiert. Wie uns erklärt wurde, »ein Baby ist ein kleiner Mensch, der die Welt noch nicht versteht«. Und das Baby versucht, die daraus entstehenden negativen Gefühle durch Schreien abzubauen. Das kannte ich bisher bloß von schlechten blonden Komikerinnen. Oft ist es auch nur eine Überreizung durch die Umwelt, die die Kleinen (hier sind wieder die Babys gemeint) überfordert, und schon geht es wieder los.

Der Dichter Novalis hat mal gesagt: »Ein Kind ist eine sichtbar gewordene Liebe.« Der hatte sicher keine Kinder, sonst hätte er den Satz wahrscheinlich ein klein wenig verändert: »Ein Kind ist eine hörbar gewordene Liebe.«

Und was würde ich ihm heute entgegnen? »Es schreit zwar viel, aber wenn es dich dann einmal anlächelt, kriegst du alles wieder zurück.«

Das Lächeln der Babys gibt Liebe und Freude in einem Maß, das ich mir vorher nicht vorstellen konnte. Und eines muss ich an dieser Stelle euch Kinderlosen da draußen sagen: »Ihr habt ja keine Ahnung!«

Schnuller a. k. a. Peacemaker

Ich habe mich während Lillys schlimmen Schreiphasen manchmal gefragt: Gibt's da keinen Stöp-
sel? Irgendetwas, was den Sound-Schlund ver-
schließt? Klar, Schnuller. Dafür sind die doch
gemacht. Aber schon im Krankenhaus erklärte die
Hebamme, man soll bei einem neugeborenen Baby
erst mal keinen Schnuller verwenden. Nicht, dass
es sich schon sofort daran gewöhnt. Wie – daran gewöhnt? Natürlich – daran gewöhnt. Ich habe Lilly
in den ersten zwei Tagen nur beruhigen können,
indem ich ihr einen meiner Finger zum Nuckeln
in den Mund gesteckt habe. Statt nuckeln hat sie
daran gesaugt – wie ein Vampir nach einer viermo-
natigen Sonnenphase. Du denkst dir, nein, dieses
kleine Ding kann doch eigentlich nicht so saugen,
das ist doch physikalisch gar nicht möglich. Wo
kommt das Gegengewicht her? Woher nimmt sie
diesen Zug? Nachdem meine Finger schon auf
bleistiftdünne Handfortsätze geschrumpft waren,

nahm ich den Schnuller. Mir egal, wenn sie dann davon abhängig würde, ich brauchte etwas Ruhe. Außerdem ist es besser, wenn sie vom Schnuller abhängig wird als von Papas Fingern. Das sähe ja blöd aus, wenn die Kleine irgendwann mit Papa im Mund durch die Gegend läuft. Ich habe ihr also den Schnuller in den Mund gesteckt und – aaaaaaah – Ruhe. Frieden legte sich auf meine Nerven. Es gibt aber ein kleines Problem beim Schnuller. Der bleibt nicht so drin wie ein Finger. Ich dachte manchmal an so Gummiknochenmenschen, die man immer im Zirkus sieht. So lag ich manchmal da, um sicherzustellen, dass der Finger nicht rausrutschte. Ich sah wohl auch manchmal aus wie einer, der Yoga als Entspannungsübung noch nicht so ganz verstanden hatte. Tja, liebe Kinderlose, jetzt werdet ihr sagen, mei, wenn der Schnuller rausfällt, dann muss er halt wieder rein in den Babymund. Gute Idee, danke, dafür werdet ihr für den Innovationsnobelpreis nominiert, aber: Das Baby kann den Schnuller nicht selbst in den Mund tun. Das Baby kann noch gar nichts, außer einfach so dazuliegen und seine Stimmbänder in Schwingung zu versetzen. Der Schnuller fällt raus und liegt dann da. Und Schnuller raus bedeutet noch lauter schreien. Also steckt Papa den Schnuller wieder rein. Ich weiß nicht, ob Babys das extra machen, aber nach dem 421. – geschrieben: vierhunderteinundzwanzigsten – Mal fängt man an, über Methoden nachzudenken, wie man den Gummisauger am Mund festtackern könnte. Es gibt leider keine Methode, die nicht auch in Filmen wie »Saw II–V« vorkommen könnte. Und der herausfallende Schnuller kann auch in einigen Fällen zur Katastrophe führen. Man muss vielleicht vorher sagen, dass wir erwachsenen Menschen es normalerweise akustisch nicht wahrnehmen, wenn ein Schnuller aus etwa drei Zentimetern Höhe auf eine Matratze fällt. Es hat in etwa den Klang einer in Ohnmacht fallenden Waldameise, die gerade einen Brotkrumen in eigener Körpergröße trägt – dim (ich weiß nicht, wie man es besser mit Lautschrift darstellen sollte). Bei Babys ist das anders, die hören so was. Die würden auch eine magersüchtige Ameise ohne Brotzeit umfallen hören. Das ist schon auch eine super Laune der Natur, den Babys bei der Geburt einen hypersensiblen Seismografen ins Gehörwerk einzubauen. Danke. Das Baby liegt im Bett, es ist nach zwei Stunden schlaferzeugenden Ritualen eingeschlafen. Es nuckelt im Schlaf am Schnuller. Du liegst daneben, guckst es an, und du siehst es kommen. Der Mund entspannt sich immer mehr, bald wird nicht mehr genügend Kieferdruck auf den Nuckel ausgeübt, und er wird herausfallen. Einundzwanzig, zweiundzwanzig – dim ...

»Wuääääääääääääh!«

Babys wachen von dem Geräusch des auf die Matratze fallenden Schnullers auf. Kein Scheiß! Und zwar sofort in der Zehntelsekunde, in der der Schnuller sanft auf das Bett auftrifft – dim. Zur Ehrenrettung der Natur muss ich noch anfügen, dass sie sich für Eltern was einfallen hat lassen. Das Gehör frischgebackener Eltern macht eine kleine Veränderung durch. Es scheint, dass sich die Baby-Eltern-Ohren innerhalb von zwei Tagen hypersensibilisieren. Ich habe 42 Jahre mit der Meinung gelebt, dass meine Ohren Geräusche jenseits der Akustik nicht wahrnehmen können. Überraschung! Du liegst da im Halbschlaf neben deiner Tochter, dann siehst du, dass der Schnuller sich in Zeitlupe Mikromillimeter für Mikromillimeter weiter aus dem Mund rausbewegt; und wenn er dann aus Schwerkraftgründen fällt – woommm –, weißt du nicht, wo dieses Geräusch eigentlich herkommt. Der Aufschlag klingt, als ob es ein 100-Kilo-Schnuller eines fetten Babyzyklopen wäre. (Übrigens: Auch bei Zyklopen gibt es Arschlochkinder. Fragt mal Odysseus.) Woommm – wie kann man den Schnuller-Klang am treffendsten beschreiben? Vielleicht wie dumpfe Trommeln im Dschungel, die von einem sehr muskulösen einarmigen Eingeborenen geschlagen werden, der ziemlich sauer auf

Tarzan ist, weil er eine weiße Safarigesellschaft in ihr Gebiet geführt hat – doommm. Der Dschungel und das Baby erwachen. Alert! Alarm! Ich stecke den Schnuller wieder in ihren Mund – der Sturm ist vorbei. Wenn ein Vater sein Kind still kriegt, ist das wie eine gewaltige Heldentat, da rennt man rum wie nach einer gewonnenen Fußballmeisterschaft: »Ich bin gut! Ich bin der Beste! Olé, olé, super Papa! Wer will sich mit mir messen?«

Ich fühlte mich wie in einer griechischen Heldensaga, als direkter Nachfahre von Herkules und Odysseus. Nur war ich in der Realität nur Sisyphus, denn ich hatte nur ein paar Minuten Zeit gewonnen. An einem Tag, an dem Lilly besonders laut und intensiv geschrien hatte, fragte mich Gudrun verblüfft, wie ich denn das gemacht hätte, dass sie nun still ist?

»Ich habe 334 Mal den Schnuller wieder reingesteckt.«

Mit echter Kreativität hat das nichts zu tun, aber als Vater wirst du in vielen Momenten zum Pragmatiker. Im Nachhinein habe ich mich manchmal gefragt, ob es doch besser gewesen wäre, wenn wir unsere Tochter nie der Droge Schnuller ausgesetzt hätten. Ich muss nämlich zugeben, sie ist mittlerweile seit langer Zeit abhängig. Aber sie ist eher eine Quartalsschnullerin. Sie braucht den Schnuller nicht immer, sie kann auch tagsüber stundenlang ohne auskommen. Aber kaum ist sie ein bisschen gestresst oder hingefallen, müde oder Ähnliches, da könnte ich alles machen, was ich wollte, keine Tat der Welt könnte das »dunk« des Schnullers ersetzen. Da habe ich auch begriffen, warum sie auch »Beruhigungssauger« oder »Peacemaker« genannt werden. Vielleicht sollte ich da mal eine eigene Marke auf den Markt bringen: »Peacesucker«. Mit dem schönen Werbespruch: »If you wanna have peace – suck!«

Oder noch einfacher: »Peace sucks!«

Seit wir Lilly zum Schlafen in ihr eigenes Zimmer bringen, braucht sie den Schnuller zum Einschlafen wie ein Pfarrer den Weihrauch zum Fliegen. Aber es reicht leider nicht ein einziger Schnuller mit einem Ersatzschnuller danebenliegend. Wenn wir Lilly hinlegen, müssen wir in einem Halbkreis um ihren Oberarmbewegungsradius zwölf Schnuller drapieren. Wir nennen sie immer »Das dreckige Dutzend«. Und sie wechselt die alle durch. Wie ein kleiner Kautschuk-Junkie spuckt sie einen aus, schiebt den nächsten in den Mund, dann wird der wieder ausgespuckt, und der nächste kommt rein … Ich weiß nicht, wie oft sie dieses Spiel in der Nacht wiederholt. Ich wollte schon mal eine Nachtkamera in ihrem Zimmer installieren, um mehr über diese

281

Form der Schnullerabhängigkeit zu erfahren. Aber da ich politisch links stehe, ehre ich noch die Unverletzlichkeit der Privatsphäre. Ich bin gegen den Großen Blickangriff. Das Schnuller-wechsle-dich-Spiel endet jedenfalls jeden Morgen folgendermaßen: Lilly wacht auf, man hört über das Babyfon knacksen und klacksen, sie brabbelt zufrieden fröhlich vor sich hin, und etwa nach einer halben Stunde ruft sie nach uns, beziehungsweise schreit einfach. Ich komme in ihr Zimmer, und sie hat mal wieder alle Schnuller und alle Kuscheltiere aus ihrem Bett geworfen. Meine Theorie ist, sie bleibt also so lange friedlich, bis die Wurfmunition aufgebraucht ist. Das erinnert mich ein bisschen an gute alte Kavallerie-Western. Damals am Little Big Horn. Wenn General Custers Truppen keine Munition mehr hatten, warfen sie sich mit Gebrüll auf die Indianergegner. Dann wurde mit bloßen Händen gekämpft. Wir hoffen inständig, dass wir es schaffen, Lilly bis zur Einschulung die Schnullerei wieder abzugewöhnen, und warten so auf den Tag von »General Babys letzter Schlacht am Little Big Nuk«.

Schlaf, Papilein, schlaf

Natürlich schläft ein Baby nicht immer einfach so
ein, indem man den Schnuller in den Mund steckt
und ihm einmal zärtlich über den Kopf streichelt.
Wenn ich heute zurückdenke, kann ich mir die
schlaflosen Nächte eigentlich nicht mehr vorstel-
len. Die sind vergessen und verdrängt – das ist üb-
rigens ein Effekt, den man von vielen Eltern hört.
Eltern leben in der Gegenwart, da ist genügend los.
Das ist so eine Art Kollektivverdrängung dunkler
Zeiten. Das wäre vergleichbar mit dem Umgang
Österreichs mit der Geschichte des Dritten Reichs:
»Mia woan net schuid, mia woan Opfa, da Hitler
woa zwoa Österreicher, oba Karriere hot er erst in
Deitschland gmocht.«

Bei Eltern hat diese Verdrängung aber einen evo-
lutionsbedingten Sinn. Das zeitweise Vergessen ist
der Motor für zukünftige Fertilität. Wenn man als Eltern die harten Anfangszeiten nicht zeitweise vergessen könnte und dauernd präsent hätte, gäbe es keine

Brüder oder Schwestern auf dieser Welt. Höchstens bei masochistisch veranlagten Elternpaaren. Oder Gebärmaschinen wie Heidi Klum. Gut, diese Misses McGladbach hat ja keinen Stress: Pro Kind eine Vollzeit-Nanny, außerdem noch Köche und Personal Trainer, da kann man schon mal zwei Tage nach der Geburt auf dem roten Teppich flanieren. Und dann hat sie auch noch einen eigenen Sänger zur Verfügung, der die Kleinen mit seiner sanften Stimme professionell in den Schlaf singen kann.

Wie aber bringe ich kleine Babys wirklich am besten zum Einschlafen? Leider habe ich nicht die todsichere Methode gefunden. Sonst hätte ich mir das patentieren lassen und einen Weltkonzern gegründet. So was wie »Babysleep Inc.«. Man kriegt zu dem Thema die verschiedensten Vorschläge befreundeter Eltern, und leider auch von denen, mit denen man nicht befreundet sein will, denen man aber am Spielplatz oder in der Krabbelgruppe nicht entkommen kann: »Wie, ihr holt euer Kind nicht jede Nacht zu euch ins Elternbett? Da ist es doch klar, dass es schreit.«

»Wir ficken halt ab und zu noch so rum.«

Dieser Klassiker geht immer, he he he. Darauf bekommt man natürlich die Moralkeule zurück: »Das ist schon sehr egoistisch von euch dem Kind gegenüber.«

284

»Ja, aber es macht Spaß und stellt doch einigermaßen sicher, dass Papa nicht irgendwann mit einer neunzehnjährigen Messehostess abzieht, sich scheiden lässt und dann mit gefärbten Haaren und Ed-Hardy-Klamotten rumläuft.«

Ich habe auch schon beim Metzger oder Bäcker Tipps für die perfekte Einschlafmethode bekommen. Die Palette ist breiter als Amy Winehouse nach dem Besuch einer Wodkadestillerie: singen, summen, vorlesen, im Arm wiegen, Mobile mit Schlafliedfunktion, Plüschtier mit Schnur im Hintern, die bei Zug Musik fahren lässt, Föhn anmachen, Dunstabzugshaube laufen lassen, Seal im Schlafzimmer, über den Kopf streicheln, im Auto rumfahren, flehen, indianische Regentänze, ruhiges Zureden – alles und nichts hilft. Wenn die Natur so ein Wunderwerk schaffen kann wie nie heiser werdende Stimmbänder bei Neugeborenen, wäre es doch ein Leichtes gewesen, bei den Kleinen auch eine Baby-Einschlaffunktion einzubauen. Zum Beispiel am linken Ohrläppchen zupfen und gleichzeitig leicht einen Zeigefinger in den Bauchnabel drücken – PAUSE –, mein Gott, das wäre es gewesen.

Die Traditionalisten sagen, dann würden einem diese ganz speziellen Momente abgehen, die man als Eltern in vielen dunklen Nächten mit seinem Baby durchlebt. Prinzipiell stimme ich da schon zu, aber das galt nicht immer. In Film und Fernsehen zum Beispiel geht das scheinbar so leicht. Da kommt die Mama ins Kinderzimmer, streichelt dem Baby sanft über den Kopf, wiegt es kurz im Arm, und dann schläft der kleine Wurm. Ich hatte auch mal diese romantische Vorstellung, dass du leichtfüßig tänzelnd mit einer sanften Schaukelbewegung deine Nachkommen durchs Zimmer trägst, im Hintergrund süße Klänge von Schlafliedern, gesungen von zufällig vorbeikommenden Waldelfen, und das kleine Baby lässt sich wohlig ins Schlummerland gleiten. Aber die Realität hat da doch ein bisschen mehr zu bieten. Schon allein in der Zeiteinteilungsabteilung. Ich habe sehr schnell gemerkt, dass in der Nacht zwei, drei Stunden schneller vorbeigehen, als man glaubt. Nicht wie ein stolzer Vater, sondern mehr wie ein Zombie ging ich mit meiner Kleinen im Schlafzimmer auf und ab. Oft habe ich gedacht, irgendwann, wenn sie mal volljährig ist, hole ich mir das Kilometergeld wieder zurück (hier kommt später wieder der Verdrängungsfaktor ins Spiel!). Aber in dieser Zeit lernt man auch viel. Zum Beispiel wusste ich vorher nicht, dass man auch im Gehen schlafen kann. Du drehst deine Kreise um das Bett wie Haie, die ihre Beute auf dem Boot mit speziell geschwommenen Schlangenlinien hypnotisieren wollen, damit die dann bereitwillig zu ihnen ins Wasser hüpfen. Und so ging ich Kilometer um Kilometer, schlafzimmerauf, schlafzimmerab. Man kommt sich dabei vor wie ein Gehmännchen, das man aufzieht, und dann läuft es so lange, bis ein Widerstand zum Beispiel in Form einer Schlafzimmerwand kommt, und dann bumps – bleibt es kurz stehen, dreht sich um, und los geht's in die andere Richtung. Wieder bis zur nächsten Wand – bumps. Eines Nachts wurde mir klar, dass ich mit dem Training locker den Iron-Man-Wettbewerb auf Hawaii gewinnen würde, es sei denn, ich müsste gegen andere Väter antreten, die ein ähnliches Trainingsprogramm hinter sich haben. Singen und gleichzeitig meine Kleine durchs Schlafzimmer tragen und dabei schaukelnde Bewegungen ausführen, das war meine Königsdisziplin in dieser Zeit – bumps – und wieder zurück – bumps – ich bewegte mich wie eine fürsorgliche Flipperkugel zwischen den Banden – bumps. Vom ursprünglichen Schlafliederrepertoire hatte ich mich doch etwas wegbewegt: »I'm a Pinball Wizard and ...«

Ich erfand auch Fantasielieder. Wirre Kombinationen eines Hörenden. Oft war es irgendwas zwischen »Stille Nacht« und »Jingle Bells«. Einmal sang ich gedankenlos so vor mich hin: »Eins zwei drei, Freddy kommt vorbei ...«

Gudrun fragte mich verdutzt: »Michl, du weißt

schon, dass das das Hauptlied über den Kinder-schlächter Freddy Krueger in den ›Nightmare on Elm Street‹-Filmen ist?«

»Entschuldigung, aber ich habe die anderen Lie-der schon alle durch.«

Das brachte mich dazu, mal grundlegend über das Thema Schlaflied nachzugrübeln. Ich hatte mich auf die ersten Wochen nach der Geburt nicht künstlerisch vorbereitet. Ich habe Strebereltern ge-troffen, die sich schon in der Endschwangerschaft gegenseitig Schlaflieder vorgesungen haben, die sie dann später an ihrem Baby ausprobieren wollten. Ich dachte mir, da wird mir dann schon was ein-fallen. Ich bin eigentlich ein musischer Mensch. Meine Mutter ist klassische Sängerin, Sopranistin. Deswegen hatte ich gehofft, dass ich da ein biss-chen was geerbt habe, um damit über die nächtli-chen Runden zu kommen. Eins vorweg: Ich hatte nie den Anspruch, meine Nachkommen mit eben-so klassischer Musik zu versorgen. Ich habe leider bis zum heutigen Tag keinen Draht zu klassischer Musik. Aber wer als Jugendlicher jeden Sonntag-morgen mit Sopranarien und Tonleitern geweckt wird, die seine Mutter noch eine Stunde vor dem Kirchgang für den Kirchenchor übt, entwickelt eine innere Gegenbewegung zur Klassik. Ich wurde so zum Mozart-68er, und auf meiner Jacke prangte ein selbst gebastelter Button mit »Schubert – Nein danke!«. Keiner meiner Kumpels hat das verstanden, da war man über »Police«- und »AC/DC«-Sticker nicht hinausgekommen. Ich habe dann oft erklärt, Schubert, das sei ein reaktionärer Musikterrorist, der mit seinen Klavierfingerübungen Hunderttausenden kleinen Kindern die Knöchelchen gebrochen habe. Ich will klassische Musik nicht verteufeln, für mich persönlich war es immer eine gute Einschlafmethode. Es gab für mich ein dramatisches Erweckungserlebnis. Ich musste mal als Kind an meinem Geburtstag auf ein klassisches Konzert gehen (Vorsicht, Psychologen: Traumagefahr!). In meiner Heimatstadt, einer Metropole mit ein paar Tausend Einwohnern und der ideellen Begrenzung eines gallischen Dorfes, war angekündigt, dass der weltberühmte japanische Geiger Takaya Urakawa ein Konzert in der Kirche geben würde. Was habe ich mich gefreut! Endlich! Takaya Urakawa, der Zaubergeiger. Ich hatte alle Starschnitte aus koreanischen Bravo-Heften. Wow, das musste ein super Geburtstag werden, Kirche *und* Geige, das ist eine Stimmungskombination, die heute höchstens von DJ Ötzi übertroffen wird. Ich habe bei meinen Eltern sofort alle Argumente angeführt, die mir einfielen, um diesem musikalischen Pearl Harbour zu entgehen: »Aber ich habe doch Geburtstag. An dem

Tag darf man doch immer das machen, was einem Spaß macht.«

»Du wirst sehen, das wird dir gefallen.«

»Aber muss ich das dann auch hören?«

»Das wirst du nur einmal in deinem Leben erleben, dass der Takaya Urakawa bei uns in Dorfen auftritt, aber Geburtstage wirst du noch viele feiern können.«

»Wenn der Geiger so weltberühmt ist, warum tritt der dann bei uns im Kaff auf?«

»Der ... das ist eine Ehre für unsere Stadt, und da gehen wir hin.«

Ich bin mir nicht mehr sicher, ob ich noch weitere Gegenargumente angeführt habe, aber wenn, dann waren sie nicht sehr effektiv. So saß ich irgendwann als Bub an einem dritten April in der Maria Wallfahrtskirche in Dorfen und lauschte fast freiwillig den Klängen eines berühmten Geigers, der auf seiner Welttournee wahrscheinlich an seinem einzigen freien Tag im Jahr unsere Gemeinde besuchte und uns Musikheiden den Mozart machte. Hat es mir doch gefallen? Nein. Da ging es für mich ums Prinzip. Es hätte mir nie gefallen können. Selbst wenn der Geiger plötzlich eine E-Gitarre in Geigenform rausgezogen hätte und ein Best of Led Zeppelin und AC/DC so gespielt hätte, dass Robert Plant und Bon Scott (der lebte zu der Zeit noch) geweint hätten, ich hätte es nicht zugegeben, dass es gut ist. Selbst wenn der Geiger mir nachher seine beiden heißen halbwüchsigen Töchter vorgestellt hätte, die auf bayrische Buben mit schlechten Siebzigerjahreklamotten stehen, wäre ich meinem Verweigerungsprinzip treu geblieben. Ich hatte mir alle möglichen Szenarien vorgestellt, auf die ich mit ehrlicher Ablehnung reagieren würde. Man hat ja schon Fernsehmoderatoren kotzen sehen. Aber Takaya benutzte keine fiesen Tricks, um sich das Wohlwollen aller zu erschleichen. Er kam, sah und geigte. Und er geigte. Ich schlief ein. Und er geigte. Und ich schlief weiter. Ich bin eigentlich immer wegen des Applauses aufgewacht. Klatschen in einer Kirche ist ja auch ziemlich laut. Dank der heiligen Akustik kam ich in etwa auf 21 Dreiminutennickerchen. Und als ich dann viele Jahre später in dunklen Nächten meine kleine Tochter durchs Zimmer trug, um sie ins Land der Träume zu bringen, fiel mir plötzlich wieder der Takaya ein: »Wenn der mich damals so ausgeknockt hat, könnte das ja auch bei meiner Tochter klappen.«

Ich habe den Namen gegoogelt, und siehe da, er wird auch heute noch als »Japans führender Geiger« beschrieben. Eigentlich hätte ich meine Eltern anrufen und Abbitte leisten müssen: »Es tut mir leid, dass ich damals den Takaya schlechtgemacht habe. Ihr hattet recht, er war und ist ein Stargeiger, der es eigentlich gar nicht nötig gehabt hätte, bei uns in einem bayrischen Kleinstadtdorf aufzutreten. Aber bei mir hat damals der fehlende Geburtstag eine irreparable Lücke hinterlassen, die mit Mozart einfach nicht zu füllen ist.«

Ich besorgte mir stattdessen heimlich Urakawa-CDs, um seine ehemaligen Schlafförderqualitäten auf die Probe zu stellen. Aber wie es so oft ist im Leben: Man kann Dinge aus der Vergangenheit nicht einfach in die Gegenwart transponieren (hey, klassisches Wortspiel, in doppeltem Sinne). Lilly hat noch mehr geweint, als ich ihr den Urakawa vorspielte. Ich wusste nicht, ob ich stolz sein sollte oder traurig, weil mir somit auch dieser Schlafweg verbaut war. Meine Tochter hat Geschmack. Nichts gegen klassische Musik, aber mir reicht es, wenn ich ab und zu spätnachts von desillusionierten Taxifahrern meine Dosis Klassikradio bekomme. Ist das mal jemandem aufgefallen, dass Taxifahrer, die klassische Musik hören, alle schwerhörig sind? Die drehen das immer auf bis zum Anschlag, das kann nicht beruhigend wirken. Und die Klassik-Taxler gucken immer am enttäuschtesten, wenn man sie bittet, die Musik doch leiser zu drehen. Sie glauben mir auch nie, wenn ich ihnen sage, dass ich bei lauter Klassik einschlafe.

Ich war immer noch auf der Suche nach der perfekten Einschlafmusik. Alles habe ich ausprobiert. Von Heavy Metal bis Biene Maja. Meine gesanglichen Fähigkeiten sind nicht schlecht, aber es hat Gründe, warum meine Karriere als Liedermacher Anfang der Neunziger jäh endete, noch bevor sie begann. Vielleicht wird meine Tochter mich später mal hassen für die missglückten Liedversuche. Oder es legt sich später der sanfte Schleier der zarten Nostalgiegefühle drüber. Ich erinnerte mich mit einem wohligen Gruseln an die Gesänge meiner Oma, die mich mit einem einzigen Lied in den Schlaf singen wollte. Sie sang beherzt, aber disharmonisch »Guten Abend, gute Nacht«, als ob es kein Morgen gäbe. Ich bin mir sicher, dass der Komponist diese Version nicht im Sinn hatte, als er diesen Gassenhauer schrieb. »Guuten Aaabend, guute Naaacht« – Gläser zerbarsten, Fensterscheiben splitterten – inbrünstig schmetterte meine Oma die Töne des ehemaligen Schlaflieds – die Repeat-Taste auf Dauerbetrieb gedrückt. So kam ich als kleines Kind zum ersten Mal mit Zwölftonmusik in Berührung. Und das waren nur die Schläferstündchen. Ich musste mit meiner Oma oft in die Kirche gehen. Der Herr wollte es so. Da saß ich als kleiner Bub dann mitten im Altfrauenchor, der mit gläubigen Gesängen Gott zu huldigen versuchte. Für mich war das mehr: »Die Kampfsinger von St. Dorfen rufen den Herrn herbei.« Was muss sich eigentlich Gott denken, wenn er solche Gesänge hört? Ist er da entspannt und sagt, »solange sie beten, wurscht«, oder hat der sich auch Silikon-Oropax gießen lassen? Gott hat wenigstens die Wahl. Aber so kleine Kinder in ihren Bettchen sind hilflos den Gesängen engagierter Omas und Opas ausgesetzt, ohne auch nur den geringsten Schutz. Amnesty International, dig this! Die andere Frage ist, wie soll man bei so harter Zwölftonmusik eigentlich einschlafen? Ich glaube manchmal, dass viele Kinder gar nicht einschlafen, sondern nur so tun, damit der Gesang aufhört. Damals habe ich mir auch noch gedacht, dass ich das mal anders machen werde. Ich würde meiner kleinen Tochter coole Lieder vorsingen und vorher Gesangsunterricht nehmen, damit es kein Familiengefälle gibt. Meine Frau ist Sängerin, da ist das Vorsingen oft schon fast ein kleines persönliches Kammerkonzert. Aber jetzt bin ich dran, es ist der 12. 1. 2009, 4.30 Uhr morgens, und ich habe erst eine Stunde geschlafen. Und ich versuchte gerade meine kleine Tochter in den Schlaf zu singen. Ich dachte erst, es sei wie bei Odysseus, von irgendwoher hörte man leicht die Sirenen singen, sie bezirzen Lillys Ohr, aber dann kam aus meinem Mund: »Guten Abend, gute Nacht, mit Rosen bedacht, mit

Näglein besteckt ...« – danke, Oma – »... schlupf unter die Deck. Morgen früh, wenn Gott will, wirst du wieder geweckt ...«

»Mit Rosen bedacht, mit Näglein besteckt« – hat eigentlich schon mal jemand auf den Text dieses Liedes gehört?

So habe ich es als Kind verstanden, und auch heute noch bin ich mir sicher, dass das der richtige Text ist. Mit Rosen bedacht und mit Näglein besteckt, das ist schon eine stachlige Angelegenheit. Hört sich eher an wie der Titelsong eines Folterfilms. Da werden arme unschuldige amerikanische Studenten in die Fänge einer wahnsinnigen Oma gelockt, und beim Zudecken läuft unten das Blut raus. Ich habe meine Frau gefragt: »Gudrun, heißt das wirklich ›mit Näglein besteckt‹?«

»Öh, ich habe das auch immer so verstanden.«

Meine Mutter sagte, das heiße wohl eher »mit Nelklein besteckt«. Gut, im Zweifelsfall sind Nelken angenehmer im Bett als Nägel, aber sie konnte mir auch nicht erklären, wie man mit Nelken eigentlich ein Bett besteckt.

Lieder für oder gegen Kinder?

Alle Großeltern und Eltern singen Schlaf- und Kinderlieder – und fast immer, ohne sich dabei über den Inhalt Gedanken zu machen. Ich habe nachgeforscht, was sich in den Liedtexten versteckt. Ich möchte hier die Top Seven der härtesten, schrägsten und abgründigsten Kinderlieder kurz präsentieren:

1. Fuchs du hast die Gans gestohlen

>*Fuchs du hast die Gans gestohlen, gib sie wieder her,*
>*sonst wird dich der Jäger holen mit dem Schießgewehr.*
>*Seine große lange Flinte schießt auf dich das Schrot;*
>*Dass dich färbt die rote Tinte, und dann bist du tot.*«

Da wünsch ich doch gute Träume. Das ist schon ein bisschen Splatter! Ich weiß nicht, ob das sehr

schlaffördernd ist. Und dann kommt die selten ge-
sungene dritte Strophe, die das Ganze harmonisch
auflöst ...

> *»Liebes Füchslein, lass dir raten, sei doch nur kein*
> *Dieb;*
> *nimm, statt mit dem Gänsebraten, mit der Maus*
> *vorlieb.«*

Da sagt Speedy Gonzales: Danke. Was lernen wir
aus diesem Lied? Solange du nicht klaust, kannst
du die Tiere schon erschießen. Ja, liebe Vegetarier,
da ist für euch nicht viel zu holen im Kinderlieder-
kosmos.

2. Häschen in der Grube

Die Hymne aller Zyniker. Da wird Schadenfreude
zum Prinzip:

> *»Häschen in der Grube sitzt und schläft, sitzt und*
> *schläft.*
> *Armes Häschen, bist du krank, dass du nicht mehr*
> *hüpfen kannst?*
> *Häschen, hüpf! Häschen, hüpf! Häschen, hüpf!«*

»Danke«, sagt da das Häschen, das gerade mit ge-
brochenem Sprunggelenk in irgendeiner Baugrube

sitzt, »das ist ein sehr guter Tipp, ›Häschen hüpf‹, da wäre ich nie selber drauf gekommen.« Also, liebe Kinder, wenn ihr jemanden am Wegrand seht, der sich nicht mehr fortbewegen kann, macht ihr gute Stimmung, indem ihr einfach den Namen des »Häschens« austauscht.

3. Ri-ra-rutsch

Ist wirklich noch niemandem aufgefallen, dass Kinderlieder oft von Schmerz und Tod handeln? Sollen die Kleinen auf die harte Welt da draußen vorbereitet werden? Oder sind Kinderliederkomponisten einfach frustrierte Musiker, die es nie als Rockstars geschafft haben und nun den unschuldigen Kleinen ihren Weltfrust zu vermitteln suchen?

> *»Ri-ra-rutsch! Wir fahren mit der Kutsch.*
> *Wir fahren über Stock und Stein.*
> *Da bricht sich das Schimmelchen ein Bein.«*

Das arme Schimmelchen. Im Normalfall ist es bei Pferden so, wenn sie sich das Bein brechen, werden sie eingeschläfert. Im Western singt dann immer Mr Colt das letzte Lied »Pow pow pow!«. Jetzt würde man sich denken, okay, das Schimmelchen im Kinderlied bricht sich das Bein, aber die werden das sicher am Schluss positiv mit Happy End auflösen.

Nichts da. Der nächste und letzte Satz des Liedes zeigt, wo's langgeht:

>Ri-ra-rutsch! Es ist nichts mit der Kutsch.<

Das Schimmelchen ist schon gar nicht mehr erwähnt. Geweint wird nur um die Kutsch, die jetzt nicht mehr weiterfahren kann. Nach dem Motto, »selber schuld, blöder Klepper, wenn du stolperst, beim nächsten Mal, wenn wir über Stock und Stein fahren, nehmen wir den HUMMER« (und das ist ein Tier-meets-Technik-Wortspiel erster Güte!).

4. Hopp, hopp, hopp

Dieses Lied geht etwas besonnener an die Thematik gefährdeter Pferdearten ran. Schon in der ersten Strophe ist eine Warnung eingebaut, damit es anderen Pferden nicht so ergeht wie dem netten Ri-ra-rutsch-Schimmelchen:

>Hopp, hopp, hopp, Pferdchen lauf Galopp!
Über Stock und über Steine, aber brich dir nicht
    die Beine<

Aber die folgende Textpassage fand ich dann doch etwas bedenklich. Ich bin mir nicht sicher, ob das

Thema Sex mit Tieren in ein lustiges Kinderlied verpackt werden sollte ...

> *»Tipp, tipp, tapp, wirf mich ja nicht ab!*
> *Zähme deine wilden Triebe, Pferdchen, tu es mir*
>   *zuliebe.«*

Eine Warnung an alle Pferdchen, die sich nicht zurückhalten können: Beim Sex ist es wie beim Postkutschenziehen, nicht stolpern!

5. Es tanzt ein Bi-Ba-Butzemann

Noch einmal zum Thema versaute Kinderlieder. Wir alle haben schon mal in der Kindheit über den Vergleich gelacht:

> *»Er rüttelt sich, er schüttelt sich, er wirft sein*
>   *Säcklein hinter sich.«*

Man weiß eh nicht, ob man den Bi-Ba-Butzemann zu so einer Fähigkeit beglückwünschen soll. Der mag ja ein großer Stecher sein, aber im alltäglichen Leben stelle ich mir das schon etwas schwierig vor. Ich habe mich auch immer gefragt, was ist eigentlich ein Bi-Ba-Butzemann? Ich kenne alle möglichen schwarzen oder Klabautermänner, aber ein Bi-Ba-Butzemann taucht sonst nirgendwo auf. Vielleicht sind die auch vor langer Zeit ausgestorben, da die ja bei Gefahr nicht weglaufen konnten ... Ja, ja, ich weiß, der Vergleich mit »dem Säcklein« ist so alt wie Johannes Heesters' dritte Zähne. Schon klar, aber ich habe den Vergleich nicht aus Humorgründen gemacht. Sondern um für alle Zeiten festzustellen: Dieses Lied ist für Kinderohren nicht geeignet. Der Beweis: Der Bi-Ba-Butzesack wurde 1806 geschrieben, und der Text entstammt einem Werk mit dem Titel »Des Knaben Wunderhorn«. Aha, das Säcklein ist nur der eine Teil der versauten Geschichte, da geht noch mehr. Liebe Kinder, wenn mal zu euch einer kommt und sagt, »ich bin der Bi-Ba-Butzemann«, dann haut sofort ab! Er kann euch ja nicht schnell genug nachlaufen.

6. Wer will fleißige Handwerker sehn

Selbst das Thema Kinderarbeit wird im Volkslied für die Kleinen nicht ausgespart:

»Wer will fleißige Handwerker sehn,
der muss zu uns Kindern gehen.«

Das ist die Hymne der fröhlichen Kinder in Pakistan und Bangladesch, die mit ihren flinken Fingern fleißig Ski- und Jogginganzüge nähen, die man dann in Deutschland bei KIK für 9,90 Euro kaufen kann. Aber dieses Lied hat wenigstens ein Happy End:

>*Trapp, trapp, drei, trapp, trapp, drei,*
jetzt gehen wir von der Arbeit heim«

Aufgefallen? Das ist tatsächlich die einzige von neun Strophen, die sich nicht reimt. Ist das ein Freud'scher Versprecher, oder bin ich da zu kleinlich? Zur Entspannung noch die letzte Strophe:

>*Hopp, hopp, hopp, hopp, hopp, hopp,*
jetzt tanzen alle im Galopp.«

Mit einem Tageslohn von 80 Cent lässt es sich nach einem 16-Stunden-Tag wohl so richtig feiern.

7. Zeigt her eure Füße
Nein, jetzt kommt kein billiger Vergleich mit Pornofilmen für Fußfetischisten, sondern erst mal Unverständnis meinerseits. Vielleicht sitze ich hier an meinem Schreibtisch etwas auf dem Schlauch, aber irgendwie verstehe ich die Kombination der beiden Textzeilen des Refrains nicht ...

>*Zeigt her eure Füße, zeigt her eure Schuh'*
Und sehet den fleißigen Waschfrauen zu!«

Warum soll ich meine Füße und Schuhe herzeigen und dann den Waschfrauen zusehen? Mir fehlt da eine Information. Muss ich erst beweisen, dass ich keine dreckigen Füße habe, weil ich sonst nicht würdig wäre, einen Blick auf die sauberen Waschfrauen zu erhaschen? Oder sind Schuhe eine Opfergabe heiliger Reinigungsmadonnen? Lassen wir das mal beiseite, es gibt noch Wichtigeres in diesem Lied zu begutachten. Die erste Strophe beginnt noch sehr harmlos mit einer extremen Wiederholung der zentralen Tätigkeit echter Waschfrauen:

> »Sie waschen, sie waschen, sie waschen den ganzen
>   Tag.
> Sie waschen, sie waschen, sie waschen den ganzen
>   Tag.«

Können bis jetzt alle folgen? Gut. Aber zwischen der zweiten und der dritten Strophe muss dann etwas passiert sein. Oder das Lied wurde während der Französischen Revolution geschrieben ...

> »Sie hängen, sie hängen, sie hängen den ganzen
>   Tag.«

Schon hart. In der vierten Strophe wird es dann wieder etwas volksnäher. Das ist für mich die »Desperate Housewives«-Strophe. Wenn die Ehemänner aus dem Haus sind, beginnt das versteckte Leben frustrierter Hauswaschfrauen:

»Sie legen, sie legen, sie legen den ganzen Tag.«

Kein Kommentar.

Und wer jetzt denkt, der Mittermeier hat für diese Top Seven der Kinderlieder mit seltsamen Texten wochenlange Recherchen betrieben und Hunderte Volkslieder nach möglichen komischen Vergleichen durchforstet, den muss ich enttäuschen. Ich bin bei einem einzigen Volks- und Kinderliederbuch gerade mal bis Seite 22 gekommen, von möglichen 180! Wenn ich ehrlich bin, hatte ich Angst weiterzulesen.

Verwahrlosung

So manche Nacht brach wie ein Feuersturm über die Koalition der Willigen herein. Lilly zeigte oft alles, was sie konnte, ich sage nur zitternde Unterlippe und zitternder Unterkiefer. Dieser Anblick bricht in einem jeglichen Widerstand. Man würde alles gestehen. Ich frage mich manchmal, ob solche durch heulboarding erzwungenen Elterngeständnisse vor einem regulären Gericht überhaupt zugelassen wären. Gegen ein schreiendes Baby ist die CIA eine nette Wohlfahrtsorganisation. Die erste Zeit nach der Geburt ist das Schlafzimmer (dieses Wort fungiert als ein klassisches Paradoxon) so eine Art Guantanamo Kids Bay. Es gibt kein Entrinnen. Der große Unterschied ist, du gehst immer wieder freiwillig da rein, und in diesem Fall ist der Wärter der Gefangene. Es ist eben alles anders. Vor allem, alles ist anders, als man es sich vorher vorstellen konnte. Das Fernsehen zeigt uns meist ein anderes Bild frischen Familienlebens: schöne Mama, souveräner Vater, süßes braves Kind, und alles läuft reibungslos und entspannt. Die Wohnung ist picobello aufgeräumt und sauber. Wenn ich mal einen Film oder einen Werbespot drehen müsste, würde da ein Vater in einem völligen Chaos stehen, ungeduscht, unrasiert, dunkle Augenhöhlen, mit einem vollgesabberten Pullover. Als Outsider habe ich oft frische Eltern betrachtet und gedacht, »die lassen sich ganz schön gehen, ich würde schon darauf achten, ob ich vollgesabberte Kleidung trage«. Nein! Das tut man nicht. Egal, welche oder wie große Flecken das Baby auf der Kleidung verewigt hat, man lässt sie trotzdem weiter an, weil man nicht alle paar Minuten waschen kann. Wieso T-Shirt wechseln, wenn die Kleine das gleich wieder vollschlatzt? Oft merkt man auch gar nicht, dass man mit Sabber auf der Schulter rumläuft. Ich habe häufiger erst nach Stunden bemerkt: »Oh, die Kleine hat mir zum Abschied noch ein kleines Geschenk auf die Schulter gespuckt.« Es ist ein bisschen peinlich, wenn man in einem Bekleidungsgeschäft steht und die Verkäuferin einen komisch anguckt, beziehungsweise angewidert die Klamotten betrachtet. Deswegen muss in diesem Buch auch über die Verwahrlosung gesprochen werden, die in den ersten Wochen nach der Geburt zu Hause Einzug hält. Sie schreitet unaufhörlich voran. Und es fällt einem nicht mehr auf.

In klugen Ratgebern stehen oft so tolle realistische Tipps wie: »Sie müssen sich als Eltern täglich auch mal eine kleine Auszeit gönnen. Duschen Sie sich, stylen Sie sich und pflegen Sie sich, das tut Ihnen gut. Machen Sie sich was Nettes zu essen, blättern Sie ein wenig in Ihrer Lieblingszeitung ...«

STOPP – hier greift die Surrealitätspolizei ein. Ob das alles guttut, tut nichts zur Sache. Ich weiß nicht, ob die wirklich schon mal was mit Babys zu tun hatten, aber das sind doch nur schöne Gedanken – wie der Weltfrieden. Man würde sich darüber freuen, aber zwischen Realität und Verwirklichung liegen doch noch ein paar Stolpersteine. Vor allem Mütter haben im Wochenbett nicht die Ruhe und Zeit, sich um das Aussehen zu kümmern. Für die meisten Männer ändert sich nicht ganz so viel. Die Stylingbedürfnisse runterzuschrauben fällt manchem nicht so schwer. Drei Männer könnten im Extremfall auch schon mal ein verlängertes Wochenende in einer Wohnung zusammen verbringen, ohne dass Dusche oder Wasser eine zentrale Rolle dabei spielen würden. Die Fliegen fallen schon von den Wänden, der nach außen dringende Geruch hat einen ganzen Straßenzug lahmgelegt, aber unsere drei Freunde sind glücklich und merken nichts. Männer sind deshalb besser gewappnet für die Zeit nach der Geburt. Die Verwahrlosung in der Babyelternwohnung schreitet weiter so vor sich hin. Duschen zum Vergnügen gibt es nicht mehr. Dafür ist keine Zeit. Duschen und Waschen reduzieren sich wieder auf die Basics: eine halbwegs hygienisch und geruchstechnisch saubere Grundlage schaffen zur zwischenmenschlichen Interaktion. Nicht wegen des Babys. Das würde sich auch an die Eltern kuscheln, wenn sich Hunde schon abwenden. Es geht um die eigene Darstellung außer Haus. Wenn man beim Metzger Hausverbot bekommt, weil man mit den um einen herumschwirrenden Tieren und seiner Stinker-Umlaufbahn das Fleisch in der Kühltheke negativ beeinflusst, ist der Moment gekommen, in dem man erkennen muss, es riecht für einen selbst anders als für die anderen. »Herr Mittermeier, wir wollen keinen Ärger mit der Lebensmittelkontrolle.«

Man riecht es daheim ja nicht mehr, der Geruch von vollen Windeln hat sich schon in die Tapeten eingebrannt. Man wundert sich nur ab und zu, wenn man rausgeht, dass man plötzlich beim Schnaufen so viel Luft bekommt. Da wir in den ersten Wochen zu zweit zu Hause waren, haben wir uns natürlich auch gegenseitig nicht gerochen. Doch, wie gesagt, was tut man nicht alles für die Außenwelt. Eine gute Freundin war zwei Wochen nach der Geburt zum zweiten Mal bei uns. Sie schaute mich an und fragte mich: »Du siehst wieder besser aus. Geschlafen?«

»Nein, geduscht.«

Ich muss ja zugeben, Verwahrlosung hat auch eine schöne Seite. Das Sich-total-gehen-Lassen kann auch etwas Meditatives haben. Manchmal dachte ich mir, jetzt hätte ich auch gerne Windeln. Das würde so manches vereinfachen. Zum Beispiel wenn man sich gerade eine Staffel »24« auf DVD anguckt. Auch nach sechs Folgen nicht mehr aufstehen müssen. Herrlich. Einfach hocken, glotzen, essen – SCHNITT – wann kann ich als Papa heute schon mal sechs Folgen einer Serie hintereinander anschauen? Diese Zeiten waren nach der Geburt erst mal vorbei. In den ersten Wochen war man schon froh, wenn man mal ab und zu einen halben »Tatort« sehen konnte. In den ersten Wochen nach der Geburt habe ich wieder mehr gelesen. Man liest halt in vielen Etappen. Aber einen Film auf zwanzigmal zu schauen, das würde keinen Spaß machen. Und man hat ja auch viele Nächte für ein gutes Buch. Mir ist erst später aufgefallen, dass bei dem, was ich in der Zeit alles gelesen habe, nicht viel Lebensbejahendes dabei war. Aber die Millenniumstrilogie von Stieg Larsson schien mir schon titelmäßig sehr passend für meinen Zustand. Die drei Bände gliedern sich in:

»Verblendung«

»Verdammnis«

»Vergebung«

Das ist eigentlich eine gute Kurzbeschreibung meines vergangenen Jahres. Erst die Entscheidung, schwanger zu werden, dann die Geburt und ihre Folgen und ... auf den dritten Teil warte ich noch ein bisschen. Angeblich soll es ja einen verschollenen, fertig geschriebenen vierten Teil der Buchserie von Stieg Larsson geben. Ich weiß schon, wie der heißen könnte:

»Verblendung«

»Verdammnis«

»Vergebung«

»Verwahrlosung«

Ich will nicht alle frischen Eltern schlechtmachen, nicht überall ist die Wohnung verwahrlost, und nicht überall müssen Kinder in Müllbergen leben. Oder? Aber bei uns ist es so: Das Schlafzimmer sieht aus wie ein Lagerraum einer gut organisierten Diebesbande, die sich auf den Einzelhandel spezialisiert hat. Aber alles, was mit dem Baby in Berührung kommt, wird penibelst durchgecheckt. Schnuller und Trinkflaschen werden nicht nur abgewaschen, sondern auch mit der Desinfizierungsmaschine durchgespült. Für alles gibt es Baby-Equipment. Und nie mit demselben Wasser zweimal desinfizieren! Das Desinfizieren wurde bei mir richtiggehend zur Manie. Dass ja kein atomgroßer Keim mein Baby erreichen kann, und keine bösen Bazillenpiraten ihre Enterkünste ausleben können. Sie nannten mich Mr Sagrotan. Das Baby wird auch immer sauber und schick gemacht, egal, was drum herum passiert. Selbst konnte man mit seinem Erscheinungsbild unter der Brücke gute Freunde finden, aber die Kleine sah immer aus wie aus dem Ei gepellt. Man will ja nicht als Rabenvater dastehen. Und ein rosafarbener Strampler mit lila Schleifchen bringt bei Freunden auch die eingefleischtesten Kinderhasser zum Schmelzen. Das ist wiederum etwas, was ich ganz toll finde. Babys haben eine extrem positive Wirkung auf Erwachsene. Der kann sich kaum einer entziehen. Es ist so eine Art Weichmacher. Selbst bei Menschen, die sonst sehr kopflastig und spröde sind. Zum Beispiel Freunde von uns, die auch immer Kinderskeptiker waren und mit denen wir früher immer wunderbar über andere Eltern lästern konnten. Die besuchten uns, als Lilly etwa ein Jahr alt war. Gleich zu Beginn die üblichen Bemerkungen: »Na, wie ist es denn jetzt so mit Kind? Heute schon geschlafen?«

Dann kam Lilly, sah und siegte. Sie blickte sie mit ihren neugierig freudigen Augen an, und plötzlich, galupp, galupp, schlabunz, schlagang, waren sie verwandelt. Und noch der härteste Griesgram wird den Kampf gegen die hochkommenden Gefühle verlieren, wenn ein echtes Baby ins Spiel kommt. Babys bewerben sich gewissermaßen selbst. Aber die brauchen natürlich auch einen Marketingleiter. Und diese Rolle habe ich dann übernommen: »Ihr solltet auch Kinder haben!«

Ja, ich habe es wirklich gesagt.

Spuckiluckituch

Es gibt eine letzte Barriere der Zivilisation, die sich gegen Verfall und Verwahrlosung bei frischgebackenen Eltern stemmt: das Spucktuch. Babys spucken, das ist wie ein eingebautes Überlaufventil: Du füllst oben Milch rein, und da kommt es dann kurz später auch oft wieder zum Vorschein. Dann heißt es wieder nachfüllen. Das ist alles noch human, solange sie noch nicht die Distanz für sich entdeckt haben. Die Kleinen praktizieren anfangs ein gemütliches Rauslaufenlassen. Bei betrunkenen Männern hat man das auch schon so beobachtet. Der einzige wirkliche Schutz vor Anspucken und die wichtigste Erfindung für Babyeltern ist das Spucktuch. Das sind diese undefinierbaren Stofffetzen, die Millionen Eltern auf ihre Schultern legen. Diese Spucktücher sehen alle gleich aus, als ob sie aus alten Mullbinden ehemaliger Mumien gemacht werden. Wenn man sie dann wäscht, krumpeln die ganz furchtbar. Nach zweimal Waschen sehen sie aus wie kurzgeschnittene Verbandstücher. Das wäre doch mal eine Marktlücke: Designer-Spucktücher. Ed Hardy und sein ausführender Klamottensklave Christian »Isnogud« Audigier werden sicher bald was entwerfen. Dann würde es wenigstens wieder passen: Mode zum Kotzen. Da Eltern ja die Angewohnheit haben, in Anwesenheit ihrer Nachkommen in eine kindliche Sprache zu verfallen und Dinge umzubenennen, wurde aus Spucktuch zum Beispiel Spuckiluckituch. Fragt mich nicht, wie wir darauf kamen, es ist so schon schlimm genug.

Das Spuckiluckituch hat die Elternwelt revolutioniert wie keine zweite Erfindung der Neuzeit. Da Babys wegen fehlender Halsmuskeln am Anfang ihren Kopf noch nicht alleine halten können, hält man dann das Baby aufrecht im Arm und lehnt den Kopf an oder über die Schulter mit der Öffnung auf das Spucktuch, kann es da draufschlatzen. Aber irgendwie haben Babys manchmal die Fähigkeit, dieses Tuch wie von Geisterhand verschwinden zu lassen. Verschwindenlassen ist genau das richtige Wort. Jedes Mal lege ich mir das Spucktuch auf die Schulter, sodass es eigentlich nicht runterfallen kann. Es wird beschwert mit dem Kind – aber in der Sekunde, bevor das Köpfchen das Spucktuch berührt, ist das Spucktuch weg. Babys können noch nicht greifen, aber Spucktücher verschwinden zu lassen ist kein Problem. Ich habe damals auf die Erfindung »Spucktuch mit flächigem Klettverschluss« gewartet. Ich glaube zwar, selbst dann hätte Lilly Möglichkeiten gefunden, es von der Schulter verschwinden zu lassen, aber es hätte mal zumindest eine kleine Chance gegeben, unangekotzt zu Bett zu gehen. Wenn mir das früher einer gesagt hätte, du wirst mal auf jemanden in deinem Leben treffen, der dich ankotzen darf – Gott sei Dank hat das meine Frau noch nicht ausprobiert. So was wäre schon ein kniffliger Beziehungstest: »Schatz, halt mich fest, mir geht's nicht so gut, wuäääch spotz spotz spotz ...«

Dann am besten ganz fest an den Satz denken »In guten wie in schlechten Zeiten«. Aber das ist der Unterschied zwischen Erwachsenen und Kindern. Wenn Kinder spucken, ist das nichts Schlechtes. Nur mal kurz sei erwähnt, so kleine Babys können schon mal so eineinhalb Meter weit spucken. Und wenn Babys es richtig rauslassen können, ist das ein Kriterium für Glück und Gesundheit. Es gibt das alte Sprichwort, das von Großeltern und Hebammen seit Ewigkeiten kolportiert wird: »Speikinder sind Gedeihkinder.« Wie unsere Nachsorgehebamme sagte: »Speikinder, aus denen wird was.« Ich dachte mir erst, na toll, was wird dann aus so einem? Ein Weitspuckerprofi? Oder Fußballer. Die spucken ja pro Spiel mindestens vier Liter auf den Rasen, gut zwei Drittel davon durch die Nase. Aber es steht auch in Babyhandbüchern, dass Speikinder erwiesenermaßen eine größere Überlebenschance haben. Die Schwaben sagen zum Beispiel: »Speiberle ist Bleiberle!« Kotzer leben länger? Das stimmt schon, wenn man bedenkt, wie viele Rockstars es eben nicht rausgelassen haben und an ihrer eigenen drinbehaltenen Kotze erstickt sind! Jim Morrison und Bon Scott waren anscheinend keine Ausspucker. Schade. Ich hab mir mal die Szene vorgestellt, wie ein schwäbischer Arzt Jimi Hendrix findet, der gerade an seinem Unerbrochenen erstickt und röchelt: »Öchöchröch ...«

»Ja, ja, Speiberle ist Bleiberle!«

Mir gibt so was ja Hoffnung, weil ich zugeben muss, ich war immer ein Kotzer. Mein Magen ist nicht besonders robust. Raufundrunter-Fahrgeschäfte auf dem Volksfest oder Boot fahren sind Disziplinen, bei denen ich eigentlich nicht ohne Spuckiluckituch mitmachen sollte. Und als Mensch mit leicht zu erschütterndem Magen hat man es nicht leicht im Leben. Ich musste mal als Jugendlicher auf dem Volksfest mit zwei Kindern von Freunden meiner Eltern Schiffschaukeln gehen. Und ich hatte auch schon ein bisschen zu viel getrunken.

Erst mal vorweg: Nie wieder musste ich mit den beiden was machen. Und was soll's, Kotze geht wenigstens leicht wieder aus den Klamotten raus. Das Schiffschaukeln hat sozusagen alles aus mir rausgeholt. Als wir wieder im Bierzelt zum Tisch unserer Eltern kamen, habe ich sofort gesagt, die beiden hätten mich vollgekotzt und nicht umgekehrt. Bis heute haben die Indizien-Beweise – Wind-/Schaukelrichtung und warum die beiden auch die Haare voll Kotze hatten – zu keiner Verurteilung geführt. Ich habe damals zu meinen Eltern gesagt: »Ich bin euer Sohn, wollt ihr mir, eurem Fleisch und Blut, glauben, oder den beiden? Ihr müsst euch für eine Seite entscheiden. Außerdem, wer wird eure Rente zahlen?«

Freispruch.

Mein härtestes Seekrankheitserlebnis als Spucker hatte ich 1992 vor Key Largo (für die Bayern: das ist in Florida, und das wiederum ist in den USA). Wir sind damals mit einem Glasbodenboot rausgefahren. Glasbodenboot, das hört sich super an, du stehst im trockenen Boot und kannst dir durch den durchsichtigen Glasboden die Unterwasserwelt von oben anschauen. Ich sah damals cool aus, braun gebrannt, Bandana um den Kopf (das ist so eine Art Piratentuch). Mir hat leider vorher keiner gesagt, dass es für Leichtmagenmenschen das Schlimmste ist, sich ins Schiffsinnere zu begeben und nach unten zu schauen. Da stand ich nun und guckte mir interessiert Floridas Unterwasserwelt an, merkte aber nach etwa einer Minute, da stimmt was nicht in mir. Ich wurde bleicher und bleicher, und ich wusste, es würde mir diesmal sicher niemand glauben, dass die anderen zwanzig Touristen im Boot mich angekotzt hätten. Ich habe noch ein paar Sekunden versucht, mit tiefem Atmen cool zu bleiben. Ich dachte mir, wer als Erster von zwanzig zum Kotzen geht, der ist das Glasbodenbootweichei. Andererseits: Auf das Glas zu kotzen ist sicher auch nicht so toll für die Stimmung. Und ich war mir sicher, ich würde nicht lange alleine bleiben und auch andere Speiberles würden sich outen. So entschied ich mich für das Allgemeinwohl. Mit einem »Die Unterwasserwelt ist eh total überschätzt« bin ich an die Reling gegangen. Mir war so bist-du-deppert-schlecht und ich glaube, die Geräusche die ich damals von mir gab, klangen nicht sonderlich appetitlich, eher so wie ein Dämon, dem sauschlecht ist, weil er Gammelhirn gegessen hat. Kaum draußen, ließ ich der grausamen Natur ihren Lauf. Alles musste raus. Was ich vorher nicht mitbekommen hatte: Am Glasboden ging es noch einigen anderen schlecht, aber keiner wollte der erste Kotzdepp sein.

Dann drehte sich einer zu mir nach draußen um und rief: »Hey, da kotzt einer, iiiiih büääch!«

Willkommen zum Domino Day auf Mittermeier TV. Einer blickte zu mir rüber und kotzte dann stante pede auf den Glasboden, und sofort: GAU – Kettenreaktion. Da war was los. Ein klein wenig war ich schon froh, so war ich nicht so alleine in meinem Schmerz. Die große Preisfrage, die sich hier natürlich stellt, ist: Hätte ein Spuckiluckituch hier das Schlimmste verhindert?

Durchschlafen

Schläft Lilly nach all dem Wahnsinn nun durch oder nicht? Und wenn ja, wie hat der Mittermeier das gemacht? Vor Kurzem habe ich mich mit einem befreundeten Vater getroffen, und wir sind ein bisschen um die Häuser gezogen. Spätnachts, nach einigen Whiskys, ging es um die Frage, warum die Kinder eigentlich so schlecht schlafen. Oder wer wen aufweckt? Die Babys die Eltern? Oder wachen Babys auf, weil die Eltern nicht schlafen können? Es könnte ja sein, dass Babys alle eigentlich durchschlafen würden, und es sind die Eltern, die nachts aufwachen und Unruhe verbreiten. Ich erinnere mich noch an die geflüsterten Dialoge nachts im Bett. Gudrun und ich diskutierten wie Einbrecher kurz vorm Einsteigen: »Du, ich glaube, ich habe was gehört.«

»Ist sie wach?«

»Soll ich mal schauen?«

»Ja, schau du nach!«

»Du kannst das besser.«

Eine Minute später stand dann einer auf und stupste das Kind leicht an.

»Wuäääöööö ...!«

»Du, es schreit!«

Vielleicht ist das der Grund – dass das Kind Angst hat, dass gleich wieder Vater oder Mutter kommt und es anstupst. Es hört nur leichte Bewegungen und: »Uah, der Papa stupst wieder!«

Diese Theorie hat den Morgen danach nicht überlebt. Mir ist es inzwischen egal, denn: Lilly schläft durch. Ja. Ällabätsch! Und zwar seit dem 9. Juni 2008. Ich weiß das deshalb so genau, weil es einen Auslöser gab. Ich habe vorher schon viele Tipps von Müttern bekommen, wie man seinem Kind das Schlafen beibringt. Es gibt ganze Bücher darüber. Ich habe mich darüber mal mit Anke Engelke unterhalten. Sie sagte, ich müsse taff sein. Es sei wie ein kleines Machtspiel: Die Kleine in ihr Bettchen legen, ein paar Minuten schreien lassen, wieder reingehen, sie beruhigen, »alles ist gut, Papa und Mama sind da, du bist nicht alleine«, wieder rausgehen, ein paar Minuten schreien lassen, wieder reingehen, sie beruhigen und so weiter. Und dann nach und nach die Zeitintervalle dazwischen immer weiter ausdehnen. Zum Schluss riet sie mir: »Du solltest dir einen guten Musikkopfhörer besorgen.«

Ich habe mich auf eine harte Zeit gefasst gemacht. Aber dann kam alles anders. Es war die Zeit der Fußball-Europameisterschaft in Österreich und der Schweiz. Als alte Fußball-WM-und-EM-Fans wollten Gudrun und ich natürlich möglichst alle Spiele angucken. Ich hatte mir während der ganzen Europameisterschaft tourfrei genommen. Aber mit Lilly in unserem Schlafzimmer machte Fußball schauen keinen Spaß. Kein lauter Ton, kein Mitgrölen, kein Beschimpfen der Spieler, also alles, was sonst einen guten Fernsehfußballabend so ausmacht. Am 9. Juni spielten die Niederlande gegen Italien. So ein Spiel darf man natürlich nicht versäumen. Deshalb habe ich kurz vor Anpfiff Lilly auf meinen Schoß gesetzt, ihr in die Augen geguckt und gesagt: »Lilly, Papa und Mama wollen heute Abend Fußball schauen, Niederlande gegen Italien. Das ist ein sehr wichtiges Spiel für uns. Wir legen dich heute in dein Kinderzimmer, da hast du dein eigenes Bett, du liegst da drin, schläfst ein, wir schauen Fußball und morgen früh sehen wir uns dann wieder.«

Ich brachte sie rüber, legte sie in ihr Bett – und jetzt passt auf, es hat funktioniert! Sie schlief durch bis sieben Uhr. Seit dem Spiel Niederlande – Italien schläft sie in ihrem Bett, in ihrem Zimmer. Wahrscheinlich denkt die sich: »Mein Gott, die schauen jeden Tag Fußball, das ist ja der Wahnsinn.«

Am 16. Juni guckten wir am Abend das Spiel Deutschland gegen Österreich. Es war ein Grottenkick. Am nächsten Morgen schlief Lilly bis 8.45 Uhr durch. Das war ihr Alltime-Rekord. Ob das Spiel dazu beigetragen hat, kann ich nicht beweisen. In den nächsten Wochen schlief Lilly brav durch. Trotzdem wachte ich nachts oft auf: Bei jedem kleinen Knackser vom Babyfon bin ich hochgeschreckt. Kchrrchrr ... »Huuh, Lilly ist wach!!!?«

Nein, sie hatte sich in ihrem Bettchen nur umgedreht. Am Anfang stellt man so ein Babyfon ja auf Hypersensibilität. Mit der Folge, dass kein Geräusch im Babyzimmer für die Sendeanlage zu leise ist. Sie knackste schon los, wenn eine Ameise stolperte. Auf dem Teppich! Die Empfindlichkeit stellt man dann in den folgenden Wochen sukzessive immer niedriger. Heute habe ich nur noch ein Problem mit den Krähen: Wir haben zwei Krähen in unserem Garten, und wenn die morgens krächzen, klingt das so ein bisschen wie Lillys Schreien im Babyfon. Irgendwann war es dann logischerweise auch so weit, dass Lilly ganz aus unserem Schlafzimmer auszog. Ende Juli haben wir auch noch die Wickelkommode abgebaut und in Lillys Zimmer wieder aufgebaut. (Der aufmerksame Leser ahnt: Ich hatte professionelle Hilfe.) Die Wickelkommode, ein Relikt aus einer anderen Zeit. Eine oft dunkle Zeit, an die sich keiner gern erinnern wollte. Eine Zeit der großen Säuberungsaktionen und kurzen Prozesse. Am selben Tag saß Lilly zum ersten Mal alleine in ihrem Tripp-Trapp-Stuhl am Tisch. Ich dachte mir, jetzt wird sie erwachsen, buhuhuhuhuhu. Ein paar Tage später machte sie auf dem Boden »den Flieger«! Dabei lag sie auf dem Bauch und hob alle viere von sich gestreckt hoch. Hatte ein bisschen was von einem Fallschirmspringer mit Höhenangst. Ich erinnerte mich daran, wie ich mit ihr im Fliegergriff früher (ja, so empfand ich das) durch das Haus jettete. Jetzt konnte sie alleine Flieger machen.

Eines will ich hier noch klarstellen: Wenn Gudrun und ich in dieser Zeit alleine gewesen wären, wir hätten die ersten Monate nicht überlebt. Schon früh haben wir uns nach einer geeigneten Babysitterin umgeguckt. In Deutschland wird dir dabei oft ein schlechtes Gewissen eingeredet, weil man sein Kind abgibt ... bla bla bla ... Ist es eigentlich Zufall, dass es das Wort »Rabeneltern« nur im deutschen Wortschatz gibt? Der Rest der Welt beschäftigt sich konstruktiv mit Entlastung von Eltern und Familien, und wir in Deutschland führen große ideologische Grundsatz- und Gewissensdiskussionen, ob Tagesmamas oder Kinderhorte von Übel sind. Es war ein großes Glück, dass wir für die ersten 1½

Jahre eine Nanny gefunden haben. Barbara war Lilly eine gute Freundin und Erzieherin. Lilly hatte nie das Gefühl, sie wird abgeschoben, sondern genoss das Zusammensein mit einer zusätzlichen Bezugsperson. Ich habe mal mit Josef Hader über die Anfangsmühen bei Babys gesprochen, und der hat mich gefragt: »Habt's a dritte Person?«

»Wie, dritte Person?«

»Jemand, der euch entlastet?«

»Ja.«

»Gut, des erspart euch a teure Scheidung.«

Ob es so weit gekommen wäre, weiß ich nicht, aber ich erinnere mich noch an den 1.3.2008, den Tag, an dem Gudrun und ich zum ersten Mal aus unserem Elternloch rauskrochen und als Pärchen ins Kino gegangen sind. Es war wunderbar, wir fühlten uns ein bisschen wie frisch verliebte Teenager. Wir hatten ein Date. Das Einzige, was etwas störte, war die Nabelschnur, die Mama selbst bis in den Kinosaal zog. »Michl, glaubst du, wir haben hier Handy-Empfang?«

»Nein, und das ist jetzt für die nächsten 90 Minuten gut so.«

Besonders als Lilly mobiler und bewusster wurde, kamen meine Eltern als Oma und Opa noch mehr ins Spiel. Lilly freut sich immer, wenn sie kommen – und Oma und Opa flippen völlig aus.

Ich habe die beiden noch nie so aufgekratzt und kindisch gesehen. Es ist schön, das zu beobachten. Manchmal aber habe ich das Gefühl, dass nicht meine Eltern auf Lilly aufpassen, sondern Lilly auf Oma und Opa, damit sie keinen Unsinn machen.

Von Zahnen und Feen

Wer hat eigentlich die »Zahnfee« erfunden? Sie holt die Zähne, wie alle Kinder wissen. Man legt die ausgefallenen Zähne unter das Kissen, und am nächsten Tag sind sie weg, und dafür liegen Süßigkeiten drunter. Schon konsequent, Zähne fallen aus wegen Karies und Parodontose (und Axel Schulz kann da noch ein paar Gründe hinzufügen), und als Belohnung legen die Eltern Süßigkeiten unter das Kissen. Das ist ein perfekter Kreislauf, das dentale Perpetuum mobile. So gesehen könnte der Zahnfeemythos eine clevere Idee aus den Thinktanks der Süßigkeitenindustrie sein. Ich wäre gerne bei der Vorstellung des Konzepts in großer Runde dabei gewesen. Da sitzt der Chefwerber, der seine Oma schon mal für eine weitaus schlechtere Idee verkauft hat (Oma ist mittlerweile in einer Strickerkolonne in Albanien), und er fährt sich durch sein gelgetränktes, nach hinten geschleimtes Haar, setzt ein Lächeln auf, das selbst Condoleezza Rice Angst eingejagt hätte: »Ich habe eine super Idee: Wir erfinden eine Zahnfee. Sie holt die Zähne ab und bringt dann für jeden ausgefallenen Zahn wieder Süßigkeiten, quasi eine Karies-Dealerin.«

Erstaunte Blicke in der Runde. Der Oberchef ist skeptisch: »Und das kauft uns jemand ab?«

»Klar, wer Eltern erzählen kann, dass Süßfrucht-pansche, in Zwergenhüte verpackt, gesund ist, der kommt auch damit durch, dass ein Wesen aus dem Feenreich nach erfolgreicher Umschulung einen neuen Tätigkeitsbereich gefunden hat.«

Ein Slogan für die Wirtschaftskrise: »Statt Spar-gelstecher aus Polen – jetzt Zahnholer aus Elfen-land.«

Nach der Präsentation waren alle glücklich und verdienten viel Geld bis ans Ende ihrer Tage. Aber irgendwann wachen wir auf und merken, dass wir in einer Schokoriegel-Matrix leben. Das Nestlé-Kartell steuert unsere menschlichen Gelüste nach Süßigkeiten, hat uns abhängig gemacht und nutzt uns Menschen als willige Süßwarenjunkies. Dieses Szenario glaubt mir wahrscheinlich keine Sau. Aber einen Versuch war's wert.

Eigentlich ist es ein Wahnsinn, welchen Quatsch man den Kindern erzählt. Lebt da wirklich eine Fee im Märchenwald, die nichts Besseres zu tun hat, als die alten Zähne von Kindern zu sammeln? Ist das so eine Loser-Fee? Feen führen doch sonst ein ziemlich ausgeglichenes, privilegiertes Leben. Sie fliegen durch die Gegend, sind überall beliebt und ernähren sich von ... ja wovon eigentlich wirklich? In manchen Filmen ist das eine Art Nektar, den sie aus Blütenkelchen trinken. Zermahlen die Feen die Zähne der Kinder und machen sich daraus ein Müsli? Wenn das stimmen würde, fiele das doch mehr in die Kategorie Psychopathen. Immerhin bringt die Zahnfee die Kleinen nicht um, um an die Zähne zu kommen. Was macht die Zahnfee eigentlich mit all den abgeholten Zähnen? Da kommen ja doch einige zusammen. Verkauft sie sie weiter an so Unterweltwesen wie die Orks, die ja bekanntlich Dauermaulfäulnis haben? Oder gibt es riesige Zahnhalden, die den schönen Märchenwald versauen? Da ich sonst zu Hause Mülltrennung praktiziere, möchte ich schon wissen, wo das Ganze hingeht. Vielleicht ist das eine große Verschwörung. All die Zahnfeen arbeiten für den bösen größenwahnsinnigen Dr. Best in seinem unterirdischen Labor, und der bastelt seit Jahren an einer intergalaktisch großen Beißmaschine, um die Welt zu zerstören. Eines Tages erscheint am Himmel ein riesiges Gebiss mit Milliarden von zusammengeschmolzenen Kinderzähnen und zerquetscht die Erde. So wie es der Dr.

Best in der Fernsehwerbung immer zeigt mit der Zahnbürste an der Tomate – plitsch. Aus einschlägigen Büchern weiß ich, dass psychoschizogestörte Serientäter immer vor ihren Taten Hinweise geben. Ich sage nur: »Damit ich auch morgen noch kraftvoll zubeißen kann.«

Also: Keine Tomaten mehr für Dr. Best! Stoppt das falsche strahlend weiße Lächeln seiner willigen Zahnarztgattinnengespielinnen. Klingt dieses Szenario plausibler? Sagt nicht, ich hätte euch nicht gewarnt.

Wenn die Zahnfee die Zähne holt, wer bringt dann eigentlich die Zähne? Das kann kein nettes zierliches Wesen mit Hang zu Gedichten sein. Der Vorgang des Zahnbringens wird umgangssprachlich umschrieben mit »zahnen«. Ein harmloses Wort für die Hölle im Mund. Bei unserer Tochter fing es im zehnten Monat an. Ich hatte oft schon Horrorstorys gehört. Heute weiß ich: Alle diese Geschichten sind wahr. Und alles, was man über das Zahnen gehört hat, ist wahr. Diese Zeit ist das Gebissfegefeuer, durch das jeder Mensch gehen muss, wenn er irgendwann festere Nahrung zu sich nehmen will. Unsere Tochter hatte bis zum zehnten Monat nur diese süßen Zahnfleischleisten. Das sieht so putzig nach Baby aus. Ich mochte das sehr. Aber beim Kinderarzt wurde ich mal von einer sehr besserwisserischen Mutter angesprochen: »Wie, eure Tochter ist zehn Monate und hat noch keine Zähne?«

»Nein, wir haben in unserer Gemeinde eine sehr effektive Zahnfee, die das Prinzip nicht ganz verstanden hat und nicht wartet, bis sie ausfallen.«

»Was?«

»Soll ich Schuldgefühle haben, weil mein Kind später als andere Zähne bekommt? Ich hab noch von keinem Kindernahrungszusatz gehört, der Zähne wachsen lassen kann. Oder soll ich Uri Geller anrufen, der dann mit dem Zahnfleisch Kontakt herstellt?«

»Ich habe ja bloß gefragt.«

»Ich habe letzte Nacht auf dem Friedhof der Kuschelzähne zwei tote Zähne aus meiner Kindheit vergraben, und ich warte drauf, dass sie wiederkommen, und ich habe einen guten Rat: Komm meiner Tochter nicht zu nahe: Die Zähne verändern sich danach.«

(Meine Szenarien werden leider nicht realistischer.)

Ab dem sechsten Monat war Lilly sehr entspannt. Sie war ein kleiner lustiger Clown mit unbändiger Lebensfreude. Wir konnten beim besten Willen keine arschlochkindschen Züge feststellen. Dann kam die Zahnphase, und die verändert die Persönlichkeit. Dr. Lilly und Mrs Hyde kämpften um die Oberhand. Ich dachte an Filme wie »Der Exorzist«. Ein Zahndämon hatte von unserer Tochter Besitz ergriffen! Sie war wirklich nicht mehr sie selbst. Unsere Kinderärztin sagte: »Eure Tochter ist nicht besessen, so ergeht es allen Kindern beim Zahnen. Die Persönlichkeitsveränderung ist ganz natürlich.«

Meine Frau sagte: »Michl, leg das Weihwasser weg!«

So akzeptierte ich die grausame Natur der Dentalevolution. Es muss wirklich höllisch wehtun, was die Kleinen da durchmachen. Alleine die Vorstellung, dass da im Kiefer steinharte Calcium-Brocken wachsen und sich dann als Zähne durch dein Zahnfleisch nach oben schieben, uaaaah. Man kennt das ja auch aus Werwolffilmen. Wie die vorher Gebissenen sich quälen, wenn sie sich verwandeln und sich die Reißzähne durch den Kiefer schieben. Aber die Werwolfinfizierten haben einen Vorteil: Es geht schneller. Meist ist die Kauleiste in Sekunden auf Beutefangmodus eingestellt. Aber Zahnen bei kleinen Kindern, das kann dauern. Zähne schieben oft über Tage und Wochen. In dieser Zeit brauchen die Kleinen das Mami-und-Papi-Vollprogramm. Es herrschte Schichtbetrieb im Hause Mittermeier. Der dunkle Schatten von Mordor legte sich auf unseren Schlaf. Man kann kleine Kinder beim Zahnen nicht mit echten Schmerzmitteln vollpumpen, um die Schmerzen erträglicher zu machen. Es gibt leider nur leichte Drogen. Ich erinnere mich noch an die erste böse Zahnnacht. Ich hatte einen Auftritt in Salzburg. Als ich nach dem Auftritt das Handy wieder einschaltete, hörte ich die Hilferufe meiner Frau: »Michl, wenn du nach München reinfährst, dann such irgendwo eine Nachtapotheke und kauf Osanit.«

Osanit. Ein Wort wie ein Monolith. Es strahlt Ruhe und Sicherheit aus. »Marmor, Stein und Eisen bricht, aber Osanit nicht.« Her mit dem Wundermittel! Ich bin also nachts rein in eine Apotheke und forderte eine Kiste Osanit. Die Studentin aus der Twilight-Halbschlafwelt brachte mir ein Röhrchen. Wie, ein Röhrchen? Da geht Osanit rein? Es kommt als weiße Globuli-Kügelchen, die man beim Homöopathen im Zwölftausenderpack bekommt. Auch die Nachfrage, wo sie denn hier in diesem Laden das echte Osanit lagern würden, brachte mich nicht weiter. Das war ein Wundermittel in Mikroben-Größe. Ich erklärte der Studentin, die mittlerweile auf einem Auge ohne Schlafschleier wieder klar sehen konnte: »Die sind so klein. Ich brauche das nicht, um das Zahnen unserer Hausamöbe zu kurieren, sondern für einen kleinen Menschen.«

»Ihr Männer sagt doch immer, es kommt nicht auf die Größe an.«

Michl, lass dich jetzt nicht auf so eine Diskussion ein.

»Okay, aber geben Sie mir wenigstens zwei Röhrchen, unser Kater schaut in letzter Zeit auch immer so komisch beim Fressen.«

Osanit hilft, es hat uns ein bisschen besser durch die nächsten zwei Nächte gebracht, aber ich bin dann doch bei uns ums Eck noch mal in unsere Apotheke ...

»Grüß Gott, Herr Mittermeier, brauchen Sie etwas, um eine eventuelle Schwangerschaft anzuzeigen?«

»Nein, das hilft auch nichts. Ich glaube, es wäre besser, Sie könnten mir Ihren Mann als Samenspender zur Verfügung stellen.«

Ich liebe offenen Schlagabtausch. Wir hatten uns an diese surrealen Unterhaltungen gewöhnt, aber andere Kunden waren dann doch etwas verwundert. Aber ich kam diesmal schnell auf den Punkt: »Bitte helfen Sie nicht mir, sondern meinem Kind. Es zahnt.«

Die Profimutter im Inneren der Apothekerin brach sofort durch: »Osanit hatten Sie schon?«

»Ja.«

»Die nächste Stufe wäre Dentinox. Das ist ein Gel aus der Tube. Das reibt man auf die Stellen im Kiefer, wo die Zähne rauskommen.«

»Her damit.«

Für mich hörte sich dieses Mittel nicht so zuverlässig wie Osanit an. Man schmiert diese Dentalpaste auf die Kauleiste? Ich stellte mir das so vor, als ob jemand auf einem frischen Bandscheibenvorfall eine Druckmassage macht. Irgendwann später hilft es etwas, aber im Moment verstößt es gegen die Genfer Konvention. Was das Waterboarding bei Gefangenen, ist das Kieferreiben bei Zahnenden. Ich muss zugeben: Ich brachte das nicht übers Herz, das Einmassieren hat meine Frau übernommen. Dentinox half wirklich. Und nach zwei Wochen auf der stürmischen See um das Kap der Guten Hoffnung rief plötzlich der Maat im Ausguck: »Zahn in Sicht!«

So muss sich Christopher Kolumbus gefühlt haben. Es ist geschafft!

»Michl, komm her, ich kann die beiden Zähnchen unten spüren!«

»Sie sind bald da, hurraaaaa!«

Die ersten Zähne waren da – war meine Tochter jetzt kein Baby mehr? Da ich ja vorher Angst hatte, dass sie das süße zahnlose Lächeln verliert, wurde ich nun durch ein Zweizahnlächeln entschädigt.

»Das ist ja noch süßer als vorher!«

Als dann in der nächsten mehrwöchigen Werwolfphase im November auch noch die zwei oberen

Vorderzähne das Licht der Mundhöhle erblickten, änderte sich einiges. Unsere Tochter führte ab da ein ganz anderes Leben. Ihr Lieblingsnahrungsmittel wurde Brot. Brot in allen Arten und Formen. Und das Wichtigste: Brezeln. Was haben Menschen früher vor der Erfindung der Brezel gemacht? Lilly perfektionierte in den nächsten Wochen das Nagen mit vier Zähnen. Und wir warteten darauf, dass auch bald die anderen Zahnkollegen Hallo sagen würden. Und wir warteten ... und wir warteten ... Wie, vier Zähne und dann ist Schluss? Es ist bei allen Kindern verschieden, wie viele Zähne wann rauskommen. Ich dachte mir schon, okay, es wird viel billiger, wenn die Kleine insgesamt nur vier Zähne kriegen würde. Altes Brot und Pizzarand hat man immer zu Hause. Oder Bananen, wenn es gesund sein soll. Was wir nicht wussten, war, dass unsere Tochter ein ganz spezielles Timing für Veränderungen hat. Die nächste Werwolfzeit begann pünktlich, als wir kurz nach ihrem ersten Geburtstag zwei Wochen nach Mauritius in den Urlaub geflogen sind. Gut, sie gab uns noch eine Nacht zum Ausschlafen nach dem langen Flug – dann war Vollmond angesagt. Bei den Geräuschen hatte ich schon ab und zu das Gefühl, dass Kinder irgend so einen heidnischen Zahngott anheulen. Aber diesmal hatten wir noch professioneller vorgesorgt. Wir hatten nachgeforscht, ob es nicht noch weitere Mittel gibt, die beim Zahnen helfen. Unsere Kinderostheopatin empfahl Escatitonia. Das Wort alleine erweckte in mir keine Begeisterungsstürme. Hörte sich erst auch nicht so vielversprechend an. Escatitonia. Für mich klang das eher wie eine seeuntüchtige Fähre. Aber wir haben uns diese Escatitonia-Tropfen besorgt. Das Triumvirat beim Zahnen lautete jetzt: Kugeln – Gel – Tropfen. In anderen Bereichen hätte das schon etwas Versautes. Die Escatitonia-Tropfen sollen laut Beipackzettel bewirken, dass die Zähne leichter rauskommen. Hallo Werwölfe – euch kann geholfen werden! Und die Tropfen beruhigen zusätzlich. Erstaunlicherweise ist da Alkohol drin. Klar, es ist nicht so ein Prozenthammer wie Klosterfrau Melissengeist, der Notalkohol für alte Jungfern, aber man sollte schon vorsichtig damit umgehen. Ich habe Escatitonia mal selbst probiert, es schmeckt furchtbar, wie Wüäch-Medizin. Leider kein Alkohol mit Geschmack. Lilly liebt es, aber immer wenn sie den Löffel damit abschleckt, zieht sie ihr Gesicht etwas angesäuert zusammen. Beim ersten Mal, als ich ihr die Tropfen gab, guckte sie mich komisch an – sie hatte das kleine gläserne Fläschchen in der Hand, blickte drauf und brabbelte etwas, was sich für mich anhörte wie: »Das ist kein Jim Beam!«

Der nächste neue Zahn kam erst zwei Monate später. Wir nannten sie Sechszahn. Dabei blieb es drei Monate, dann sind wir wieder in den Urlaub gefahren. Andere fahren auch ins Ausland, um sich neue Zähne machen zu lassen.

Früherziehung

Als Kinderloser habe ich Eltern belächelt, die stolz
auf die kleinsten Fähigkeiten ihrer Kleinen waren.
Ich erinnere mich nur durch einen grauen, fast
undurchdringbaren Schleier an Gespräche vor der
Geburt. Habe ich darüber schon mal in einem früheren Leben oder Kapitel geschrieben? Bei Kleinkindern wird von den Eltern jede noch so kleine
Entwicklung bejubelt wie ein Durchbruch in der
Quantenphysik: »Es kann seinen Finger in den Po
stecken, yeeeah! Vielleicht wird es mal ein Arzt?«

Gut, in dem speziellen Fall ist der Weg zum Por-
nodarsteller auch nicht mehr weit. Der Komiker in
mir hat so Situationen früher immer sehr amüsiert
aufgenommen. Im wahrsten Sinne des Wortes. Ich
habe dann solche Dialoge auch schon mal mitge-
schnitten. Ohne mein kleines Aufnahmegerät oder
meine mobile Festspeicherplatte im Hirn gäbe
es dieses Buch nicht. Und heute stehe ich da als
Papa und verfolge die kleinste Veränderung mei-

ner Tochter, und – ich gebe das zu – ich bin stolz auf sie! Ich könnte manchmal platzen vor Stolz. Ich bin auch der Meinung, dass die Geschichte der Quantenphysik umgeschrieben werden muss. Lilly konnte im Laufe ihres ersten Lebensjahres Dinge, die kein Mensch jemals in der Evolutionsgeschichte gekonnt hat in ihrem Alter. Okay, die Latte liegt am Anfang nicht sehr hoch:

Zwölf Dinge, die man Kleinkinder machen lässt, oder sagen wir besser: die man andressiert, und auf die man als Eltern mörderstolz ist:

»Wie groß ist die Lilly? Sooo groß ist die Lilly!«

Der erste Satz wird von uns Eltern gesprochen, und Lilly hebt dann beim »soo groß« beide Arme nach oben und freut sich. Das war die erste Aktion, die sie auf Zuruf gemacht hat (am 8.11.2008). Deswegen wird das immer die Nummer eins für uns bleiben. Sie liebte dieses Spiel. Ich muss zugeben, wir hatten da wochenlang hingeübt. Bei den ersten Versuchen stand sie immer vor uns wie Jack Nicholson am Schluss von »Einer flog übers Kuckucksnest«, teilnahmslos und gehirnamputiert. Sie blickte uns dabei an mit einem Blick, der ausdrückte: »Was soll der Scheiß?« Aber dann zu der Szene vom »Kuckucksnest«, wo der vermeintlich stumme Indianer zum ersten Mal spricht und sich für einen Kaugummi bedankt. Wir fragten Lilly, sie hob beide Hände und wir waren in Tränen aufgelöst. Die nächsten Tage musste sie das etwa 567 Mal machen. So bekam sie ihren ersten Muskelkater.

»Bye-bye!«

Lilly winkt zum Abschied. Das ist der Klassiker ganzer Babygenerationen.

»Lilly, gib mal einen Handkuss.«

Sie imitiert einen Handkuss in unbeholfener Vollendung. Das ist der Kracher im Elternshowwettbewerb.

»Lilly, schlag ein, give me five!«

Man hält ihr die Handfläche hin, und sie schlägt ein. Das kommt vor allem gut, wenn man auf Ibiza am Raver-Strand ist. All die coolen Beach-Babes fallen verzückt in eine prämaturielle Kurzphase. »Mei is die süß, so eine möchte ich auch haben!«

»Wie machen die Fische?«

Mund geht auf und zu.

»Wie macht der Indianer?«

»Ululululuu!« Lilly patscht mit der Handfläche

mehrfach auf den offenen Mund – das dazugehörige Geräuschprinzip hat sie noch nicht verstanden, deswegen machen die Eltern den Ton dazu, ähnlich wie die Charakterdarsteller der Winnetou-Indianer in Jugoslawien.

»Wie macht die Katze?«

»Mao mao!« Das war ihre erste Lautkombination, die sie konnte. Ich wurde schon von Bekannten angesprochen, ob das etwas mit meiner politischen Einstellung zu tun hat. Nein. Aber Lilly hat die andere Variante trotz vieler Aufforderungen nicht machen wollen: »Ho Ho Ho Chi Minh!«

»Lilly, wie ist das Zauberwort? Sag mal bitte!«

Sie schlägt die Handflächen aufeinander, »Bitte« in Charade.

»Lilly, tanzen!«

(Man beachte die offene Grammatik dieser Aufforderung.)

Lilly tanzt dann wie eines von den in der Rockdisco um drei Uhr morgens übrig gebliebenen Ökoweibern. Eine Mischung aus Wippen, Kiffen und Beschwören guter Feen im Rockwald. Eine sehr gute »Stairway to Heaven«-Bewegungsadaption.

(Die Steigerung:) »Lilly, Flamenco!«

Lilly steppt mit den Füßen und dreht sich, nimmt dabei die Hände in die Höhe. Sieht für eine Eineinhalbjährige ganz professionell aus. Was man nicht alles auf Ibiza in einem Straßencafé lernt.

»Lilly, bringst du dem Opa bitte die Hausschuhe.«

Lilly bringt auf diese Bitte tatsächlich Opa die Hausschuhe. Wie er das geschafft hat, weiß ich bis heute nicht. Natürlich habe ich Angst, dass das die erste Stufe von Kinderarbeit ist, also bitte nicht weitererzählen. Es ist auch nicht gerade eine Förderung der Emanzipation der Frau.

»Lilly, kommst du bitte her!«

Lilly bleibt da, wo sie ist, und tut so, als ob sie nichts versteht. Eigentlich ganz clever.

So fängt es an, dass man Kleinkindern die Welt beibringt. Die nächste Stufe sind dann mehr so didaktische Fragen: »Wo ist Lillys Nase? Ohr? Auge? Bauchnabel? Finger? Zahn?« Und so weiter, bis man alle Körperteile durch hat. Und irgendwann kommt mein kleines Mädchen in das Alter, wo ich sie über diverse Teile aus dieser Liste aufklären muss. Halt, bloß nicht dran denken. Belassen wir es noch einige Zeit bei: »Wie groß ist die Lilly?«

Im ersten Lebensjahr gibt es verschiedene Entwicklungsstufen, welche alle vorher genannten Aktionen in Zeiträume zusammenfassen. Ich saß mal beim Kinderarzt und blickte fasziniert auf eine große Tabelle an der Wand, mit den vier entscheidenden Phasen:

- Stadium der primitiven Reflexe
- Abklingen der primitiven Reflexe
- Differenzierungsphase der Grobmotorik
- Vertikalisierungsphase und beginnende Feinmotorik

Ich saß da und dachte mir, das ist doch ein ganz normaler gängiger Ablauf, dem wir Menschen da unterliegen. Es beschreibt in klaren Worten den Abend eines Mannes, der in die Disco geht, sich da eine Frau aufreißt und später mit ihr nach Hause geht:

- Stadium der primitiven Reflexe
- Abklingen der primitiven Reflexe
- Differenzierungsphase der Grobmotorik
- Vertikalisierungsphase und beginnende Feinmotorik

So ist doch alles vorgegeben im Leben eines Menschen.

Revenge of the Spielplatz

Als Lilly 15 Monate alt war, ging ich zum ersten Mal alleine mit ihr auf den hiesigen Spielplatz, um mich erneut dem Urteil der Götter zu stellen. Ich hatte lange gewartet, aber nun war er da, der historische Moment: »Papa der Ringe III – Die Rückkehr des Königs«. Mit dem Selbstbewusstsein Aragorns vor der Enthauptung einer Hundertschaft Orks ausgestattet, war ich mir sicher: »Jetzt werden sie mich in ihren Kreis aufnehmen.« Einen zweiten Teil von »Unter Geiern« gibt es nicht. Ich stand breitbeinig an der Rutsche, dramatische Musik setzte ein, und ... zwei Mütter nickten mir anerkennend zu. Eine sprach sogar zu mir: »Sie sind ja ein netter Papa, gehen alleine mit Ihrer Tochter auf den Spielplatz.« Glocken läuteten und Jubelchöre besangen das Ende der Odyssee. Ich hatte es geschafft! Die Krise im Nahen Spielgebiet war Geschichte. Der Kreis hatte sich geschlossen.

Oder war das ein Einzelerfolg? Ich beschloss,

den ultimativen Test zu machen und den härtesten Spielplatz der Republik zu besuchen: Im August 2009 betrat ich den Ort im Prenzlauer Berg, an dem ich damals mit meinem Patenkind nicht so ganz ernst genommen worden war. Dieses Mal erschien ich mit Lilly ... Paul war nicht mehr da, wahrscheinlich hatte er gerade mit einer Hausbesetzung zu tun. Auch hier bewegte ich mich ohne aufzufallen in einer Herde Mütter. Der Outsider ist tot – es lebe der Papa! Es war ein Déjà-vu-Erlebnis, trotzdem. Die Angst vor all diesen kindertödlichen Klettergerüsten stieg in mir hoch. Lilly mit ihren 19 Monaten wollte auch schon überall hoch, konnte sich aber noch nicht gut festhalten. Rutschen in jeder Größe, Höhe und Länge sind ihre große Leidenschaft. Anderen Kindern gegenüber ist sie immer etwas zurückhaltend. Sie stellt sich oft zu einer Gruppe spielender Kinder und guckt eine halbe Stunde zu, bevor sie selbst ins Geschehen mit eingreift. Ein Junge mit etwa zwei Jahren hatte sein Bobby-Car und diverse Spielsachen dabei. Nach ihrem üblichen Zeitpuffer wollte Lilly auch mal damit spielen. Der andere Junge riss ihr jedoch sofort alles aus den Händen und schrie sie an: »Meins, meins, meins!«

Seine Argumentation war nicht ausgefeilt, aber verständlich. Und dann kam die große Stunde meiner Tochter. Ich griff nicht ins Geschehen ein, weil ich sehen wollte, wie Lilly das Problem lösen würde. Sie schaute in Richtung Rutschen-Klettergerüst, was der Junge bemerkte. Lilly ging Richtung Rutsche, aber der Junge, der ihr anscheinend auch die Rutsche nicht vergönnte, stieß sie weg und kletterte die Rutsche hoch mit seiner üblichen Argumentation: »Ich rutschen! Ich erst!«

Lilly ließ ihn hochklettern, der Junge triumphierte von oben; dann drehte sich Lilly um, ging zum Bobby-Car und setzte sich mit einem Grinsen drauf. So kann man Konflikte zu seinen Gunsten lösen. Der Junge schrie sauer noch von oben, konnte aber nicht so schnell wieder runterklettern. Für einen kurzen Moment dachte ich noch, vielleicht wollte ja Lilly, dass der dann einfach runterspringt, so wie man das in Filmen wie »Das Omen« sieht. Aber nein, Lilly drehte entspannt eine Runde mit dem Bobby-Car und ließ es dann auch wieder liegen. Ich war beeindruckt und stolz, wie clever sie mit 19 Monaten schon sein konnte, wenn sie etwas wollte. Aber ich bekam ein klein wenig Angst bei dem Gedanken, was da noch alles auf mich zukommen würde.

Stolze Papas

Ich habe mich sehr auf meinen ersten Vatertag gefreut. Aber nicht, weil ich dann mal mit anderen
Männern einen Tag lang auf Saufwallfahrt gehen
konnte. Dieses Vatertagsprinzip habe ich nie verstanden. Wieso verlassen Väter am Vatertag die
Familie, um sich mit anderen Vätern zu besaufen?
Wieso heißt Muttertag, dass die Mama daheim
bleibt und dann von ihren Kindern gefeiert wird,
und Vatertag, dass Papa auswärts Spaß hat? Saufen die Väter wegen des Kindes? Gut, es gibt sicher
Arschlochkinder, bei denen man den Papa verstehen kann. Ich verbrachte meinen ersten Vatertag
natürlich mit meiner Tochter. Sie ist ja doch der
Grund meines Vaterseins. Ich will nicht behaupten,
das sei besser, als mit dem Koma-Schorsch saufen
zu gehen.

Ich bin eigentlich kein Typ, der sich immer mit
anderen vergleicht oder messen muss, aber andere
Eltern lassen einem ja keine Chance auf ein Leben

ohne Feinabgleich. Es geht einem schon auf den Sack, wenn manche Mütter auf dem Spielplatz die Entwicklungsstufen ihrer Kinder dauernd mit den anderen vergleichen und zu dem Schluss kommen, dass ihr eigenes Kind ein Genie ist. Und die anderen höchstens zukünftig Hilfsarbeiter werden. Auf dem Spielplatz fragte mich eine Mutter: »Wie alt ist denn eure?«

»Lilly ist 19 Monate alt.«

»Wie, eure Tochter ist schon 19 Monate alt?«

»Ja, ist sie nicht süß?«

»Ich dachte, die kann höchstens zwölf Monate alt sein, weil sie ja noch gar nicht spricht.«

»Ööh.«

»Unser kleiner Konstantin hat mit zwölf Monaten schon ganze Sätze von sich gegeben.«

»Ist das der Kleine dahinten, der gerade auf den Boden kackt?«

»Ein Genie, er baut einen Turm!«

Was will man auf so was sagen? An dieser Stelle gab es keinen Return mehr von mir. Da ist alles gesagt. Es gibt Mütter, mit denen man einfach nicht mehr spricht. Aber auch Väter vergleichen ihre Kleinen mit dem Rest der Kinderwelt. Was früher der Schwanzvergleich war, ist heute der Babyvergleich. Als wir Lilly zum ersten Mal unseren Freunden zeigten, trug ich Lilly auf dem Arm. Natürlich nicht einfach so, ich wusste, was ich zu tun hatte. Ich schwebte mit Lilly im Fliegergriff in den Raum. Sie nannten mich »den Roten Baron«. Ein bisschen Show musste sein. Aber wir Männer können da nichts dafür. Männer müssen sich immer messen. Das haben wir in den Genen. Das fängt im Kindergarten an und hört nie auf. Die Länge ist ab einem gewissen Alter nicht mehr so entscheidend. Da gibt es Punkte wie: »Wer hat den cooleren Heiratsantrag gemacht?« (Liebe Burschen, ihr könnt dafür noch mal im Kapitel »Der richtige Moment« nachlesen, wo ihr steht.) Ein beliebtes Thema auch, wer hatte die bessere Hochzeitsnacht? In der Hochzeitsnacht gibt es ja nur zwei Alternativen: Wilden, leidenschaftlichen, erstmals legitimierten Sex – oder Geschenke auspacken. Aber was sind schon Geschenke? Dann kommen so Vergleichsmomente wie: »An welchem Ort und wie wurde das Kind gezeugt?« Ich war mal bei Bekannten eingeladen, und da hat ein mir Gott sei Dank nicht näher bekannter Mann doch wirklich gemeint punkten zu können mit: »Auf der Flugzeugtoilette!«

Es ist schon schön zu wissen, wo ein Leben entstanden ist, aber ich finde, nicht jede Information muss auch für zukünftige Generationen überliefert werden. Ich möchte nicht ins Detail gehen, aber unsere Lilly wurde in Stockholm gezeugt.

Sie ist also ein kleines Schwedenkind. Beat this, Burschen!

Frauen achten bei Kindern auf einen möglichst genauen Feinabgleich, Männer messen immer. Das Geilste für einen kleinen Jungen an einer Uhr ist die Stoppuhrfunktion. Damit kann man genau sehen, wer Erster ist, wer schneller ist. Wer braucht länger, um zum Kiosk zu rennen. Wer hat das schnellste Spielzeugauto. Das ist wichtig! Wir Männer waren so froh, als die Hundertstelsekunde erfunden wurde. Und dann die Tausendstelsekunde erst! Nicht mehr so viele Unentschieden. Die Tausendstelsekunde, eine kleine Einheit für die Zeit, eine große Stunde für die Männlichkeit. Uhren für Mädchen und Uhren für Frauen haben nie eine Stoppuhrfunktion. Ihre Uhren sind nur schön. Und auch immer etwas kleiner als Uhren für Männer. Haben Frauen bessere Augen? Warum stehen Männer auf diese Riesendinger, am besten Fliegeruhren, Taucheruhren oder Astronautenuhren? Erstens, weil sie dann besser Flieger, Taucher und Astronaut spielen können, und zweitens wegen der Stoppuhrfunktion. Frauen brauchen so was nicht. Die verstehen so was auch nicht. Wenn man beispielsweise gerade dabei ist, sich im ehrlichen, jahrhundertealten, heiligen Kampf mit einem anderen Mann zu messen, Fußball oder Tischtennis oder Spielzeugautorennen, und Frauen sehen das, sagen sie meist abfällige Dinge wie: »Pfff, die Jungs sind mal wieder beim Spielen. Sind sie nicht lächerlich?«

Oder noch schlimmer, man verliert und kriegt dann so tröstende Sätze wie: »Was regst du dich denn so auf, ist doch nur ein blödes Spiel.«

Danke, die Titanic war auch nur ein blödes Schiff! Erster sein, gewinnen, das ist wichtig. Ein Grundstein unserer Gesellschaft, unserer Lebensweise, unserer Kultur. Ohne Gewinnenwollen gäbe es keine Olympischen Spiele, keine Carrerabahn, keine Bundesliga und keine Kriege. Na ja, keine Bundesliga! Aber was will man erwarten, schließlich glauben Frauen es auch, wenn auf Urkunden steht: »8. Sieger«. Wir Männer wissen, das ist Quatsch. Es kann nur einen geben. Schon der Darwin Karl hat damals gesagt: »Nur die Stärksten überleben.« Der 8. Sieger in der Evolution ist heute Meeresalge.

Ich hatte mal einen Vergleichswettkampf mit einem anderen Vater. Dieser war ein Business-Typ, und er startete die erste Runde: »Was kann eures schon?«

»Sie ist ein lustiger kleiner Clown, der uns zum Lachen bringt.«

»Ich meinte, was kann sie Sinnvolles?«

Der Komiker in mir war natürlich etwas sauer über die Geringschätzung dieser Fähigkeit, mit der ich meinen Lebensunterhalt bestreite. Der Mann setzte noch mal zur Demütigung an: »Aber eure Tochter muss doch sinnvolle Fähigkeiten haben?«

»Das ist mir egal. Meine Kleine ist da, das reicht mir als Sinn voll und ganz.«

»Eja, aber sie muss doch irgendetwas können?«

Da half nur eines, die Moralkeule. Von Muttern gelernt und zum besten Zeitpunkt ausgepackt, kann die eine tödliche Waffe sein.

»Sie liebt uns und sie liebt das Leben. Und wir lieben sie.«

»Umpf.«

Hugh, ich habe gesprochen!

Im Alter von fünf Wochen und einem Tag hat Lilly das erste Mal gesprochen. Ich werde mich ein Leben lang an ihr erstes Wort erinnern. Beim Wickeln schaute sie mich plötzlich komisch an, konzentrierte sich und sagte dann: »Nagnanam.«

»Gudrun, komm her, unser Baby hat gesprochen!!!«

»Was hat sie denn gesagt?«

»Nagnanam.«

»Was soll denn das bedeuten?«

»Nagnanam, das könnte ein Fluss in Thailand sein. Unser Baby kann Fremdsprachen!«

»Hat sie sonst noch was gesagt?«

»Nein, nur nagnanam.«

»Bitte, Lilly, sag das noch mal für die Mama.«

»Ööööhl öglögl.«

»War das auch ein Wort?«

»Es war nicht so definiert wie nagnanam.«

»Was meinst du, was nagnanam bedeutet?«

»Wahrscheinlich ist es irgendeine Babysprache. Aber ich spreche leider kein babyisch. Sie hat gesagt ›nagnanam‹ und hat mich dabei freudig angeguckt, vielleicht heißt ›nagnanam‹ Papa?«

»Na ja, Michl, da ist schon ein bisschen Wunschdenken dabei.«

Mein Ehrgeiz war gepackt, und in den nächsten Tagen habe ich alles versucht, Lilly wieder zum Sprechen zu bringen. Tatsächlich fing sie an, Geräusche und Laute von sich zu geben, die zumindest als Brabbelversuche durchgehen konnten. Es ist der Wahnsinn, wenn dein Baby anfängt, Kommunikationslaute zu machen. Es will Verbindung aufnehmen. Ich antwortete: »Nagnanam.«

»Ögl?«

»Magnambambam.«

»Öglök.«

Mehr wurde es erst mal leider nicht mehr.

Die erste große Sprachregel besagt, dass Mädchen früher sprechen als Jungen. Das würde zum Männer-Frauen-Klischee passen, aber ist es wirklich so einfach? Man könnte ja auch meinen, wenn Mädchen wirklich früher sprechen als ihre männlichen Babykollegen, wieso dann später die langen Telefonate? Die haben doch schon ein halbes Jahr Überschuss an Brabbelei. Lilly hat zwar früh angefangen zu brabbeln, aber sie blieb auch lange Zeit dabei. Aus den Buchstaben-, Lauten- und Konsonantenkombinationen hätte nicht mal ein Spezialist für altägyptische Frühsprachen etwas herausgeholt. Die zweite Regel fürs Sprechen bei Kleinkindern hat sich bei unserer Tochter doch bestätigt. Die Regel besagt, dass Kinder, die früher anfangen zu laufen und auch sonst motorisch gut veranlagt sind, später zu sprechen beginnen. Es ist tatsächlich so. Mit ihren 19 Monaten rennt Lilly rum wie ein Erwachsener auf Speed, sie kann auf Leitern, Klettergerüsten und Rutschen hochkraxeln, aber sprachlich bewegt sie sich eher noch auf dem Zufallsniveau. Es bestätigt sich, wenn man andere Kinder beobachtet. Ich habe kleine Babybuben gesehen, die eine frühe Körpersprache wie Jerry Lewis in der Krabbelgruppe hatten, aber in der sprachlichen Konversation waren die eher stoisch wie Männer, die soeben von ihrer Frau die Frage gestellt bekamen: »Was denkst du gerade?«

Eigentlich ist es ja schon ein Zeichen von Anerkennung, wenn eine Frau von einem Mann erwartet, dass er denkt.

»Ich denke, also bin ich.«

»Also was denkst du gerade?«

Es ist halt blöd, wenn man vielleicht gerade einen Gedanken hatte, der nicht so ganz in eine harmonische Beziehung passt. So was wie: »Die Halle Berry würde ich auch schwanger poppen.«

Bei solchen Gedanken eher auf Anfrage ausweichen: »Ich bin, also äh, ich denke ...«

Zack vorbei! Die Frau weiß Bescheid. Wenn auf die Frage »Was denkst du gerade?« nicht gleich wie aus der Pistole geschossen so was kommt wie »unsere Liebe ist so schön, dass ich für einen kurzen Moment innehalten musste, um darüber nachzudenken«, gibt es keine Treuerabattpunkte. Aber irgendwann lernen auch wir Männer sprechen. Dieselben Buchstaben, dieselbe Grammatik. Unsere Themenvielfalt ist vielleicht etwas eingeschränkter, aber Sprache ist Sprache.

»Also, Schatz, was denkst du gerade?«

»Nagnanam?«

In den ersten Wochen gibt es keine sprachliche Kommunikation mit einem Baby. Das spielt sich alles auf der Instinktebene ab. Das ist die große Stunde der Pantomimen. Wie schon erwähnt, geht man als Eltern dauernd die Grundbedürfnisse der Kleinen durch und hofft, dass ein Treffer dabei ist. Alle Eltern warten darauf, dass die Kleinen das erste Mal bewusst Wörter sagen und beginnen, richtig zu kommunizieren. Am 15. Juli 2008 sagte Lilly »höbaba« und »Da Da Da«, ihre Lieblingsworte für einige Zeit. Jetzt weiß ich, wer damals den Text für den Neue-Deutsche-Welle-Hit von Trio in den Achtzigern geschrieben hat. Papa Remmler hat nur ein Mikrofon ins Babyzimmer gestellt und gewartet, bis der erste sinnvolle Satz rauskam. Dann hat er seinem Kind noch die Bontempi-Fingerorgel weggenommen, und fertig war der Song. Anfang August wurden Lillys Laute immer differenzierter. Lilly schien über das Hauptthema zu improvisieren: »Höbababa ... babababababa ... höbaba ...«

Wir hatten zum ersten Mal das Gefühl, dass das mal eine Sprache werden könnte und dass Lilly versuchte, uns zuzuhören, wenn wir ihr was sagten. Ab September wurde Lillys Mimik ausgeprägter und schien unserer Ansprache und ihren Sprachversuchen wirklich zu folgen. Ihr Gesicht zeigte, wenn ihr was nicht schmeckte, und es sagte oft mehr als tausend Worte. Passend dazu auch das nächste – ich weiß nicht, ob ich es ein echtes Wort nennen soll oder ob es nur dem Transport nach außen diente. Lilly hatte Karottenbrei im Mund und sagte: »Bff-frrrzzzz!«

Lilly war knapp zehn Monate alt, und wir warteten immer noch auf das erste Wort. Und das erste Wort ist für Eltern wichtig. Noch wichtiger als das erste Lächeln. Ich bin natürlich nicht so, dass ich meine Tochter extrem beeinflussen wollte, was sie als erstes Wort sagen soll. Sie war zu der Zeit noch glücklich mit: »Höbabababababa.«

Ich sagte dann immer zu ihr: »Lilly, wenn du jetzt das hö und vier von den ba weglässt, dann ist das Baba. Kannst du das mal probieren?«

»Höbabababababa.«

»Nein, nur baba! Und ohne hö!«

»Babababababa.«

Einmal war ich gerade beim Wickeln, Lilly brabbelte ihren Lieblingswortschatz runter, dann plötzlich: »Baba ...«

»Gudrun hast du das gehört? Baba!«

»Michl, das zählt nicht, wenn du ihr nach ›baba‹ die Hand auf den Mund legst.«

»Das war doch nur eine kleine Hilfestellung.«

Ich fand das nicht übertrieben. Klar, man muss schon auch aufpassen, dass man die Kleinen nicht zu früh zu sehr beschneidet und dann vielleicht eine Trotzreaktion hervorruft. Bekannte von mir haben das beide wie in einem Wettbewerb betrieben. Die Mutter sagte dem Kleinen immer vor: »Sag Mama, Mama ... Mama ...«

Der Vater grätschte danach wieder rein: »Sag Papa, Papa ... Papa ...«

Und dann kam das erste Wort: »Miau!«

Ja, dann weißt du, wo das Herz des Kindes hängt. Das ist ein harter Tag im Leben von Eltern. »Miau!«

Die Mutter hat es sich dann noch versucht schönzureden: »Aber da ist ein M drin wie in Mama!«

Vor Kurzem prognostizierte eine Mutter auf dem Spielplatz, deren Kind ungefähr genauso alt wie Lilly ist, dass ihr Sohn wohl mal ein sehr höflicher Junge werde, wenn man sich seine ersten zwei Worte anschaute, die er von sich gegeben habe: »Er sagt immer ›bitte‹ und ›danke‹. Er sagt es halt auf seine Weise: ›titte‹ und ›tanke‹.«

»Titte und Tanke? Das ist alles, was ein Mann braucht.«

Das erste Wort. Bei uns war es der 17. Oktober 2008. Ich war mit Lilly abends alleine zu Hause. Lilly war an dem Tag etwas zartbesaitet, und beim Gute-Nacht-Wickeln fing sie an zu weinen. Dann guckte sie mich plötzlich mit traurigem Blick an und sagte das Wort der Worte: »Mama!«

Ich habe mich so sehr gefreut und habe sofort heulend bei Gudrun im Studio angerufen: »Sie hat Mama gesagt!«

»Mama« wurde ihr Wort für alles. Bei Freude, Hunger, Durst, Schmerzen tönte es durchs Haus: »Maaa, Mama!«

Mitte Dezember dann fing Lilly an, lautstark Anweisungen zu geben. Sie vergaß leider, das Ganze in verständliche Sätze zu packen. Sie brabbelte, als ob sie eine multischizophrene Persönlichkeit wäre. Der Sprachklang änderte sich alle paar Tage: Mal klang es wie Hape-Kerkeling-Norwegisch, dann bekam es wieder so einen russischen Einschlag. Sie kam aber immer wieder auf die chinesischen Laute zurück. Ich schätzte, wahrscheinlich frühes Mandarin. Der nächste Sprachmeilenstein kam am 12. Januar 2009. Dieser Moment veränderte unser Zusammenleben. Gudrun fütterte Lilly mit Brei und stellte die kleine Frage: »Lilly, hast du noch Hunger?«

Es erschallte die große Antwort: »Nein, nein!«

Dabei schüttelte sie heftigst ihren Kopf und ließ keine Zweifel aufkommen, dass sie genau wusste, was sie da eben von sich gegeben hatte. Eltern wissen, dass das »nein« vieles erleichtert. Du fragst, und du kriegst eine Antwort. Man lernt aber auch, dass man bestimmte Fragen nicht mehr stellen sollte, zum Beispiel: »Sollen wir deinen Kopf waschen?« Man muss kein Hellseher sein, um zu erraten, welches der zwei Worte sie wohl als Antwort darauf anfügen würde. Das »nein« blieb, aber die Wortfindung dafür schien eine sehr anstrengende gewesen zu sein. Lillys Energie reichte offenbar nicht, da weiter anzuknüpfen. Die Russin und die Chinesin übernahmen wieder Lillys Gesprächsführung. Und das war in etwa so konstruktiv wie bei den Atomverhandlungen der UNO mit dem Iran.

Man versucht vernünftig zu sprechen, aber ein Russe oder ein Chinese grätscht dann wieder rein und macht alles zunichte. Dazwischen gab es noch die Phasen, bei denen ich dachte, vielleicht kommuniziert meine Tochter doch mit Aliens, es war in manchen Momenten so eine niedliche Außerirdischensprache. Wie R2D2 mit Stimmbändern. Es war nur leider kein C3PO da, der sie verstand. So ein Effekt tritt später auch bei Kindern ein, die zwar schon sprechen, aber die Sätze noch innerlich auswürfeln. Ich war früher immer fasziniert, wenn kleine Kinder ein völliges Kauderwelsch sprachen: »Böglmängamooglmöp.«

Wir Outsider-Umstehenden verstanden verständlicherweise kein Wort, aber die Eltern nickten kurz und übersetzten: »Sie meinte gerade, dass die aktuellen Gegebenheiten nicht viel Raum zur Spekulation zulassen und dass sie eine neue Puppenküche will.«

Auch Eltern untereinander sprechen oft für die Außenwelt nicht verständlich. Vater und Mutter, das ist quasi eine metaphysische Verbindung, wie so eine Gruppe von Neutronenforschern. Man kennt sich aus und lässt Sätze fallen wie Deutsche ein Handtuch auf die Hotelpoolliege um 8.30 morgens: »Der Dreiersauger ist besser bei der HA2-Milch, weil der etwas mehr Flüssigkeit durchlässt.«

Was war Lillys drittes Wort? Na? Also wenn wir ihr »Wawa« für Hund nicht mitzählen. Okay, und wenn wir vernachlässigen, dass »hattssi« eindeutig »Hatschi« bedeutete. Dann. Es war der 9. April 2009. Lilly sagte zum ersten Mal »Papa«. Und ohne Mundzuhalten! Etwas blöd war, als ich dann zwei Stunden später beobachtete, dass sie zu unserem Kater Neo lief und auch »Papa Papa« rief – da wurde ich doch ein klein wenig skeptisch. Aber zu mir hat sie es als Erstes gesagt! Was war dann die nächste Stufe? Ein ganzer Satz. Im Juni 2009 war es so weit. Wir spielten alle zusammen mit einem kleinen Ball. Der rollte ins Gebüsch, und wir fingen an, ihn zu suchen. Und als Lilly den Ball wieder sah, rief sie erfreut: »Da ist er!«

Okay. Und ich fragte mich, woher hat sie denn den Satz? In den nächsten Wochen tauchten dann mehr und mehr Sätze aus der Tiefe des Sprachraums auf, die keiner von uns Lilly vorgesagt hatte. Ich habe eine Vermutung: Kleinkinder verstehen so ziemlich alles, was man zu ihnen sagt, die könnten sprechen, die haben nur keine Lust dazu. Die denken sich: »Ööh, wenn ich denen zeige, dass ich schon ganze Sätze sprechen kann, dann muss ich immer argumentieren und fragen. Da warte ich lieber noch mit.«

Eltern nähern sich sprachlich oft den Kindern

an. Man denkt sich vorher, wenn wir mal ein Kind haben, werden wir nicht so doof in kindlicher Sprache reden wie »die anderen«. Nehmen wir mal zwei Klassiker: »Ja, hast du denn einen Stinker in die Hose gemacht?«

»Willst du hutschi heitschi machen?«

Aber das Schlimme ist, diese Sprache schleicht sich auch in deine Beziehung ein und macht vor nichts halt. Wir waren etwa vier Wochen nach der Geburt bereit für Sex. Der Stau war groß, so etwa in der Dimension von Pfingstwochenende auf der A9 Richtung Salzburg. Wir waren so scharf aufeinander. Ich lag schon mit Quark eingeschmiert auf dem Bett. Und dann rief Gudrun: »Ich muss nur noch schnell Lulu machen.«

Das ist das Schöne daran, wenn man so notgeil ist. Sprache ist nur noch ein Vehikel für Informationen und bestimmt nicht den Ausgang der Situation. Auch ich war nicht gefeit vor solchen Veränderungen beim Sex Talk. Gudrun ließ mich eines Abends erkennen, dass sie vor Verlangen bebte, und aus meinem Mund kam ein Satz, den ich vorher auch nicht für möglich gehalten hätte: »Komm her zu Papi!«

Lillys Wörterbuch

(der ersten 20 Monate)

Dada?	– Hallo, wo seid ihr?
Mama	– umgangssprachlich für Mutter
G'dai	– Keine Ahnung, was das heißt, das Wort hat dem Klang nach klingonische Wurzeln
Nagnanam	– Ich kann sprechen, bin aber noch nicht entschieden, ob ich vor dem Deutsch erst mal mal Thailändisch lerne
Wawa	– Hund, Katze und alle anderen Tiere außer Fische. Bei Fischen macht sie nur immer den Mund auf und zu wie eine bekiffte Kaulquappe
Höbababa	– Mir geht's gut
Höbabababababa	– Mir geht's saugut
Hatsss	– Hatschi
Baba	– Umgangssprachlich für Vater

Nein nein nein
nein nein nein – Nein
Mao – Miau
Da ist er – Da ist er
Heißeißeißeißeißeiß – Scheiße der Boden ist heiß,
da hat die Sonne zu lange
auf die Fliesen geschienen,
und ich bin barfuß
Sidaii – Lieblingswort 1
(mit 18 Monaten)
Kiaii – Lieblingswort 2
(mit 18 Monaten)
Da – Danke
(auf der Rutsche:)
Badabista! – Vorsicht, jetzt komm ich!
Imechzudisko – Ich möchte in die Disco
(zu frei übersetzt?)
Uiuiuiuiui! – Ui!
Batsch – Oh, das ist mir runterge-
fallen, aber ich hab's mit
Absicht gemacht
Haaeoo – Hallo
Mama, nane! – Mama, ich hätte gerne diese
Banane aus dem Regal
Tsao – Ciao

Tswan	–	Schwan
Waat!	–	Warte bitte auf mich!
Des da voll!	–	Gießkanne vollmachen, aber zackig
Dida	–	Ich will trinken (a. k. a. ich habe Durst)
Niu	–	Neo
Opa	–	Opa (bisher hat das aber nur der Opa gehört ...?)
Apfa	–	Tapfer
Was? Ja! Was ja ja!		
Was? Ja!	–	Ein Gespräch Lillys mit sich selber, am Morgen vor dem Wickeln
Fosch	–	Frosch
Uchn	–	Kuchen
Badda	–	Bagger
Abba abba abba	–	Wir können uns nicht vorstellen, dass es mit Schwedischer Popmusik zu tun hat
Ball	–	Der Gleichnamige
Uduu	–	U2
Maum	–	Baum
Manine	–	Mandarine
Aus	–	Haus

Schette – Schnecke
Ssau – Frau
Illi – Selbstreflexion des eigenen
Namens
Ilsch – Milch
Schuuer – Schnuller
Budda – steinerner Buddha im
Garten, aber auch ein Jesus
am Kreuz neben dem Spa-
zierweg (sie unterscheidet
scheinbar noch nicht so
fundamentalistisch zwi-
schen den verschiedenen
Religionen; Chef ist Chef)

Das erste Mal

Wer erinnert sich noch an das erste Mal? Jetzt denken sicher gleich alle an das eine. Der erste Sex. Das ist ja auch ein sehr prägendes Erlebnis. Wenn man bei einer Frau der Erste war, wird sie sich in den meisten Fällen ein Leben lang an einen erinnern, egal ob man die letzte Niete im Bett war. Der Erste war der Erste. Welche Frau erinnert sich denn wirklich noch an den Zweiten oder den Fünften? Da hätte man im Bett damals eine lilagelbe Ganzkörperbemalung haben können, und die Frau würde sich heute fragen, »wer war das?« Aber Nummer 5 lebt! Wir Männer verdrängen gerne unser erstes Mal beim Sex, weil wir da, sagen wir mal, meistens nicht gerade unser Meisterstück abgeliefert haben. Damals wussten wir noch nichts vom zerschlagenen Mythos des vaginalen Orgasmus. Damals dachten wir noch, wenn man es schafft reinzukommen, dann – passt scho – und dann hat auch sie halt dann Orgasmus, mei so ... Auch die mündliche Gesellenprüfung war von uns Männern damals meist ungenügend. So legte sich der Schleier der Verklärung über die damaligen Vorgänge. Ich habe drei erste Male beim Sex, die in Betracht kommen könnten, aber ich möchte keines davon an eine erste Stelle setzen.

Aber das erste Mal ist immer etwas Besonderes, nicht nur beim Sex. Das erste Mal aller kleinen Dinge des Lebens. Das Geheimnis dieses ersten Augenblicks, in dem man etwas ganz Neues für sich entdeckt. Ich erinnere mich gerne an so Dinge wie die erste Pizza, das erste Kettcar, die erste Pumuckl-Platte, das erste Mal Urlaub ohne Eltern, der erste richtige Kuss, das erste Mal Hören eines Songs deiner zukünftigen Lieblingsband, das erste Mal Springen vom Zehnmeterbrett, und so weiter, und so fort. Da gibt es Dutzende und Hunderte erste Male. Und das Schöne ist, es hört ja auch nicht auf. Es gibt immer wieder Neues zu entdecken. Ich durfte auch als Künstler ganz tolle Momente erleben, die sich in meiner »Ersten-Mal-Liste« weit vorne einordnen: Der erste Auftritt vor Publikum; ich entdecke, dass ich die Leute zum Lachen bringen kann; das erste Mal ausverkauft auf einer Kleinkunstbühne; das erste Programm, bei dem ich ganz bei mir war und auch Jahre danach daran nichts zu bemängeln hatte; das erste E-Gitarren-Solo auf einer Bühne; die erste eigene Platte; das erste Zusammentreffen mit den Helden meiner Jugend, wie Otto, Leonard »Mr Spock« Nimoy, Jerry Lewis, Bono und, und, und …

Die Magie hält an, und seit der Geburt von Lilly kommt da noch eine andere Dimension hinzu. Als Papa habe ich nun auch die Chance, erste Male meiner kleinen Tochter mitzuerleben, an die ich mich bei mir nicht mehr erinnern kann, weil ich noch zu klein war. Ich weiß zum Beispiel nicht mehr, wann ich selbst das erste Mal gelächelt habe. Und zwar das echte Lächeln, nicht dieses Engelslächeln der ersten Wochen, wo ein Baby nur die grinsenden Eltern imitiert. Das war ja mehr so ein Mimiktraining. Wenn ich damals Lilly anblickte, fühlte ich mich an frühere Auftritte von mir erinnert. Damals hatte ich mein Gesicht auch noch nicht so im Griff. Ein Kritiker schrieb das mal im Herbst 1988 nach einem Auftritt im Theatercafé in Graz. Meine Grimassen seien zu übertrieben und unkontrolliert. Ich war am Boden zerstört, aber ich habe daraus gelernt.

Ich habe auch gelernt, dass Babys nicht deswegen blöd gucken, weil sie blöd gucken. Mir hatte jemand erzählt, dass Babys verkehrt herum sehen. Da kann man schon mal einen dämlichen Gesichtsausdruck kriegen. Deswegen stand ich oft am Kopfende von Lillys Bettchen über ihr Gesicht gebeugt, damit sie Papa mal normal sieht. Bin ich eigentlich der Einzige, der das je probiert hat? Ich weiß mittlerweile allerdings, dass das mit dem Verkehrtherumsehen nicht stimmt. Lilly wird sich da wohl zum allerersten Mal gedacht haben, der Alte hat einen Schaden. Aber was denken Babys eigentlich? Ich hätte oft viel drum gegeben, wenn ich gewusst hätte, was gerade in Lillys Köpfchen vor sich geht. Was träumen Babys? Von großen grasenden Milchkühen? Was denken Babys in diesen vielen Momenten, die sie das erste Mal in ihrem Leben erleben? Wir Eltern denken sehr viel dabei. Zum Beispiel der erste Ausflug mit Baby in die Stadt. Eine Aktion mit penibel durchdachter Vorbereitung. Eigentlich wollten wir nur mal eben in ein Café gehen, was essen und die Kleine mitnehmen, damit sie dann mal ein bisschen sieht, in welche Welt sie da reingekommen ist. Lilly war gerade zwei Wochen alt, als die Großoffensive begann. Eine Blaskapelle spielte den Radetzkymarsch dazu. Es war dann doch weniger ein Cafébesuch als »die türkische Großfamilie zieht zu den Schwiegereltern nach Oberammergau«. Man glaubt gar nicht, was man alles packen kann für drei Stunden. Die Vorbereitungen hatten solche Ausmaße, dass ich mich an den Film »Die Brücke am River Kwai« erinnert fühlte – nur hatten wir keine Hilfe von englischen Kriegsgefangenen. Der Alec Guinness in mir leistete gute Arbeit. Das ist übrigens bei jedem Urlaub so. Ja, irgendwann ertönte dieses Wort wie ein fernes Kanonendonnern zum allerersten Mal ... »Familienurlaub«. Ich hatte mich monatelang bei den Anonymen Vätern darauf vorbereitet, aber es trifft einen ohne Chance auf Verteidigung. Eine neue Zeitrechnung brach an. Jetzt musste ich den Deutschen in mir wecken. Ausrüsten. Das ist deutsch. Zum ersten Mal im Familienhotel. Die Ausmaße waren in der Art »der türkischen Großfamilie hat sich in Oberammergau die restliche Familie angeschlossen und beschlossen, für immer auszuwandern«. Wir hatten auf unserem ersten Urlaub mit Kind 82 (!) Kilo Gepäck dabei. Ein Tipp: Es wird auch beim vierten Familienurlaub nicht weniger. Als wir noch als Outsider-Pärchen in Urlaub fuhren, habe ich vorher oft noch im kleinen Romantikhotel angerufen, ob es Sauna, Wellness, Fernseher, Internet und Pool gibt. Der Anruf blieb, aber der Inhalt änderte sich geringfügig: »Haben Sie in den Zimmern auch Hochstuhl, Steckdosenschutz, rutschfeste Matte in der Badewanne, Kinderbademantel, Babybett, kann man den Föhn festklemmen?«

Ich liebe unsere Familienurlaube (und dabei muss ich nicht mal lügen). Einmal ohne alles Drumherum nur mit Gudrun und Lilly, das ist immer etwas ganz Besonderes und Schönes. Viele

Ausflüge machen und neue Dinge entdecken – wie Familienstrände. Aber wenn ich einen Wunsch frei hätte, wäre das zeitgleiches, warmes Abendessen für Mama und Papa. Aber man kann nicht alles haben. Wichtiger ist: Lilly ist ein kleines Reisekind, das sich schnell in neue Umgebungen eingewöhnt.

Der größte Break für die Kleinen ist ja schon die Geburt. Aus dem warmen kuscheligen Mamabauch raus in eine kalte Welt voller Eltern und anderer komischer Lebewesen. Unseren Kater Neo mochte sie aber von Anfang an. Nur Neo war in den ersten Wochen sehr kritisch. Er beachtete die neue Mitbewohnerin gar nicht. Und die neue Mitbewohnerin lag dann ja auch für die nächsten sieben Monate nur rum und konnte sich so nicht um Neo kümmern. Was sich natürlich sehr schnell änderte, als Lilly anfing zu krabbeln. Ab Mitte August begann Lillys mobiles Leben. Und sie krabbelte wie alle Babys wie ein manisch getriebenes Vierbeinwesen auf Ecstasy. Ein Film nahm seinen Anfang: »Neo, der Gejagte«. Lilly robbte quietschend mit zunehmender Geschwindigkeit Neo hinterher. Und Neo flüchtete. Er ist nicht der Mutigste. Aber er wusste schon auch, warum. Immer wenn Lilly ihn erwischte, hat sie ihm ihre Form von Liebkosung gezeigt, erst mal hingreifen und festhalten: Oh, guck mal, ein schöner haariger Schwanz, das macht doch Spaß. Die ganze Situation hat mich ein bisschen erinnert an den Film »Auf der Flucht« mit Harrison Ford. Aus der alten TV-Serie »Dr. Kimble«. Der Kimble wurde unschuldig zum Tode verurteilt, weil er angeblich seine Frau ermordet hatte. Aber keiner glaubte ihm, und so musste er fliehen. Neo war auch unschuldig, aber es nützte ihm nichts. Sein Häscher in Gestalt eines robbenden Babys war ihm unerbittlich auf den Fersen. Immer wenn er glaubte, er könnte ein bisschen ausruhen, kam der FBI-Marshall Lilly hinter der Couch hervor, und er hatte ein paar Büschel Haare weniger. Aber die Kleinen meinen es ja nur gut dabei. Hilft nur den Tieren nichts. Die Streichelzooabteilung im Zoo dürfte ja eigentlich nicht so genannt werden. Die Tiere da – alles arme Schweine. Da werden die Kinder hingebracht, die dann zärtlich wie kleine Tötungsmaschinen die Ziegen streicheln. Den Streichelzoo sollte man umbenennen in den »Club der kleinen Würger«. Mittlerweile hat sich das Verhältnis von Lilly zu Neo entscheidend gebessert. Lilly ist vorsichtiger und sanfter zu Neo. Aber obwohl Neo der Gejagte war, wurde in unserem Fall die Jägerin eingesperrt. Lilly kam hinter Gitter – zum ersten Mal.

Der Nestbauzerstörungstrieb bei Eltern beginnt, wenn die Babys anfangen zu krabbeln. Unser Haus wurde zum Hochsicherheitstrakt ausgebaut. Nicht mal Clint Eastwood in seinem legendären Alcatraz-Film hätte eine Lücke gefunden. Es kam uns ein bisschen vor wie »Prison Nonbreak«, eine Serie in vielen Staffeln. Die ersten Absperrgitter wurden montiert. Warum gibt es so Absperrgitter eigentlich nur in einer Art und Farbe: hässlich? Wir haben viel rumgesucht, aber nichts Schönes gefunden. Dieses Zeug ist nicht mal schwedisches Möbelhaus, ich glaube, das ist Abfall von Eichenschrankwänden unkreativer Möchtegernschreiner – nein, das Wort Schreiner kann man in diesem Zusammenhang nicht mal verwenden. Sagen wir mal: Von Holzbearbeitern gezimmerte Indoorzäune, die nur einen Zweck und ein Ziel haben: »Kann man nicht drüber«. Optik und Ansehnlichkeit werden da als Informationen nicht ernst genommen. Und dann hast du 100 Meter Hässlichzaun verbaut und stehst davor ... Man sollte sie nicht ansehen, aber man kann nicht drüber. Eigentlich wäre das doch ein Markt: schön designte Absperrgitter. Es gibt doch auch Menschen in schönen Wohnungen, die Kinder kriegen. Hier ein Aufruf an alle Schreiner: Macht eine Designer-Absperrgitter-Kollektion. Vielleicht auch in verschiedenen Farben, nicht nur Buche natur lasiert in Beige-Grau-Wuäch. Die Absperrgitter haben Lilly damals anscheinend in ihrer Mobilitätsevolution motiviert. Einen Monat nachdem wir sie aufgebaut hatten, sah ich sie eines Morgens sich einfach daran hochziehen und stehen. Sie stand dann einfach so da. Das Ganze hat mich an so Italo-Western erinnert, wo sie dem Helden die Beine zerschossen haben und er nach Monaten der Reha in den Bergen wieder aufsteht – mit nur einem Gedanken: »Rache!«

Wir hatten noch ein zusätzliches Problem. Unser Kater kam mit den Gittern nicht klar. Wenn die Türchen zu sind, springt er nicht drüber. Nein, er bleibt immer davor stehen und maunzt in voller Lautstärke. Ich glaube ja, dass es eine psychische Barriere ist. Weil ich ihn ab und zu draußen im Garten sehe, wie er mühelos über unseren zwei Meter hohen Zaun drüberklettert. Aber im Haus will er das nicht, da maunzt er, auch zu Nachtzeiten. Er kommt morgens um vier von der Jagd, stellt sich vor das Absperrgitter und maunzt: »Miau Miau!«

Lilly setzt dann manchmal gerne mit ein: »Mao Mao!«

Es hörte sich immer an wie die erste Zeile eines schrecklichen unvollendeten Kinderliedes. In dieser Zeit begann Lilly nämlich auch zu singen. Schon mit acht Monaten war sie bei Gudrun öfters im Tonstudio, und selbst der Schlagzeug-Soundcheck machte sie scheinbar glücklich. Immer wenn sie Mamas Stimme hörte, sang sie lauthals mit. Okay, es hörte sich ein bisschen an wie etwas zwischen Anneliese Rothenberger und Walgejammer, mit einem Schuss Céline Dion. Wenn sie zu Bob Marley singt, den sie übrigens mittlerweile sehr gerne hört, klingt das dann ein bisschen wie ein richtig leidender Backgroundchor: Die Wailers tun wirklich, was in ihrem Namen steht. No Papa, no cry, wenn sein Baby seine ersten Male erlebt:

– Das erste richtige Greifen mit den Händen
– Das erste Lächeln
– Der erste Kacka
– Das erste Mal den Schnuller selber in den Mund stecken
– Das erste bewusste Erkennen der Eltern
– Die erste feste Nahrung – ein Blatt Druckerpapier
– Dann doch der erste Karottenbrei
– Das erste Mal Babyschwimmen
– Das erste Mal im Flugzeug fliegen
– Das erste Mal sich erkennen im Spiegel
– Das erste eigene Bilderbuch
– Der erste Vierfüßlerstand
– Das erste Mal eigenständig sitzen
– Das erste Krabbeln
– Das erste Mal stehen ohne festhalten
– Das erste große Schaumbad

- Die erste Mandarine
- Der erste Buggy-Kinderwagen
- Das erste Mal im Zoo
- Das erste Wort
- Der erste Laternenumzug
- Der erste Zahn
- Der erste Spinat und Victoria-Barsch (Broccoli geht nicht)
- Der erste Schnee
- Das erste Bobby-Car
- Das erste Mal, dass der Nikolaus kommt
- Das erste Passfoto
- Das erste Baby-Keyboard und Geräuschemaschine
- Das erste Winken
- Der erste Geburtstag
- Der erste Schritt
- Das erste Mal jubelnd im Meer
- Das erste Mal einen Ball mit dem Fuß kicken
- Die erste Schnecke essen (frisch vom Garten)
- Das erste Mal vorlesen
- Der erste Schokoladenkeks
- Die blitzenden Augen beim ersten Eis
- Das erste Mal mit dem Strohhalm trinken
- Das erste Mal selbstständig vom Boden hochhüpfen

Es sind so viele Momente, die man im Herzen trägt. Aber die wichtigsten drei ersten Male waren dann doch:

– Das erste Mal, als sie mich bewusst erkannt hat
– Das erste Mal, als sie mich bewusst angelächelt hat
– Das erste Mal, als sie »Papa« zu mir gesagt hat

Und dann natürlich die Krönung, die Kombination aus allen dreien: Am 9. Juni 2009, wir waren gerade im Urlaub, kam ich morgens zu ihr ins Zimmer. Sie sah mich, rief freudig »Baba Baba«, lachte und streckte mir ihre Arme entgegen, damit ich sie aus ihrem Bettchen hebe. Mir ist später aufgefallen, dass das genau ein Jahr nach dem Tag war, an dem wir sie das erste Mal in ihr eigenes Zimmer gelegt haben und sie durchschlief. Ich rätsle noch, ob es da einen Zusammenhang gibt.

Captain Michl, Nachtrag: Sternzeit 23.03.2008.
Heute ist etwas ganz Besonderes passiert. An diesem Morgen hat Lilly zum ersten Mal auf eine Grimasse von mir lauthals gelacht. Sie findet mich lustig, ich bin sehr erleichtert. Hätte ja sein können ...

Epilog

Ich habe viel über ein mögliches Ende für mein Buch nachgedacht. Aber jedes Mal, wenn ich ein Ende fand, entstand schon wieder was Neues, das ich noch erzählen wollte. Die Gedanken trieben mich weiter. Erst dachte ich, das Buch wird damit enden, wenn Lilly das erste Mal »Papa« sagt. Aber als es so weit war, fand ich es schade aufzuhören. Dann wählte ich den Zeitpunkt, an dem Lilly kein Baby mehr ist. Aber ab wann ist ein Baby eigentlich kein Baby mehr? Viele sagen, ein Baby wechselt zum Kleinkind, wenn es gehen kann. Lilly kann zwar laufen, aber sie ist doch noch mein Baby. Sie wird wohl für mich ewig mein Baby bleiben.

Heute muss ich mein Manuskript abgeben: auch eine Möglichkeit aufzuhören. Am Vormittag sind Lilly und ich noch durchs Wohnzimmer getanzt. Sie liebt die Musik von Jack Johnson. Ihr Lieblingslied ist »Better Together«. Ist ja sogar auch noch ein passender Titel. Schon wenn sie die ersten Gitarrentakte des Songs hört, beginnt sie jedes Mal über das ganze Gesicht zu grinsen und fängt an rhythmisch zu springen. Dann muss ich immer mit ihr über das Sofa tanzen, rauf- und runterhüpfen und, und, und ... Es gibt also kein passendes Ende der Geschichte. Noch vieles wird passieren. Und ich freue mich auf die nächsten Jahre mit meinem kleinen Baby und alle weiteren ersten Male, die es mir schenken wird. Sie bringen Stimmung in die Bude. Sie bringen mich zum Lachen. Sie berühren mein Herz. Sie verstören. Sie wärmen. Sie beunruhigen. Sie beruhigen. Sie machen Lust auf mehr. Sie bringen mich zum Träumen.

Es ist ein wunderbares Gefühl, eine Familie zu haben. Eine Familie, zu der ich, von welcher Tour in welchem Land zu welcher Zeit auch immer, immer wieder heimkommen kann. Gestern Nacht hatte ich einen Traum: Gudrun und ich waren in New York, und wir zogen durch die riesigen Häuserschluchten. Die Sonne schien, Lilly war da, obwohl sie nicht bei uns dabei war. Plötzlich blieb Gudrun stehen, etwas schien anders zu sein. Sie blickte mich an und sagte leise ...

»Fleisch!«

Danke

Ich möchte mich bedanken bei den Menschen, die ein Teil dieses Buches sind, freiwillig und unfreiwillig. Danke an alle, die uns auf dem langen Weg mit Wärme und Anteilnahme begleitet haben:

Frau Dr. Gruppe und ihr Team, für ihren frauenärztlichen und persönlichen Beistand; Frau Dr. Minderer; Klinikum Dritter Orden in München und alle Hebammen (ihr macht einen unglaublichen Job); Erna Enhuber (für die Nachhilfe); Hebamme Annette Höck (was wären wir ohne dich gewesen?); Stillberaterin Ingrid Kloster; meine Apothekerin; Kinderärztin Frau Dr. Götz und ihr Team; sämtliche Babyausstatter in Deutschland und dem Rest der Welt (ich liebe Pillepalle); Frau Nagel und Herr Laube von der Ostheopatie-Abteilung (und es funktioniert wirklich); Caro Schade (für den energetischen Beistand); Mama und Papa (für alles, ich weiß jetzt, was es heißt ...); unsere guten Freunde (die immer für uns da sind); Ebi und Bele (die liebevollen Paten); Barbara; Renée; ein männlicher Dank auch an alle Frauen dieser Welt, dass sie unsere menschliche Reproduktion übernehmen ...

Menschen, die mich vor und in der Schreibphase unterstützten, mitfieberten und als Lese-Testmäuse herhalten mussten: Astrid Eckstein (Management und viel mehr); Petra Hermanns; mein Lektor Martin Breitfeld (es geht immer ein bisschen mehr), mein Verleger Helge Malchow und das KiWi-Team; Dirk Cloos (es sieht mal wieder super aus); Rick (beim Grillen kommen die besten Titel-Ideen); Bono (danke, dass ich den Titel verwenden darf) und Josef; Sven; Sol und Renate; Steffi ...

Und die zwei Frauen, ohne die es dieses Buch nicht gäbe:

Gudrun, ohne deine Liebe ist alles nichts!

Lilly, du bist unglaublich. Du berührst mein Herz, bereicherst mein Leben und gibst ihm einen Sinn! Und ich hoffe, dass du mich später mal nicht verklagen wirst, für all das, was ich über dich geschrieben habe ...